한 권으로 알아보는
메타버스

공 저 한국메타버스연구원 공다예 권오형 길경자
김영숙(김영) 김종태 이상만 이창학 천성희

감 수 김진선

미디어북

한 권으로 알아보는 메타버스

초판인쇄 2022년 7월 25일
초판발행 2022년 8월 02일

공 저 자 한국메타버스연구원 공다예 권오형 길경자
김영숙(김영) 김종태 이상만 이창학 천성희

발 행 인 정상훈
디 자 인 신아름
펴 낸 곳 미디어북

서울특별시 관악구 봉천로 472
코업레지던스 B1층 102호 고시계사

대 표 02-817-2400 팩 스 02-817-8998
考試界 · 고시계사 · 미디어북 02-817-0418~9
www.gosi-law.com
E-mail : goshigye@chollian.net

판 매 처 미디어북 · 고시계사
주문전화 817-2400
주문팩스 817-8998

정가 20,000원 ISBN 979-11-89888-31-2 03320

미디어북은 고시계사 자매회사입니다

메타버스
한 권으로 알아보기

Preface

메타버스란 말은 1992년 미국 SF 작가 닐 스티븐슨의 소설 「스노크래시」에서 처음 사용했지만 이제 코로나19 팬데믹 사태를 맞이하면서 온라인 시대와 함께 우리 곁에 성큼 다가왔다. 온라인은 10대들의 전유물이었던 게임을 시작으로 이제 국내 5G 통신기술의 발달 그리고 4차 산업혁명의 영향으로 메타버스 세상을 맞이하게 됐다.

메타버스는 다양한 곳에서 활발한 움직임을 보이고 있다. 어찌 보면 다양하다고 하기 보다는 관계하지 않는 분야가 드물 정도로 사회와 산업, 생활, 경제 등 전 분야에 걸쳐 메타버스가 선전하고 있다. 전 세계는 비대면 시대를 맞이하면서 메타버스에 대한 연구에 매진하고 있고 막대한 예산을 여기에 쏟아 붇고 있다.

국내도 상황은 마찬가지이다. 국내에서도 메타버스는 그만큼 영향과 가치를 인정받고 있고, 메타버스가 인류의 삶에 미치는 영향력은 무한대로 큰 반향을 일으키고 있다. 세계 굴지의 기업들이 메타버스를 목표로 연구와 개발에 박차를 가하고 있는 것도 이와 같은 이유와 맥락을 같이한다.

한국메타버스연구원에서는 「한 권으로 알아보는 메타버스」라는 신간을 출판하기 위해 연구원들이 모여 메타버스를 연구하고 플랫폼을 다루면서 만들어 낸 메타버스 전문서적이다. 저자로는 공다예, 권오형, 길경자, 김영숙(김영), 김종태, 이상만, 이창학, 천성희 여덟 명의 연구진이 이 책과 뜻을 함께 했다.

이 책은 이론과 실전으로 구분했으며 이론에서 권오형 저자는 'MBN(Metaverse, Blockchain, NFT)이 바꾸는 새로운 세상', 이상만 저자는 '영·유아교육기관 메타버스 활용방안', 이창학 저자는 '에듀테크 산업에 메타버스 활용방안 및 적용사례', 김종태 저자는 'NFT 아트의 가치와 세계관'을 다루고 있다.

실전에서는 길경자 저자의 '세상에서 제일 쉬운 이프랜드', 천성희 저자의 '초보자도 따라하기 쉬운 젭(ZEP)', 공다예 저자의 '제페토 크리에이터 되기', 김영숙(김영) 저자의 '제페토 빌드잇(Build-it)만 있으면 나도 건축가!'를 소개하고 있다.

NFT와 교육에서부터 메타버스 플랫폼 정복하기까지 전 과정을 쉬운 문체와 사례 그리고 특히 실전에서는 이미지 중심으로 이미지만 봐도 쉽게 사용 방법을 터득할 수 있도록 상세히 써 내려 가고 있다.

이제 코로나19가 잠시 소강상태를 보이다가 다시 고개를 들고 있다. 잠시 오랜 침묵을 깨고 비대면에서 오프라인으로 성큼 발걸음을 내딛었지만, 다시 비대면 시대 속으로 스며들고 있다. 이처럼 비대면 시대 속에서 집중해야 할 것이 바로 메타버스인 것이다.

물론「한 권으로 알아보는 메타버스」에서 메타버스 전 분야를 다루고 있지는 않다. 전 분야를 다룰 수도 없고 일부를 다루고 있지만, 이 한권의 책만 읽어봐도 메타버스에 대한 개념에 대해 구조가 성립될 것이다. 또한 매력적인 플랫폼들을 열심히 따라하다 보면 나도 모르게 메타버스 크리에이터 반열에 오르게 된 자신을 발견할 것이라 자부한다.

메타버스에 전 세계가 주목하고 있는 여러 가지 장점 중에 가장 큰 부분은 아마도 경제성일 것이다. 이번 연구원의 신간은 그냥 따라하다 보면 스스로 메타버스를 통해 수익을 창출할 수 있을 것이라는 자신감을 얻게 될 것이다. 그만큼 쉽게 메타버스 플랫폼을 소개하고 있다.

여기서 조금만 더 나아가면 메타버스 공간디자이너, 제페토 아이템 크리에이터, 제페토 공간디자이너 등 메타버스와 관련된 산업 분야에도 도전장을 내밀고 수익을 창출할 기회를 얻게 될 것이다.

연구원은 지난 21년 8월을 시작으로 지금까지 수많은 연구원을 배출해오고 있다. 그들이 배운 것 역시 한권의 책으로 엮어 세상에 첫 선을 보였다. 이제 1주년을 바라보면서「한 권으로 알아보는 메타버스」는 메타버스가 무엇인지 궁금한 분들에게 그리고 메타버스 크리에이터를 꿈 꾸는 독자들에게 교과서요 지침서로 많은 이들에게 메타버스를 알리는 징검다리가 돼 줄 것을 확신한다.

끝으로 이 책의 감수를 맡아 수고하신 파이낸스투데이 전문위원, 이사이며 현재 한국메타버스연구원 부원장이신 김진선 교수님께 감사를 드리며 미디어북 임직원 여러분께도 감사의 말씀을 전한다.

2022년 08월

한국메타버스연구원 **최 재 용** 원장

공저자 소개

공 다 예

신라대학교 디자인대학 패션디자인학과에 재직 중이며 2D/3D 텍스타일디자인, 3D가상 피팅 등 디지털 패션교육을 하고 있다. 한국메타버스연구원 부산지회장으로 앞으로 더 중요해질 것으로 기대되는 메타버스 환경에서 디지털 패션 플랫폼 영역을 통해 메타버스를 전문적으로 다룰 수 있는 창의적인 패션 융·복합 메타패션 인재양성을 하고 있다. (kong0218@hanmail.net)

권 오 형

건국대학교에서 학·석·박사를 했다. 현재 플랫폼 기업인 모리아타운과 모리아컨설팅대표이다. 4차산업혁명·메타버스 전문강사이며 현재 건국대학교 겸임교수, 한국메타버스연구원 지도교수로 재직중이다. 세계 3대 인명사전인 마르퀴즈 후즈후(Marquis Who'd Who)에 등재됐으며, 대한민국 신지식인에 선정되었다.

(tongkennom@gmail.com)

길 경 자

현재 한국메타버스연구원 지도교수, 연구원, 경기지회장을 맡고 있다. 메타버스 활용과 이프랜드, 제페토, 게더타운, 젭 등 맵 제작과 관련 강의를 하고 있다. 4차 산업 기술 드론의 매력에 빠져서 대한드론교육원 남부지원 부원장과 초경량비행장치 무인멀티콥터 평가조종자 자격, 지도조종자 교관으로 드론과 코딩 드론, 촬영 드론 분야의 전문 강의를 하고 있다. (ja3734994@naver.com)

김 영 숙
(김 영)

건축공학을 전공하였고 인테리어디자이너로 일했다. 2021년도에 '상대의 마음을 얻는 공감대화법'을 출간하며 자기 계발과 동기부여 작가 및 강사로 활동영역을 넓혔다. 또한 한국메타버스연구원 지도교수와 책임연구원, 충남 지회장으로 메타버스 활용과 저변 확대를 위해 온·오프라인에서 활동 중이다.

(writer.kimyoung@gmail.com)

김 종 태

하지연633 대표, 한국메타버스연구원 지도교수 및 경기지회장이다. 사단법인 한국NFT협회 정회원이며 인사위원장을 맡고 있다. 또한 독서경영리더, 작가, 아트매니저로 활동 중이다. 저서로는 〈나이70, 메신저가 되다〉, 〈속도를 줄이면 비로소 보이는 것들〉(공저)이 있다.

(gracejtkim@naver.com)

이 상 만

한국메타버스연구원 지도교수이자 주식회사 사람과미래연구소 이사이다. 새로운 문명 메타버스 물결에 초·중·고는 물론이고 영·유아 교육기관에도 메타버스 시스템을 도입하고자 전국으로 메타버스 강의 활동을 펼치고 있다.

(edu4meta@naver.com)

공저자 소개

이 창 학

대한민국 최초 통합과외연결시스템 'T3과외플랫폼'을 개발 및 운영하는 (주)더좋은교육 대표이며, 현재 한국메타버스연구원 호남지회장, 지도교수, 책임연구원으로 활동하고 있다. 에듀테크 산업에 메타버스 활용방안을 적극 추진하기 위해 대학교, 공교육, 사교육 등에서 메타버스 이해와 활용 실습에 관한 강의와 컨설팅 프로젝트 등을 진행하고 있다.

(rok731mc@hanmail.net)

천 성 희

갤러리 아나몰픽대표, 한국메타버스연구원 메타버스인증강사. (사)한국NFT협회 정회원/지도교수를 맡고 있다. 초크아티스트로 활동 중이며 가상현실세계에서는 아트화리 작가명으로 활동하고 있다. 메타버스 세상에서 가상갤러리 아나몰픽을 운영하며 작가들에게 더 많은 전시의 기회를 주고 있으며 시민들에게는 또 다른 볼거리 제공을 하고 있다.

(chsh5814@naver.com)

감수자

김진선

'i-MBC 하나더 TV 매거진' 발행인, 세종 대학교 세종 CEO 문학포럼 지도교수를 거쳐 현재 한국메타버스연구원 부원장, 파이낸스투데이 전문위원/이사, 불교공뉴스 메타버스 자문위원으로 활동 중이다. 또한 30여 년간 기자로서의 활동을 바탕으로 출판 및 뉴스크리에이터 과정을 진행하고 있다.

Contents

PART 1
이 론

CHAPTER 1

MBN(Metaverse, Blockchain, NFT)이 바꾸는 새로운 세상

CHAPTER 2

영·유아교육기관 메타버스 활용 방안

CHAPTER 3

에듀테크 산업에 메타버스 활용방안 및 적용사례

Contents

CHAPTER 4

NFT 아트의 가치와 세계관

Contents

PART 2
실 전

CHAPTER 1

세상에서 제일 쉬운 이프랜드

CHAPTER 2

초보자도 따라하기 쉬운 젭(ZEP)

Contents

CHAPTER 3

제페토 크리에이터 되기

CHAPTER 4

'제페토 빌드잇(Build-it)'만 있으면 나도 건축가!

PART

01 이 론

PART 01

이 론

Chapter

01

MBN(Metaverse, Blockchain, NFT)이 바꾸는 새로운 세상

권오형

Chapter

01

MBN(Metaverse, Blockchain, NFT)이 바꾸는 새로운 세상

Prologue

지난해 메타버스 대표주자인 로블록스가 미국 나스닥에 상장하고, 페이스북이 사명을 '메타'로 바꾸는 등 메타버스가 본격화되고 있다. 구글, 애플, 마이크로소프트 등 빅 테크 기업들도 메타버스 관련 서비스를 대거 선보일 예정이다.

관련 업계에서는 올해 메타버스가 대중화 원년을 맞을 것이라는 전망이다. 최근 발표에 의하면 콘텐츠 기업인 디즈니의 메타버스 시장 진출 소식은 기존 IT기업뿐만 아니라 다양한 콘텐츠와 문화, 레저, 오락 부분에까지 메타버스 열풍이 불고 있음을 말해준다.

메타버스는 현실세계를 의미하는 '유니버스(Universe)'에 가상, 초월을 뜻하는 그리스어 '메타(Meta)'라는 접두어를 결합한 합성어다. 시공간의 제약 없이 현실과 디지털로 구현된 가상세계의 집합을 말한다. 소프트웨어로 만들어진 그래픽 맵이지만 자신의 아바타를 통해 현실의 거울처럼 존재하는 인터넷 기반의 세계이다. 특히 신종 코로나바이러스 확산 사태로 메타버스 시장이 급성장하는 추세이다.

비대면 문화가 일상화되고 5세대(5G) 이동통신으로 콘텐츠 전송속도가 빠르게 향상되면서 증강현실(AR)과 가상현실(VR), 혼합현실(MR), 확장현실(XR) 등 대대적인 디지털 세계로의 전환이 이뤄지고 있다.

메타버스가 PC, 모바일에 이어 차세대 플랫폼으로 자리 잡을 것이다. 그 이유는 기존 인터넷 플랫폼은 광고 구독료에 의존했지만 메타버스는 경제시스템을 갖춘 사업자는 자체 가상자산이나 지식재산권(IP)에 대한 NFT 발행 등을 통해 전방위로 신규 수익원을 발굴할 수 있다. 이용자도 메타버스에서 활동 참여로 보상을 받거나 개인 창작물로 수익을 얻을 수 있기 때문이다. 새로운 세상 메타버스 시대 우리는 무엇을 할 것인가 고민해볼 시점이다.

1. 신뢰의 기술 블록체인(Blockchain)

1) 블록체인이란 무엇인가?

'블록체인'은 데이터를 담아 체인 형태로 연결, 수많은 컴퓨터에 이를 복제해 저장하는 분산형 데이터 저장기술이다. 즉, 네트워크에 참여하는 모든 사용자가 모든 거래내역 등의 데이터를 분산·저장하는 기술을 지칭하는 말이다.

즉, 일정 기간 내에 이뤄지는 거래내역(=데이터)을 하나의 블록(Block)으로 묶어 기존에 생성된 블록에 체인(Chain)처럼 연결된 데이터 구조를 말한다.

[그림1] 블록체인 구조(출처 : 이토록 쉬운 블록체인 & 암호화폐)

각각의 블록은 데이터(data), 해시(hash), 이전 블록 해시(previous block hash)로 구성돼 있다. 블록체인의 구성요소인 블록을 간단하게 나타내면 [그림2]와 같이 표현할 수 있지만, 이 블록을 자세히 보면 [그림3]과 같이 표현할 수 있다.

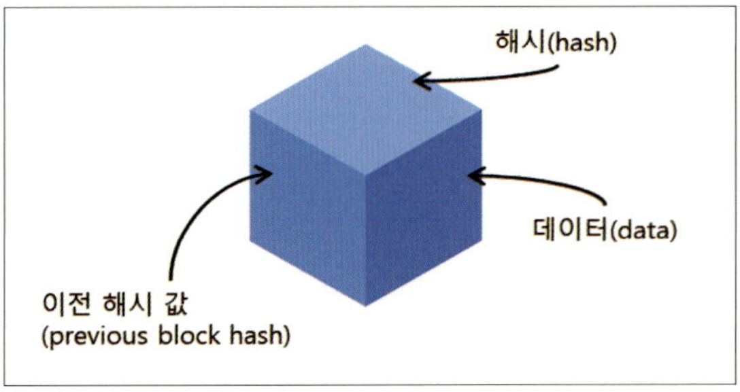

[그림2] 블록 구성 요소
(출처 : 이토록 쉬운 블록체인 & 암호화폐)

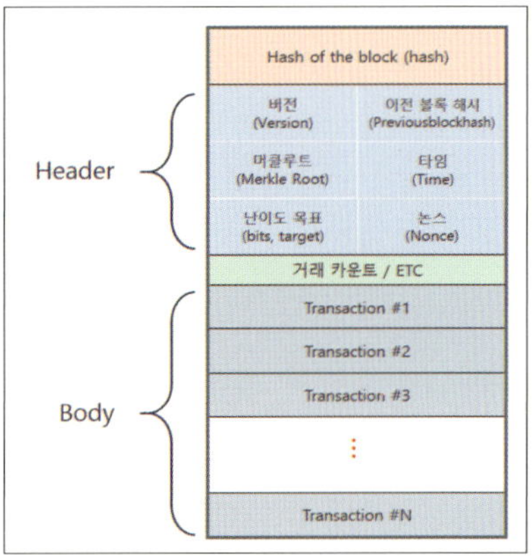

[그림3] 블록 구성 요소(출처 : steemit)

블록체인에서 블록은 개인과 개인의 거래(P2P) 데이터가 기록되는 장부로 활용된다. 데이터 안에 돈을 보낸 사람의 정보, 돈을 받은 사람의 정보 그리고 송금 금액 등 거래에 필요한 정보들로 구성돼 있다. 예를 들어 비트코인의 경우 채굴을 통해 약 10분을 주기로 생성되며 블록에는 10분간 거래된 기록이 담기게 된다.

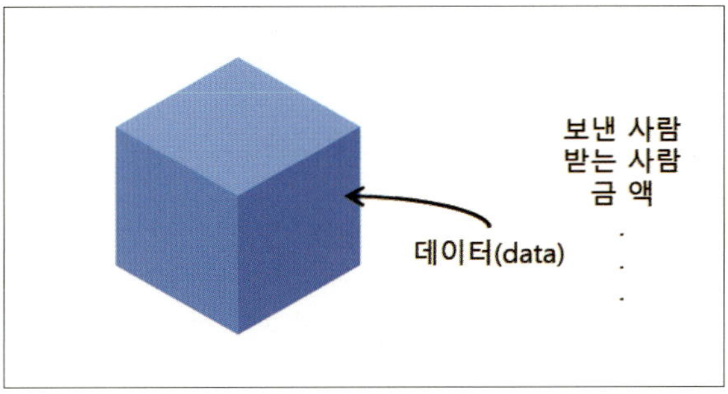

[그림4] 블록 구성 요소 : 데이터(출처 : 이토록 쉬운 블록체인 & 암호화폐)

해시는 단순하게 표현하면 사람의 '이름'이 아닌 '지문'과 같이 변할 수 없는 값을 말한다. 블록체인에서 가장 큰 특징 중 하나는 '불변성'이다. 즉, 이름처럼 변경이 가능하다면 블록을 구성할 수 없기 때문에 블록들은 그들만의 고유한 '지문'을 갖게 된다.

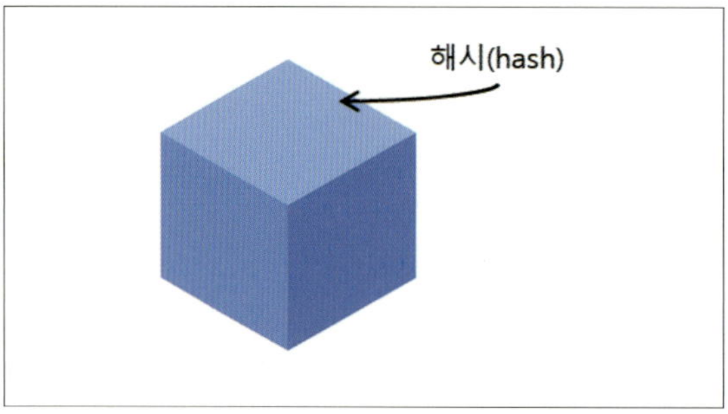

[그림5] 블록 구성 요소 : 해시(출처 : 이토록 쉬운 블록체인 & 암호화폐)

또 하나의 중요 요소는 이전 블록의 해시 값이다. 이는 각각의 블록을 연결해주는 결정적인 역할을 한다. [그림6]을 살펴보면 각각의 이전 해시 값을 갖고 있으며, 이전 해시 값을 통해 블록과의 연결을 확인할 수 있다.

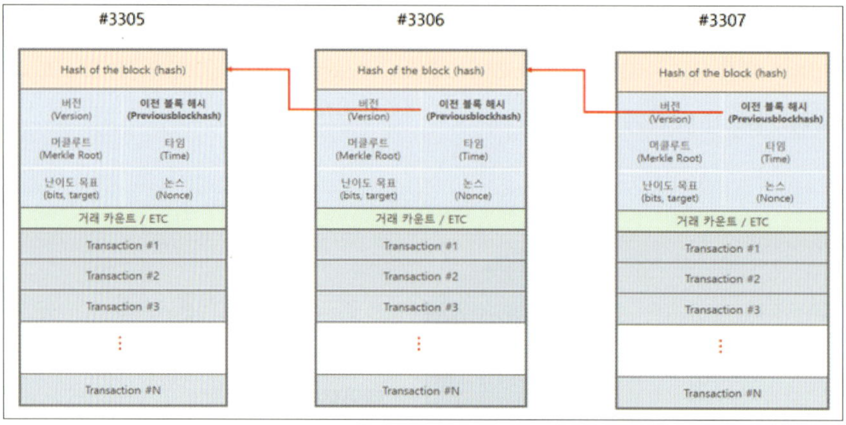

[그림6] 이전블록 해시(출처 : steemit)

만약 누군가 블록을 조작하는 시도를 한다면 이전 해시 값과 해시 값이 서로 매칭 되지 않기 때문에 변경이 불가능하다. 결국 블록을 변경하기 위해서는 시스템 안의 모든 블록을 변경해야 하기 때문에 해킹에 대해서 안전하다.

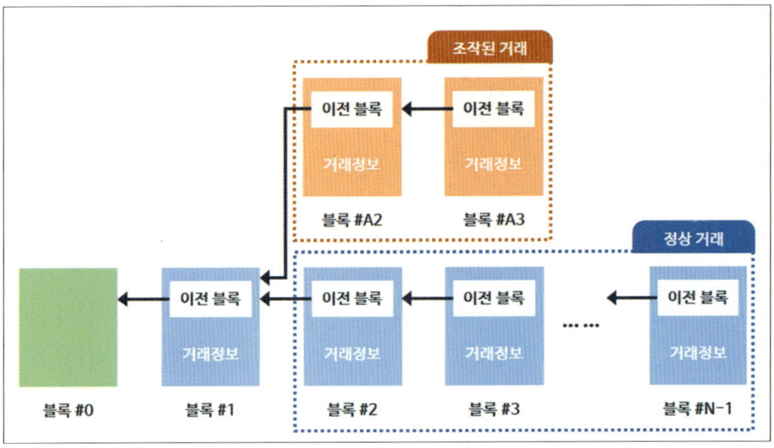

[그림7] 조작된 거래가 포함 된 블록체인 구조(출처 : 아이온커뮤니케이션즈)

2) 블록체인은 암호화폐랑 동일한가?

많은 이들에게 블록체인에 대해 물어보면 가장 먼저 '암호화폐'를 떠올린다. 그에 따른 뒷받침으로 [그림8]의 데이터를 보면 대부분 블록체인의 기술적 내용보다 암호화폐와 관련된 키워드가 주를 이루고 있다는 것을 확인할 수 있다. 이만큼 많은 이들이 블록체인과 암호화폐의 개념을 혼용해서 사용하고 있다는 것이다.

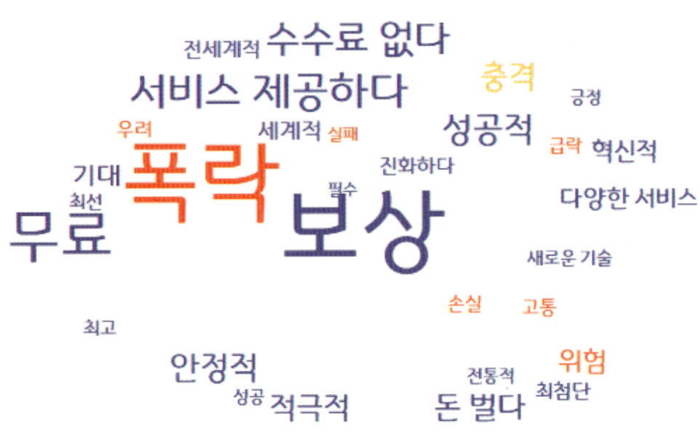

[그림8] 블록체인 긍·부정 분석(출처 : sometrend)

엄연히 말해서 블록체인은 암호화폐가 아니다. 암호화폐는 블록체인이라는 기술을 활용해 만들어진 것으로 블록체인이 암호화폐보다 상위개념이다. 하지만 블록체인을 제대로 알기 위해서는 암호화폐 비트코인의 탄생 배경부터 알아야 한다.

암호화폐하면 가장 먼저 떠올리는 것이 '비트코인'이다. 그만큼 비트코인은 암호화폐를 대표한다 해도 과언이 아니다. 비트코인은 2008년 글로벌 금융 위기를 배경으로 등장했다. 2008년 9월 미국에서 네 번째로 큰 투자은행 리먼 브라더스(Lehman Brothers)가 파산하면서 그 충격으로 인해 결국 미 정부는 7,000억 달러에 달하는 구제 금융을 집행해야 했다.

당시 미국 정부는 금융기관들이 초래한 위기를 해결하고자 막대한 양의 달러를 찍어냈고, 결국 미국 달러 가치는 추락했다. 물가는 폭등했고 금리는 바닥을 쳤으며, 대다수의 경제 구성원은 엄청난 손실을 입어야만 했다. 이는 기존 화폐 시스템에 대한 불신이 생기게 된 계기가 됐다.

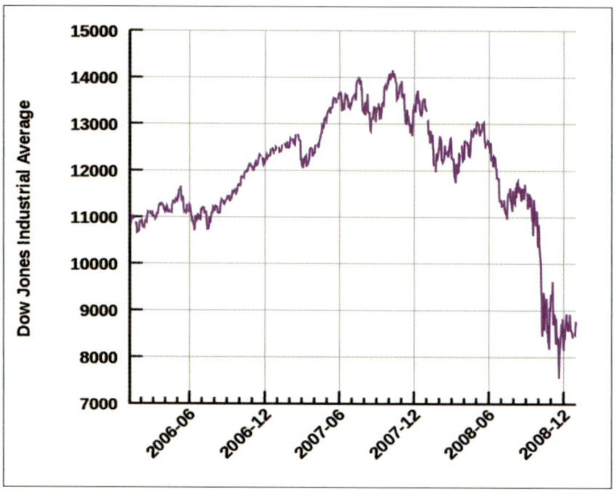

[그림9] 세계 금융 위기(출처 : 위키백과)

금융위기 직후인 2008년 10월 31일 사토시 나카모토(Satoshi Nakamoto)라는 이름을 쓰는 가상의 사람이 인터넷에 '중앙은행 혹은 다른 금융중개기관(Financial Intermediaries) 없이 개인과 개인이 자유로운 금융거래를 할 수 있는 방법'이라는 내용을 담은 'Bitcoin A Peer-to-Peer Electronic Cash System'이라는 제목의 문서를 공개했다. 이 문서는 글로벌 금융위기 이후 중앙은행과 정부에 불만을 가진 사람들을 대상으로 급격하게 퍼져나갔으며 이는 비트코인이라는 디지털 화폐가 나오게 된 계기가 됐다.

비트코인은 통화를 발행하고 관리하는 중앙기관(정부, 은행 등)이 존재하지 않고, 개인과 개인이 직접 거래하는 P2P(Peer to Peer) 방식으로 거래가 진행된다.

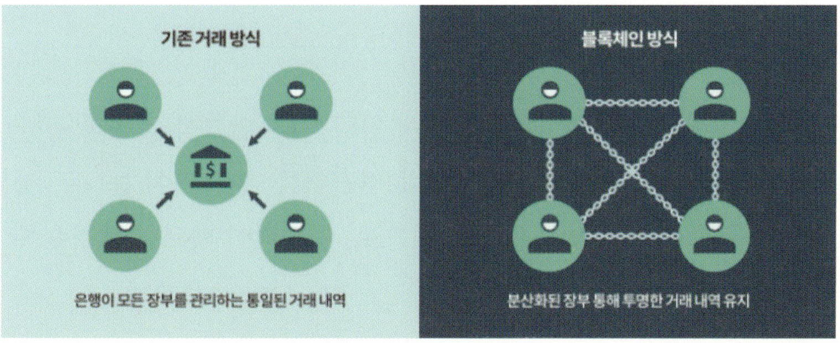

[그림10] 기존 거래 방식과 블록체인 방식의 차이(출처 : SW중심사회)

비트코인과 같은 암호화폐가 등장할 수 있었던 것도 가장 핵심기술인 블록체인 덕분이다. 블록체인은 여러 데이터를 분산저장하기 때문에 위·변조를 하기 위해서는 참여자의 모든 데이터를 모두 바꿔야만 한다. 이 때문에 사실상 해킹은 불가능하다. 또한 다수가 데이터를 저장·증명하기 때문에 중앙관리자가 필요 없는 '탈중앙화'를 이룩할 수 있게 됐다.

3) 블록체인의 합의 알고리즘

블록체인 시스템의 경우 데이터를 복사해 분산저장하기 때문에 원본과 사본의 구별이 없으며, 통일된 의사결정을 내릴 수 있는 '탈중앙화' 시스템이다. 블록체인 내부에는 거래내역에 대한 기록을 갖고 있다. 블록이 순서대로 연결되지 않을 경우 분산 장부가 일치하지 않는 상황이 발생할 수 있기 때문에 이를 해결하기 위해 생겨난 방식이 합의 알고리즘이다. 합의 알고리즘에는 대표적으로 '작업증명(PoW) 방식'과 '지분증명(PoS) 방식'이 있다.

[그림11] PoW, PoS 차이 이미지(출처 : Medium)

(1) 작업증명(PoW) 방식

최초의 증명 방식은 일명 '채굴(mining)'을 통해 이뤄지는 '작업증명(PoW, Proof of Work) 방식'이다. 일반적으로 채굴은 디지털 자산의 거래 내역을 기록한 블록을 생성한 후 그 대가로 디지털 자산을 얻는 행위를 말한다.

채굴자들은 보통 채굴을 통해 작업증명을 하게 된다. 네트워크상 물리적 공간에서 자신의 컴퓨터의 연산력을 제공해 블록을 검증하고 체인에 연결한다. 연산력이 높다는 것은 주어진 시간당 더 많은 작업증명을 수행할 수 있다는 의미이므로, 연산력이 빠르면 빠를수록 블록에 기록할 수 있는 권한이 더 부여된다.

최근 컴퓨터 그래픽카드의 비용이 천정부지로 상승하게 된 상관관계를 여기서 찾아볼 수 있다. 작업증명은 별도의 채굴기가 필요하고 높은 연산력과 성능을 필요로 하기 때문에 그만큼 대량의 전력을 요한다.

작업증명은 일반적으로 시간이 지날수록 조금씩 채굴 난이도가 높아지며 디지털자산은 어느 시점의 한계치를 갖고 일정 수준으로 유지되기 때문에 점점 채굴 난이도가 높아지게 되고 그로 인해 채굴 소요시간이 늘어나게 돼 일반적인 채굴자는 점점 채굴에 참여하기 어려워진다.

(2) 지분증명(PoS) 방식

'지분증명(PoS, Proof of Stake) 방식'은 해당 디지털자산의 지분을 더 많이 가질수록 그에 비례해 블록에 기록할 권한이 더 많이 부여되는 증명방식이다. 즉, 작업증명은 물리적 환경을 요하는 것에 반해, 지분증명은 해당 블록체인 네트워크에서 쓰이는 디지털자산을 갖고 있어야 블록에 기록이 가능하다.

지분증명은 블록체인 내에서 보유하고 있는 화폐의 양에 비례해 블록을 생성할 수 있는 구조로 설계됐다. 하지만 지분을 많이 보유한 채굴자가 더 많이 블록을 생성할 수 있기 때문에 불평등 문제가 발생할 수 있다. 이를 방지하고 해결하기 위해서 보유한 코인의 양과 보유 일수를 기반으로 블록 생성 권한이 분배된다. 보상으로 코인을 받을 수 있는 방법이 사용되고 있다.

블록체인 네트워크의 대부분이 초기에는 작업증명 방식을 채택했으나 작업증명 방식에서 발생하는 여러 가지 문제점 특히 환경적인 부분에서의 문제점을 보완하기 위한 노력을 펼치고 있다.

4) 블록체인의 네 가지 특징

현대 사회는 데이터가 곧 돈이자 권력이다. 현재 IT업계를 이끌고 있는 구글, 아마존, 페이스북 등의 기업들은 인터넷 플랫폼 기업들이며 대표적인 Web 2.0 플랫폼이기도 하다. 이들은 서비스를 제공하면서 얻은 각종 데이터를 이용해 큰 수익을 얻고 있다. 이 외에도 수많은 기관과 기업들이 각종 데이터를 적극적으로 수집하고 있으며, 이를 활용해 마케팅에 활용하거나 서비스를 제공하고 있다.

하지만 플랫폼이 커질수록 그에 따른 문제점이 하나, 둘 발생하고 있는 것이 현실이다. 이에 따라 최근 플랫폼에 대한 규제 움직임이 나타나고 있으나, 근본적인 해결책이 되기 어렵다. 중앙집권형 시스템의 문제를 해결하기 위해 블록체인 기술은 적극 검토되고 있다. 블록체인의 대표적인 특징은 다음과 같다.

탈중앙성 (De-centralization)	투명성 (Transparency)	불변성 (Immutability)	가용성 (Availability)
중앙 관리자의 역할을 참여자가 분담	참여자들 간에 모든 정보가 공유됨	참여자들 간의 합의 이후 기록된 내용의 위·변조 및 삭제 불가	참여자들 간 정보에 대한 접근이 용이

[표1] 블록체인 기술의 특징(출처 : 2018년 기술영향평가 보고서)

(1) 탈중앙화

블록체인의 가장 중요한 기술적 특성은 '탈중앙성(Decentralized)'이다. 블록체인은 거래기록이 담긴 원장을 정부나 은행과 같은 제3자에 맡기지 않고 참여자들이 직접 검증과 승인, 합의 등의 활동을 하며 만들고 관리한다. 탈중앙화는 중앙관리자의 역할을 참여자가 분담해 협동조합형 경제모델을 구축하는데 용이하다.

(2) 투명성

'투명성(Transparency)'은 모든 참여자에게 똑같은 정보가 공유됨으로써 모두가 정보를 확인하고 정보에 접근할 수 있도록 보장하는 것을 가리키며, 이를 통해 정보의 비대칭성을 해소했다. 이것은 분산처리 시스템이 가장 중요하게 고려하는 사항 가운데 하나이다. 또한 자원의 존재 위치와는 상관없이 시스템의 모든 파일에 대해 사용자가 동일한 방법으로 접근할 수 있도록 하는 것이다. 새로운 블록이 생성되는 동시에 모든 참여자에게 전송되고 공유돼, 블록의 거래기록은 참여자 누구나 확인할 수 있게 된다. 또 다른 측면에서 이것은 참여자 모두가 감시자가 되는 것을 의미한다. 다만, 참여자의 실명은 알 수 없기 때문에 '익명성'이라는 특징도 갖는다.

(3) 불변성

'불변성(Immutability)'은 거래와 관련된 데이터들에 대해 참여자 간의 합의가 이뤄진 이후에는 원저작자라고 할지라도 수정, 삭제 등의 변경이 어려운 것을 가리킨다. 블록은 순차적으로 연결되는데, 일단 연결된 블록은 수정이나 삭제가 어려우며 이것을 합의 알고리즘이라고 한다.

새로운 블록을 만들 때는 바로 앞서 만들어져 있는 블록의 해시를 사용하기 때문에, 중간에 있는 어느 하나의 블록을 수정하거나 삭제하려면 모든 참여자의 컴퓨터에 있는 모든 블록 내용을 한꺼번에 바꿔야 하기 때문이다. 블록은 순차적으로 연결돼 있어서 그 이전 블록 내의 해시값과 또 그 이전 블록 내의 해시 값들을 끝없이 해독해야 한다. 따라서 짧은 시간에 블록의 정보를 수정하거나 삭제하기 어려운 구조인 것은 분명하다.

(4) 가용성

'가용성(Availability)'은 시스템 품질 속성 중 시스템이 장애 없이 정상적으로 운영되는 능력을 가리킨다. 다시 말해서 네트워크에서 아무런 시스템 장애 없이 요청된 서비스를 수행할 수 있는 능력을 바로 가용성이라 한다. 블록체인의 데이터는 모든 참여자의 노드에 분산 저장되기 때문에, 그 중 어느 하나가 문제가 발생하더라도 전체 시스템이 유지되며 24시간 중단되지 않는다.

5) 블록체인은 어떻게 진화하고 있는가?

블록체인 과학연구소 설립자인 멜라니 스완(Melanie Swan)에 따르면 블록체인을 3단계의 진화 패러다임으로 나누고 있다. '블록체인 1.0'단계는 디지털 화폐로써 사용되는 블록체인이다. 통화, 화폐로써 활용되는 단계로 흔히 알고 있는 비트코인이 해당된다. 1.0 단계에 속하는 비트코인은 탈중앙화, 투명성 등의 특징을 제공함으로써 디지털 화폐시대를 열었다. 하지만 분권화되고 탈중앙화 된 블록체인 1.0은 합의도출에 대한 의사결정이 어려워졌고, 이로 인해 낮은 확장성, 느린 거래 속도 등의 문제점들이 지적돼 왔다.

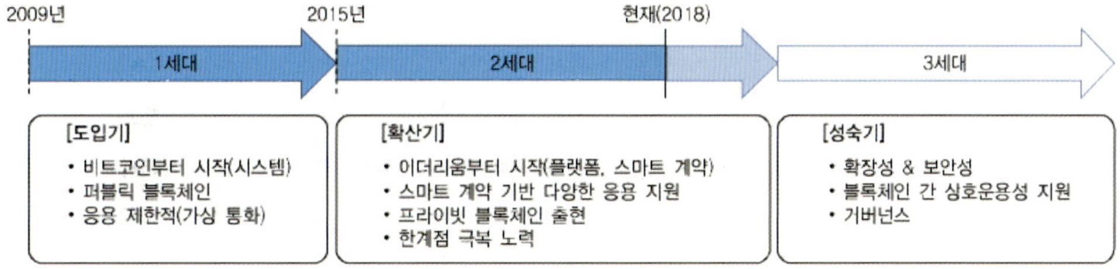

[그림12] 블록체인 기술의 세대별 구분(출처 : 전자통신동향분석)

이후 '블록체인 1.0'은 '블록체인 2.0' 단계로 진보하게 된다. 흔히 '이더리움(Ethereum)'이라고 불리는 새로운 암호화폐로 '스마트 계약(Smart Contract)'이라는 새로운 개념이 추가됐다. 스마트 계약은 개인이 3자의 개입 없이 다양한 정보를 빠른 속도로 주고받고 조건이 충족되면 '신뢰'를 쌓음으로써 자동으로 계약이 진행되도록 프로그래밍이 된 시스템이다. 하지만 새롭게 진보한 2.0 또한 기술 발전에도 불구하고 플랫폼 내 자체 의사결정 기능은 미비했고, 하드포크 발생 이슈는 해결되지 못했다. 오히려 각 트랜잭션(거래)이 스마트 계약을 기반으로 진행이 됐기 때문에 처리해야하는 데이터들은 많아졌고, 이 때문에 블록의 트랜잭션 용량제한과 처리속도가 지연되는 문제점이 발생됐다.

마지막 '블록체인 3.0' 단계는 화폐, 금융기관에만 집중돼 있던 블록체인 기술을 사회전반에 적용 및 확장하고자 하는 상황을 말한다. 산업 전반적으로 일반적인 인터넷 환경부터 IoT에 이르기까지 일상생활 속에 블록체인 도입을 시도하고 있다. 이런 시도를 성공하기 위해서는 결국 블록체인 1.0과 2.0에서 극복해야했던 처리시간 지연에 대한 문제점을 해결해야 한다. 이에 따라 다양한 합의 알고리즘을 활용하고 있다. 다양한 기능들이 적용된 새로운 전자화폐들도 계속해서 생겨나고 있으며, 지금도 '블록체인 3.0'의 시대로 가기위한 기술들이 발전돼 가고 있다.

6) 왜 블록체인이 '제2의 인터넷'으로 불리는가?

얼마 전 국내 이동통신사 중 하나인 KT의 인터넷 서비스가 약 40분간 장애를 일으켰다. 당시에는 디도스 공격이라는 이야기도 있었고, 내부 설정오류라는 이야기도 있었으나 결과적으로는 40분간 나라의 산업이 전반적으로 일정시간 멈춰버리는 사건이 발생한 것이다.

당시 필자 또한 병원에서 진료를 받기위해 대기를 하고 있었으나, 전산이 마비되는 바람에 당시 병원에 있던 모든 사람들이 40분간 아무 것도 못하는 상황이 발생했다. 카드결제가 되지 않아 현금계산을 요청하는 데스크, 병원 진료시스템이 전체적으로 마비돼 진료 또한 진행되지 못하는 상황이 연출됐다. 이후 '라우팅 오류(네트워크 경로 설정 오류)'였다는 설명이었다. 해당 사건은 한 나라를 좌지우지할 수 있는 인프라가 중앙화 돼 발생한 문제로 이를 계기로 국내에서는 Web 3.0이 더 주목받게 되는 계기가 됐다.

Web 3.0의 개념을 알기 위해서는 앞선 단계인 Web 1.0과 Web 2.0에 대한 이해가 필요하다.

[그림13] 인터넷 페러다임(출처 : www.monocubed.com)

(1) Web 1.0

'WWW(World Wide Web)'는 Web 1.0의 시작이다. 소수의 콘텐츠 작성자만 있었고, 대다수의 사용자는 콘텐츠 소비자였다. 이용자들은 일방적으로 정보를 전달받는 방식이었으며, 전세계적으로 인터넷 혁명이 시작됐다.

(2) Web 2.0

Web 2.0은 '참여 형 소셜 Web'이라고도 하며, 흔히 우리가 가장 많이 알고 있는 Web의 형태이다. 페이스북, 유튜브, 네이버, 카카오톡 등의 서비스들이 대표적이며, 플랫폼 중심의 세상이었다. Web1.0과의 차이점은 검색을 통해 일방적으로 정보를 전달받던 방식에서 이용자들이 직접 Web에 참여해 쌍방향 소통이 가능하게 됐다는 점이다.

(3) Web 3.0

Web 2.0은 이용자들의 개인정보 관련 데이터가 중앙화 돼 관리됨으로써 프라이버시를 완전히 보장받지 못한다는 치명적인 단점이 존재했다. 페이스북에서도 개인정보가 대량으로 유출된 케이스가 있었다. 플랫폼 기업의 보안이 뚫리면 개인정보가 유출된다는 점, 해당 플랫폼이 사라진다면 데이터도 모두 없어진다는 점도 논란이 됐다.

이러한 이유 때문에 Web 3.0의 필요성이 점점 대두되고 있으며, 이는 필요성을 넘어서 하나의 흐름으로 자리 잡게 됐다. 플랫폼에 맡기지 말고, 정보의 주권을 이용자(제공자)가 가져오자는 '탈중앙화' 이것이 Web 3.0의 시작이었다. 읽고 쓰기만 가능했던 이전 Web 세상에서 '소유'까지 포함된 개념으로 여기에서 가장 필요한 기술이 바로 '블록체인'이다.

기존 Web 2.0에서 다수의 이용자는 플랫폼에서 불평등을 느꼈다. 하지만 이제는 블록체인이라는 기술이 발전하고 있고 이를 통해 플랫폼의 통제와 독점에서 벗어나기 위해서 더욱 Web3.0 시대를 갈망하게 됐다.

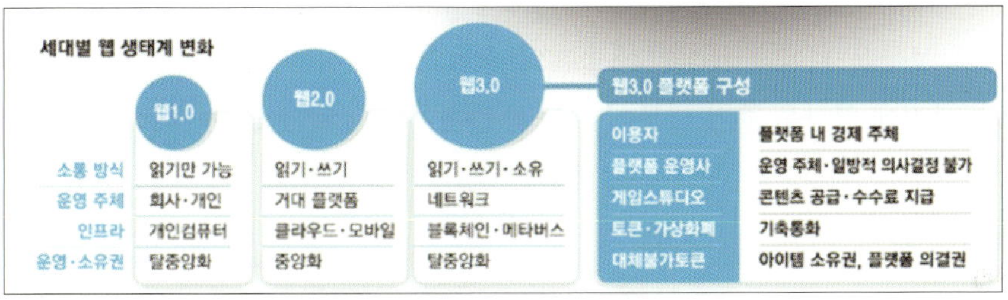

[그림14] 세대별 Web 생태계 변화(출처 : 매일경제)

2. 가상화폐가 바꾸는 세상

1) 블록체인과 암호화폐는 분리할 수 있는가?

블록체인과 암호화폐를 분리해서 생각할 수 있을까?

2018년 1월, JTBC 〈뉴스룸〉에서 '암호화폐, 신세계인가 신기루인가'라는 긴급토론이 진행됐다. 암호화폐 찬성론자인 김진화 한국블록체인협회 이사와 반대론자인 유시민 작가의 토론이 화제가 됐다. 유시민 작가는 블록체인과 암호화폐는 분리할 수 있다고 주장했고, 김진화 이사는 누군가가 분리기술을 만든다면 노벨상을 받아야 한다고 반박했다.

여기서 알아야 하는 개념이 '퍼블릭 블록체인'과 '프라이빗 블록체인'이다.

(1) 퍼블릭 블록체인

'퍼블릭 블록체인(Public Blockchain)'은 누구나 참여할 수 있으며, 모든 참여자들의 상호검증을 거치는 블록체인이다. 퍼블릭 블록체인에서의 암호화폐는 채굴의 대가로 지급되는 보상이다. 만약 이 보상을 없애게 된다면 자발적인 참여의사도 사라지게 된다. 이는 결국 채굴이라는 작업증명 과정에 영향을 주기 때문에 퍼블릭 블록체인 유지가 불가능하다.

(2) 프라이빗 플록체인

'프라이빗 블록체인(Private blockchain)'은 법적 책임을 지는 허가 받은 사람만 블록체인 네트워크에 참여할 수 있는 블록체인이다. 운영과 참여의 주체가 분명하기 때문에 인센티브 제도인 코인을 발행해 운영하지 않아도 된다. 읽기, 쓰기, 합의과정에 참여할 수 있는 참여자가 미리 지정돼 있고 필요에 따라 주체가 새로 추가되거나 제거됨으로써 대표적으로 금융기관에서 사용이 용이하다.

퍼블릭 블록체인 (Public Blockchain)		프라이빗 블록체인 (Private Blockchain)
누구나 열람 가능	읽기 권환	허가된 기관/담당자만 열람 가능
불가능	참여자 구분	권한 부여, 권리 제한 기능
느림(7~20TPS)	속도	빠름(1000TPS 이상)
가능	분산화	가능
높음	탈중앙화	낮음
어려움	업그레이드	쉬움
비트코인, 이더리움 등	대표	리플, 아이콘 등

*TPS(Transaction Per Second) : 블록체인이 초 당 처리 가능한 거래량

[표2] 블록체인의 종류(출처 : 업비트)

다시 본론으로 돌아와 블록체인과 암호화 분리에 대해서 현실적으로는 무엇이 맞는지 판단하기 어렵다. 결론적으로 찬성론자 또는 반대론자 서로의 이익에 맞게 생각하는 것이 맞을 수 있다. 여기서 말하는 암호화폐와 관련된 퍼블릭 블록체인은 권위 있는 조직의 승인 없이 누구든지 인터넷에 연결된 PC, 노트북, 스마트폰, 서버, 컴퓨터 채굴기 등 다양한 컴퓨터 장비를 이용해 블록체인 네트워크에 참여가 가능하다. 즉 '공공 블록체인' 또는 '개방형 블록체인'이라고 한다. 이는 운영과 참여의 주체가 불분명하기 때문에 인센티브 제도인 '코인(Coin)'을 발행해 운영하는 것이다.

반면, 프라이빗 블록체인의 경우 운영 주체가 따로 있기 때문에 채굴과정 없이 거래를 검증할 수 있고 시스템을 운영하는데 문제도 없다.

결론적으로 '블록체인과 암호화폐가 분리가 가능한가?'라는 질문에는 '그렇다'라고 할 수 있지만, '암호화폐와 블록체인이 분리가 가능한가?'라는 질문에는 '그렇지 않다'라는 것이다. 이는 암호화폐 자체가 태생이 블록체인 기술을 기반으로 탄생했기 때문도 있다.

이러한 질문에 대한 쟁점은 결국 암호화폐의 급격한 '변동성'과 '투기성'이다. 주식시장도 투기성과 변동성은 크다. 하지만 주식시장의 경우는 법망 아래 운영된다. 하지만 암호화폐의 경우

법적인 보호도 어렵고 합리적인 법을 제정하기에는 전문가의 부족과 더불어 산업이 어떻게 변화할지 예측도 어려운 게 현실이다.

2) 디지털화폐의 종류

'디지털 화폐(Digital Currency)'란 금전적 가치를 디지털화 하고, 암호화된 형태로 저장해 휴대성을 높여 사용이 편리하게 만든 화폐라는 의미한다. 현찰과 달리 실물 없이 전자화 된 형태의 돈 중에서는 가장 상위 개념을 뜻한다. 해당 화폐의 발행주체, 지급보증 여부, 가치안정화 방식, 계산단위 산정방식 등에 따라 다양한 종류로 구분된다. 이 중에서도 디지털화폐는 전자화폐, 가상화폐, 암호화폐, CBDC로 나눌 수 있다. 이들 디지털 화폐 발행의 목적은 화폐의 발행/유통 비용을 줄이고, 개인 간, 개인/기업 간 상품거래 지불수단의 편의성을 추구하기 위해 탄생됐다. 또한 환경적인 문제가 점점 대두되면서 디지털화폐 도입은 국가적으로도 검토되고 있는 사안이다.

	현금(법정통화) Fiat Currency	디지털 화폐 Digital Currency	가상화폐 Virtual Currency	암호화폐 Cryptocurrency
화폐형태	주화(금속) 또는 지폐(종이)	디지털	디지털	디지털
화폐구분	법정통화	법정통화	가상화폐	암호화폐
적용법규	중앙은행법 적용	중앙은행법 적용	X	X
사용처	모든 거래	가맹점	가상공간	가맹점
발행기관	중앙은행	금융기관	비금융기관	비금융기관
법정통화와의 교환성	-	법정통화로 충전, 잔액은 법정 통화로 환급 가능	가상화폐를 법정통화로 교환할 수 없음	법정통화와 자유롭게 교환

[표3] 현금, 디지털화폐, 가상화폐, 암호화폐 비교(출처 : 파이낸셜뉴스)

(1) 전자화폐

'전자화폐(Electronic Currency)'는 IC카드 또는 네트워크에 연결된 컴퓨터에 은행예금이나 돈 등이 전자적 방법으로 저장된 것으로 현금을 대체하는 전자지급 수단을 말한다. 삼성페이, 카카오페이, 네이버페이 등이 여기에 해당되며, 이들은 기업에서 발행되는 화폐이지만 화폐와 1:1 역할을 하며, 온/오프라인에서 사용이 가능하다는 것이 특징이다.

(2) 가상화폐

‘가상화폐(Virtual Currency)’는 일명 ‘사이버 머니’라고 불리며, 특정 게임 또는 서비스 안에서 쓰이는 화폐를 가상화폐라고 한다. 국내에서 유행했었던 싸이월드의 ‘도토리’로 이해할 수 있다. 서비스 내에서 현금을 이용해 기업이 만든 화폐를 구매하는 것으로 그 회사의 상품들을 언제든 구매할 수 있는 ‘화폐’ 역할을 한다. 가상화폐는 기업이 제공하는 서비스 내에서만 사용할 수 있다는 것이 특징이다.

(3) 암호화폐

‘암호화폐(Crypto Currency)’는 P2P 네트워크의 블록체인 보안기술을 기반으로 한 화폐를 의미하며, 가장 대표적인 것이 ‘비트코인’이다. 비트코인 외에도 이더리움, 비트코인캐쉬, 비트코인골드, 리플 등이 해당되며 이들 외 다양한 암호화폐가 존재한다. 암호화폐의 가장 큰 특징은 중앙기관이 없이 발행, 즉 ‘탈중앙성’이 가장 큰 특징이다.

(4) 중앙은행디지털화폐

‘중앙은행디지털화폐(CBDC)’는 무형의 온라인 화폐로써 국가의 화폐단위를 그대로 사용한다. 은행 계좌가 필요한 모바일이나 온라인 결제와 달리 개인 간 전자지갑을 통해 돈을 바로 주고받을 수 있다. CBDC는 국가가 주체적으로 발행한다는 것이 가장 큰 특징이며, 이는 탈중앙성을 강조하는 암호화폐와는 반대되는 입장이다. 2022년 1월 한국은행에서는 CBDC를 발행해 유통하는 실험에 성공했다고 밝혔다.

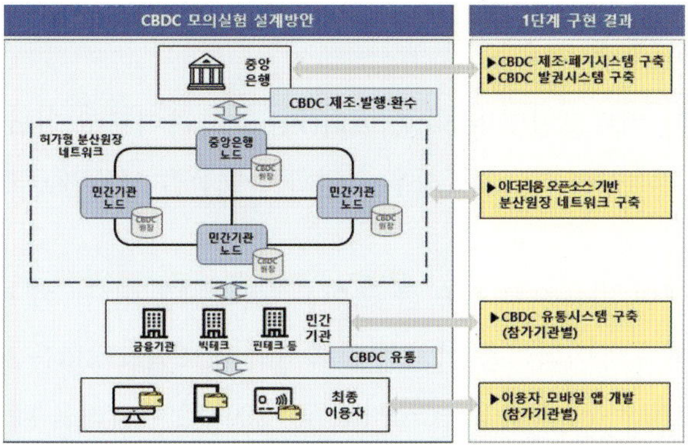

[그림15] 중앙은행 디지털화폐(CBDC) 1단계 구현 결과(출처 : 한국은행)

3) 코인과 토큰의 차이점

흔히 암호화폐 시장에서 '코인(coin)'과 '토큰(token)'은 혼동되는 용어이면서, 혼용돼 사용되기도 한다. 하지만 둘은 기술적으로 큰 차이가 있다. 우선 코인과 토큰을 구별하는 건 여러 기준이 있다. 독자적인 기술 수준에 따라서 구분하기도 하고, 단순히 이름 짓기 나름이기도 하다. 그 중에서도 가장 보편적으로 사용되는 기준은 '플랫폼의 유무'라 할 수 있다.

코인은 자신의 블록체인에서 사용되는 고유의 화폐이며, 토큰은 이더리움과 같은 블록체인 네트워크에서 제공하는 스마트 계약(smart contract)에 의해 생성되는 화폐이다. 쉽게 말해 자신의 독자적인 기술을 갖고 있다면 코인, 다른 블록체인 기술을 기반으로 만들어졌다면 토큰이라 말할 수 있다.

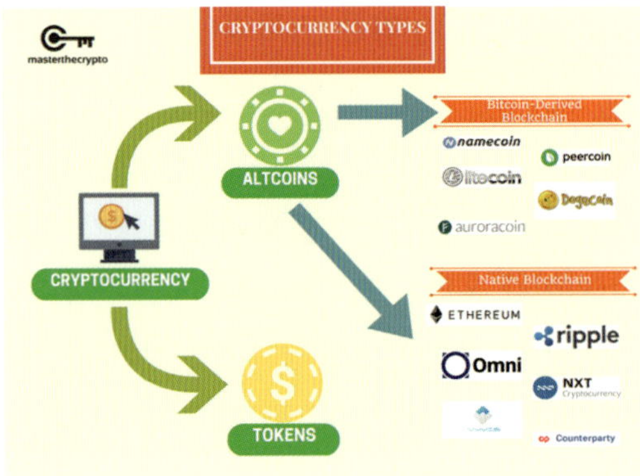

[그림16] 코인과 토큰(출처 : masterthecrypto)

대표적인 코인으로는 비트코인(Bitcoin), 이더(Ether), 라이트코인(Litecoin) 등이 있으며, 이더(Ether) 즉 이더리움(Ethereum)의 경우 코인과 플랫폼을 모두 제공하고 있다.

코인시장에서 비트코인 다음으로 유명한 코인은 '이더리움'이다. 이 이더리움이 높은 가치를 유지하는 이유 중 하나가 이더리움 기반의 블록체인 네트워크(ERC-20)를 제공하기 때문이다. ERC-20은 Ethereum Request for Comments 20으로 이더리움 네트워크 상에서 유통할 수 있는 토큰의 호환성을 보장하기 위한 표준사양을 뜻한다. 이 ERC-20을 기반으로 사람들은 DAPP(Decentralized Application)를 만들 수 있고 코인을 생성할 수 있기 때문에 이더리움의 가치는 지속적으로 상승하고 있다.

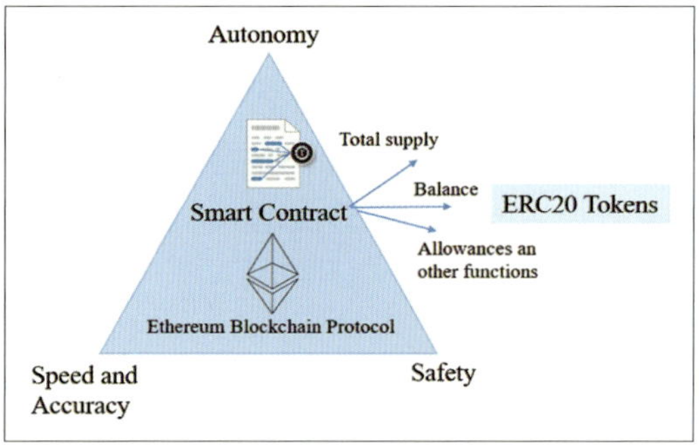

[그림17] ERC-20 Tokens(출처 : CoinCarp)

4) 코인, 토큰 사용 용도별 분류

현재 공식적으로 등록돼 있는 암호화폐의 종류는 1만 가지가 넘는다고 한다. 암호화폐 분류별로 만들어진 목적과 쓰이는 기능이 모두 다르며 이들의 특징은 크게 지불형 코인, 플랫폼 코인, 스테이블 코인, 유틸리티 코인, 증권형 토큰, 프라이버시 코인, 대체 불가능 토큰 등으로 나눌 수 있으며 이들 외 더 다양한 목적의 암호화폐도 존재한다. 각각의 특징은 다음과 같다.

[그림18] 다양한 종류의 암호화폐들(출처 : SNS 타임즈)

(1) 지불형 코인

일반적으로 많이들 알고 있는 코인은 '비트코인'이다. 비트코인처럼 실생활에서 화폐처럼 지불수단으로 사용하기 위해 개발된 것으로 이를 '지불형(Payment) 코인'이라 부른다. 비트코인에서 파생된 비트코인 캐시나 라이트코인이 지불형 코인에 해당한다.

2021년 테슬라 CEO 일론 머스크에 의해 이슈가 됐던 코인인 '도지코인' 또한 지불형 코인에 속한다. 애초에 어떤 목적달성을 위해 개발된 암호화폐가 아니라, 개인 간에 주고받을 수 있는 정도의 기능만 갖고 있기 때문에 지불형 코인이라고 부른다. 대부분 사용자끼리 마음에 드는 콘텐츠를 후원하는 용도로 사용하는 등 지불(또는 기부)의 목적이 강한 코인이다.

(2) 플랫폼 코인

'플랫폼(Platform) 코인'은 다양한 서비스를 제공하고 또 이 서비스들을 사용하기 위한 목적으로 암호화폐를 갖고 있으며, 이들 중 가장 대표적인 코인은 '이더리움'이다.

일반적으로 이더리움 네트워크는 ERC-20을 활용해 다양한 '플랫폼'의 구축이 가능하다. 사실상 컴퓨터에서 구동할 수 있는 모든 프로그램이 블록체인 네트워크에서 구현 가능하다는 게 전문가들 입장이다. 결국 이더리움은 블록체인의 이름이면서 해당 플랫폼을 굴러가게 하는 암호화폐를 의미하기도 한다.

(3) 스테이블 코인

'스테이블(Stable) 코인'은 다른 암호화폐와는 달리 가치가 일정하게 유지된다는 것이 특징인 코인이다. 일반적인 암호화폐는 가격 변동성이 크고 안정적이지 않기 때문에 일상적으로 사용하기에 부적절하다는 지적을 받아왔다. 이러한 불안정성을 해결하기 위해 스테이블 코인이 개발됐다.

가장 대표적인 스테이블 코인은 '테더'이며, 테더는 일정량 달러화를 담보로 발행한 화폐라 달러와 1대 1로 정확히 일치하는 가치를 유지한다는 것이 특징이다. 블록체인을 기반으로 만들어진 스테이블 코인을 활용하면 달러와 가치가 같기 때문에 금융사를 거치지 않아도 거래가 가능해 더 적은 수수료, 더 빠른 송금 등 기술적 이점을 누릴 수 있다는 것이 특징이다.

하지만 최근 이슈가 된 '테라 코인'의 경우에도 스테이블 코인에 속한다. 테라는 달러 가치와 동일한 금액을 유지하기 위해 프로그래밍 된 코인으로 가격방어를 위해 사용된 코인이 '루나 코인'이었다. 루나와 테라는 투자자들 사이에서는 각광을 받는 코인이기도 했다. 하지만 불경기와 전쟁 등 다양한 요인으로 인해 테라 코인의 가치는 급변하게 됐고, 가격 방어를 위해 만들어진 루나 코인은 더 많은 양의 코인을 발행하게 됨으로써 오히려 루나의 희소성이 떨어지기 시작했다.

이에 겁이 난 투자자들은 일제히 코인을 매도함으로써 화폐로써의 가치를 상실하게 됐다. 이번 루나·테라 사태는 스테이블 코인이 꼭 안전한 것만은 아니라는 것을 보여주는 반면 암호화화폐 시장의 리먼브라더스 사태에 빗댈 정도로 큰 이슈가 됐다.

(4) 유틸리티 토큰

'유틸리티(Utility) 토큰'이란 자체 플랫폼이 아니라 특정 플랫폼 블록체인의 스마트 콘트랙트 기능을 활용해 생성·관리되는 암호화폐로, 일반적으로 플랫폼 코인 위에서 작동하는 탈중앙화 방식으로 개발된다.

비유하자면 플랫폼이 마이크로소프트의 'Windows'라면 유틸리티 토큰은 Windows에서 실행되는 개별 프로그램 '크롬, Edge, 한글' 등인 셈이다. 현재까지는 이더리움 네트워크를 활용한 토큰이 가장 많으며, 그 종류도 수천 종에 달한다.

(5) 증권형 토큰

'증권형(Security) 토큰'이란 전통시장의 주식, 채권, 부동산, 미술품 등 다양한 자산의 가치를 토큰과 연계한 암호화폐이다. 주식이나 채권과 연계된 증권형 토큰을 사면 실제 소유권이 생긴다. 부동산을 쪼개서 연계한 증권형 토큰을 사면 해당 건물에 대한 지분을 인정받게 된다는 것을 예로 들 수 있다.

증권형 토큰은 실물자산을 효율적으로 분할해 소액투자 시장을 개척할 수 있다는 점에서 수년 전부터 주목을 받아왔다. 주식이나 채권의 경우 블록체인 기술을 활용하면 배당이나 이자 지급 등이 더욱 용이할 것이라는 평가다. 다만 증권형 토큰의 경우 실물 자산과 연계되기 때문에 각 나라별 금융 규제를 받게 된다.

(6) 프라이버시 코인

'프라이버시(Privacy) 코인'이란 개인정보보호를 중요시하는 '익명성' 기반의 암호화폐를 통칭하는 말이다. 범죄 등에 이용될 여지가 있어 '다크 코인'이라고도 불린다.

자금세탁을 포함한 각종 범죄와 관련이 있다는 의혹 때문에 일본 및 몇몇 국가에서는 프라이버시 코인을 암호화폐 거래소 등에서 퇴출시키려는 움직임을 보이기도 했다. 그러나 아직까지는 여러 거래소에서 거래가 이뤄지고 있다.

(7) 대체 불가능 토큰

NFT는 '대체 불가능한 토큰(NFT · Non-fungible token)'이라는 의미로, 위 · 변조가 어려운 블록체인 기술의 특성을 활용해 그림이나 영상, 게임, 음악, 예술 등 다양한 디지털 파일과 자산 소유주를 증명하는 가상의 토큰이다. 기존에 디지털 예술품 등은 복사와 유통이 자유롭다보니 가치를 인정받기가 쉽지 않았다. 하지만 NFT를 활용한다면 작품의 소유자와의 거래 이력을 모두 확인할 수 있어 '진품'과 '복제품'을 구별할 수 있다는 게 특징이다.

대체로 이더리움 네트워크를 활용해 토큰들이 발행되고 있으며, 거래 또한 이더리움 안에서 이뤄지는 경우가 많다. NFT는 거의 모든 것을 토큰화 할 수 있다는 특성 때문에 예술 분야를 포함해 게임이나 메타버스에서의 거래에 많이 활용되고 있다. '희소성'을 확인할 수 있게 해줄 것이라는 기대감 때문에 최근 급격히 성장하고 있지만 작품들이 수천억 원에 거래되는 등 투기적 성향이 짙어지고 있다는 지적 또한 나오고 있다.

3. 블록체인과 4차 산업혁명 기술이 만나면?

2019년 IT리서치 전문기관 가트너가 발표한 'Hype Cycle For Blockchain Business'에서는 블록체인이 5~10년 내에 산업 전반에 영향을 미칠 것으로 내다보고 있다. 4차 산업혁명 핵심 기술인 블록체인은 금융, 보안, 의료, 공공, 에너지, 인증, 물류 · 유통, 콘텐츠 등 다양한 산업 분야에서 관심과 이용사례가 증가하면서 그 중요성이 부각되고 있다. 그러나 비즈니스 측면에서는 아직은 대부분의 기술들이 도입기에 위치하고 있어 실질적인 사례로 이어지고 있는 상황은 부족하다고 볼 수 있다.

그럼에도 불구하고 블록체인은 네트워크 상 모든 참여자가 공동으로 거래정보를 검증하고 기록함으로써 별도의 제3자 없이 해시함수, 전자서명, P2P 네트워크를 통한 암호화 등의 보안기술을 활용, 거래기록의 신뢰성과 무결성을 확보할 수 있다는 것이 특징이다. 또한 탈중앙화를 통해 정보를 분산하는 형태이기 때문에 보안성이 좋고, 데이터 보호에 소요되는 비용을 줄이는 효과가 있어 분산형 네트워크를 기반으로 한 다양한 서비스를 구현할 수 있기 때문에 산업 전반적으로 도입을 고려하고 있다.

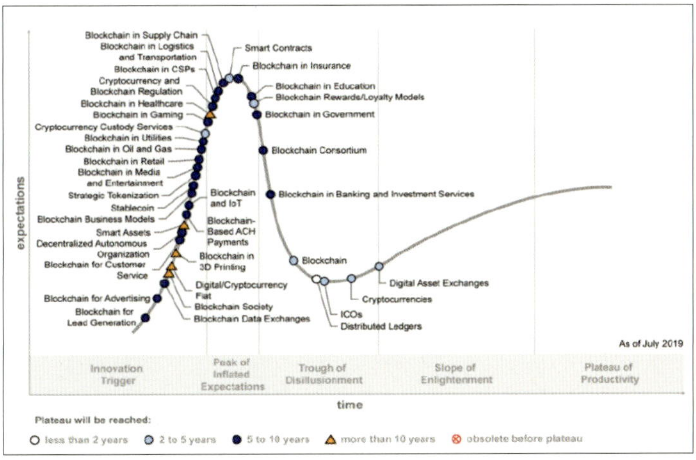

[그림19] 가트너 블록체인 Hype Cycle(출처 : Hype Cycle For Blockchain Business)

4. 콘텐츠 중심의 시대, NFT

1) NFT란 무엇인가?

최근 가상자산 시장이 이슈가 되면서 더불어 이슈가 됐던 것이 'NFT'이다. 'NFT(Non-Fungible Token)'란 대체가 불가능한(non-fungible) 토큰(token)이라하며, 세상에 단 하나뿐인 가상자산을 의미한다.

쉽게 말해 NFT를 설명하면 '대체가 불가능'에 초점을 두면 좋다. 예를 들면 나이키 운동화가 있는데 그 운동화를 마이클 조든이 신고 사인을 했다면 그 운동화는 다른 나이키 운동화로는 대체 할 수 없게 된다. 이런 상황을 대체 불가능하다고 한다.

다시 정의하면 일반적으로 'NFT는 상호교환이 불가능하면서 블록체인을 이용해 경제적 가치를 부여한 어떤 것'이라고 정의할 수 있다.

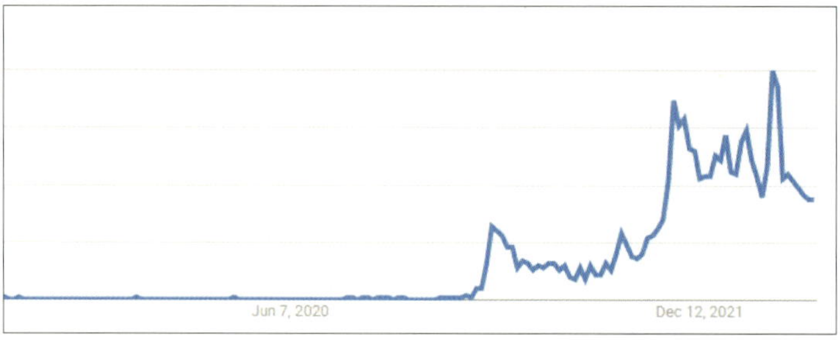

[그림20] NFT 트렌드분석(출처 : Google Trends)

기존 디지털 콘텐츠는 복제하기가 용이했다. 내가 인터넷에 올린 사진은 누구나 쉽게 복사해 자신의 사진인 것처럼 사용하는 것이 대부분이었다. 이런 경우 '이것은 내가 찍은 사진이다'라고 증명할 수 있을까? 이전에는 내가 직접 찍은 사진이라는 것을 직접 증명하기 전까지는 어려웠고, 직접 증명하는 과정 또한 복잡했다. 하지만 NFT라는 개념이 생긴 이후로는 내가 직접 찍은 사진의 소유자가 본인이라는 것을 쉽게 증명할 수 있게 됐다.

NFT는 블록체인을 활용하는 것으로 사진 또는 영상에 인식표 역할을 하는 고유의 일련번호를 부여해 대체 불가능한 콘텐츠로 만들어 주게 된다. 그래서 NFT 기술이 적용된 디지털 콘텐츠는 희소성을 가진 고유한 자산으로 말할 수 있다.

내가 만든 디지털 사진 및 영상들을 플랫폼에 등록하게 되면 작품들은 모두 토큰화가 진행된다. 이를 갖고 거래를 하는 경우 내 작품의 소유권과 거래내역이 빠짐없이 기록되기 때문에 거래관계에 대한 위·변조도 불가능하다. 그렇기 때문에 '특정 자산을 고유하게 표현할 수 있는 도구'로 NFT를 사용할 수 있다.

하지만 NFT를 구매한다고 해 '저작권'까지 구매하는 것은 아니다. NFT는 토큰의 한 형태를 나타내는 것이므로 NFT의 판매자가 정하기에 따라 NFT의 구매자에게 부여되는 권리가 달라진다. 통상적으론 구매자에게 해당 작품에 대한 소유권만 주어지며 저작권은 저작권자가 갖게 된다. 만약 오프라인에서 내가 소유한 NFT 작품을 공개적으로 전시하거나 다른 창작물을 만드는 등 별도로 사용하고자 할 때는 반드시 저작권자의 허가를 받아야 한다.

현재까지 우리나라 금융당국에서는 'NFT는 일반적으로 가상자산이 아니며, 만약 결제 및 투자 등의 수단으로 사용될 경우 가상자산에 해당할 수 있다고 말한다(2021.11. 23.)'라고 했다.

예를 들어 NFT플랫폼에서 거래되는 NFT는 2차 거래가 가능하고 그 가치가 수요 공급에 따라 변동할 것이다. 이는 투자 목적으로 NFT가 사용되는 것으로 인정돼 가상자산에 해당한다고 볼 수 있는 것이다.

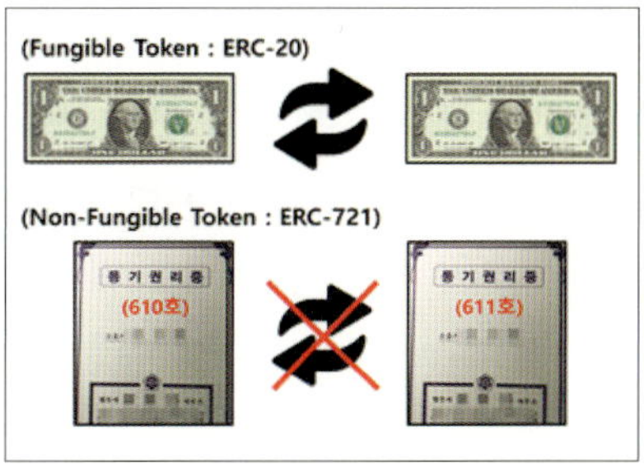

[그림21] 대체가능토큰과 대체불가능 토큰(출처 : 김승주 교수)

2) 예술자산도 이제 디지털 NFT다

2021년 3월 11일 미국 크리스티 경매에서 비플이라는 가명을 사용하는 작가의 '매일 : 첫 5000일(Everydays : The First 5000 Days)'이라는 NFT 작품이 6,934만 달러(당시 약 786억 원)에 팔려 화제가 된 적이 있다. 이는 NFT를 통해 예술 작품을 쉽게 거래할 수 있고 그로 인해 수익도 거둘 수 있다는 인식을 만든 계기가 됐다.

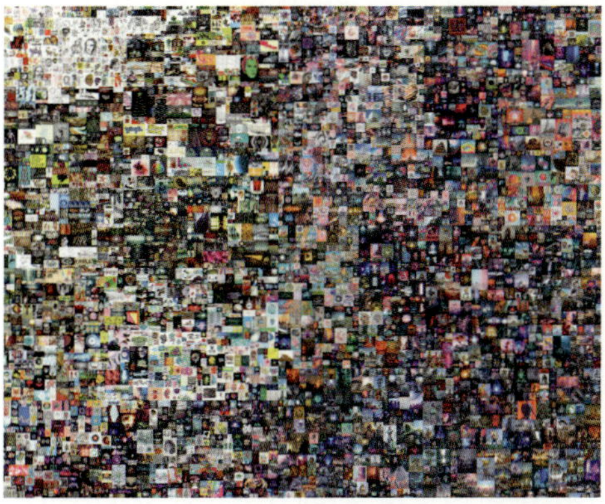

[그림22] 매일 : 첫 5000일(출처 : 크리스티 경매 홈페이지)

NFT로 인해 가장 높은 성장이 전망되는 분야 중 하나는 '디지털 예술품 경매'이다. 오픈씨(OpenSea), 슈퍼레어(SuperRare), 니프티 게이트웨이(Nifty Gateway), 라리블(Rarible) 등 NFT 예술품을 거래할 수 있는 플랫폼이 늘어나고 있다. 크리스티(Christie)와 소더비(Sotheby's) 등 전통적인 경매 회사들도 NFT 미술 시장에 진출한 상황이다.

NFT 플랫폼이 폭발적으로 성장하자 이전에는 미술품에 관심이 없던 사람들도 자연스럽게 미술품에 관심을 갖게 됐고 고객으로도 유입되고 있다. 한국투자증권에 따르면 NFT 예술품 시장은 2021년 6월 기준 월 3,000만 달러(단순 연 환산 시 3억 6,000만 달러) 수준의 판매가 이뤄지고 있다고 한다. 지난해 전 세계 미술품 시장 규모를 평균 500억~600억 달러 수준으로 볼 때 아직 1% 미만의 작은 규모이다. 그러나 NFT 거래소 오픈씨를 통해 2021년 8월 한 달 동안 거래된 전체 NFT의 거래량은 34억 달러(약 4조 원)로 NFT 예술품 시장은 지속적으로 성장할 것으로 기대된다.

분 야	거래량 (USD)	판매수	소유자 수	평균가격 (USD)	2021년 생성된 NFT 수량	확인된 총 NFT 수량
콜렉터블 (수집)	8,471,807,117	4,500,827	718,888	1,882	2,408,423	6,018,262
아트(예술)	2,798,220,643	774,307	212,579	3,282	427,165	1,639,782
블록체인 게임	5,177,192,804	20,986,532	1,722,714	207	15,719,929	21,156,291
메타버스	513,868,780	133,452	54,333	3,850	58,138	496,953
유틸리티 및 금융	530,836,246	543,479	336,953	976	334,814	1,328,071

[표4] 2021년 NFT 시장 통계(출처 : NonFungible '2021년 연간 NFT 시장 보고서')

3) NFT에 뛰어든 패션브랜드 왜?

모건 스탠리는 2021년 보고서를 통해 '명품 브랜드의 NFT는 2030년까지 560억 달러(약 5조 7,000억 원) 규모의 시장으로 성장할 수 있을 것'이라고 예상했다. 블록체인 시장이 발전하면서 특히 패션 브랜드들의 관심이 메타버스와 대체불가능토큰(NFT)으로 쏠리고 있다. 주요 브랜드들은 블록체인 기술에 촉각을 곤두세우면서 NFT 발행에 적극적인 모습을 보이고 있다. VR, AR과 같은 기술이 발전하게 되면 자체 아이덴티티를 보유한 명품 브랜드 이미지를 NFT화 했을 때 얻을 수 있는 부가가치가 만만치 않다고 판단해서다.

(1) 디지털 경험을 제공하는 '나이키'

이 분야에서 가장 발 빠르게 움직이는 글로벌 기업 중 하나는 '나이키'이다. 나이키는 2021년 12월 13일 자사 홈페이지를 통해 패션 NFT 스타트업 RTFKT를 인수했다고 밝혔다. 존 도나호 나이키 최고경영자(CEO)는 "이번 인수는 나이키의 디지털 혁신을 가속화하고 스포츠, 창의성, 게임 및 문화의 교차점에서 운동선수와 창작자에게 다양한 서비스를 제공하기 위한 도약"이라고 기대감을 나타냈다. 또한 "앞으로 RTFKT 브랜드의 성장을 지원하고 나이키의 디지털 발자국을 확장시킬 것"이라고 강조했다.

RTFKT는 가상 신발을 증강현실(AR)로 구현하는 기술을 갖고 있으며 이를 통해 '가상 피팅'을 할 수 있다. 가상 피팅 기능을 통해 소비자는 가상 신발을 구매한 뒤 자신의 발을 스마트폰으로 비추면 스마트폰 내에서 신발을 신은 것과 같은 모습을 보여준다. 이로써 소비자는 가상 신발을 착용한 것 같은 경험을 할 수 있는 것이다. RTFKT의 NFT는 '슈테크(운동화+재테크)'로써의 가치에 디지털 세계에서의 경험이라는 추가적인 가치도 제공하는 셈이다. 그동안 고객의 디지털 경험을 확장시키는 데 주력해온 나이키가 RTFKT를 선택한 이유이기도 하다.

[그림23] 나이키가 투자한 NFT 스타트업 아티팩트(RTFKT)(출처 : RTFKT 홈페이지)

(2) 명품 브랜드와 NFT

이전에는 명품과 디지털은 어울리지 않는 조합이라고 여겨졌던 때가 있었다. 명품 브랜드들 또한 온라인 시장에서의 판매를 그렇게 크지 않게 생각했었고, 소비자들 또한 백화점, 면세점 등에서의 구매를 희망하곤 했다. 하지만 명품 업계는 빠르게 변하기 시작했다. 블록체인 기술이 발달함에 있어서 본인들의 브랜드와 IT 기술의 접목이 오히려 자신들의 가치를 끌어 올릴 수 있다고 깨달았기 때문이다.

최근 글로벌 명품 브랜드 3사인 '루이비똥, 까르띠에, 프라다'는 블록체인 플랫폼인 '아우라(Aura)' 컨소시엄을 구축했다. 이 컨소시엄의 주된 목적은 명품 가치를 하락시키는 '짝퉁' 방지였다. 이들은 명품 브랜드의 재화를 사게 되면 아우라 플랫폼을 통해 코드를 받게 된다. 이 코드는 고유한 디지털 코드로써, 코드를 조회하면 생산지, 재료, 제조과정, 유통과정 등 제품 생산에 관한 정보와 이 가방의 소유권이 어떻게 전달됐는지 확인할 수 있다. 이는 일종의 '디지털 정품 인증서'의 역할을 하는 것으로 명품의 가치를 하락시키는 짝퉁을 방지할 수 있는 NFT의 순기능이기도 하다.

명품의 NFT는 단순 짝퉁 감정에만 사용되는 것이 아니다. 최근 발전하고 있는 메타버스 세계 안에서도 명품들은 가상 명품을 만들어 유통하고 있다. 메타버스에서 활동하고 있는 유저 연령대는 10~20대가 약 90%이상을 차지하고 있으며, 이들을 속히 MZ 세대라고 일컫는다. 이들에게는 메타버스에서 활동하는 캐릭터는 '또 다른 나'로 인식한다. 그렇기 때문에 가상세계에서 가상 재화는 실제 재화를 사는 것만큼 중요하다. 이는 단순 디지털 재화를 판매하는데 그치지 않고 브랜드를 계속 노출함으로써 명품에 대한 거부감을 낮추게 되고 또 잠재고객을 확보하는 방법의 일환으로 사용되고 있다.

[그림24] 국내 메타버스 플랫폼인 '제페토'에서 볼 수 있는 구찌 의상과 액세서리

(출처 : 네이버제트)

4) NFT와 저작권

NFT 시장이 급성장하면서 NFT의 '저작권'에 대한 관심도 높아지고 있다. NFT를 구매하는 경우 NFT와 연결된 디지털 콘텐츠에 대한 권리의 일정 부분을 얻는 것은 사실이지만 반드시 해당 콘텐츠의 저작권을 보유하게 되는 것은 아니다. 또한 NFT의 저작권을 알기 위해서는 저작물의 소유권과 저작권의 개념에 대해 이해해야 한다.

(1) 저작권과 소유권

대부분 저작권과 소유권을 같은 개념이라 생각한다. 하지만 법적으로는 엄연히 다른 개념이다. '저작권'은 지식재산권의 한 유형으로 창작물을 만든 이(저작자)가 자기 저작물에 대해 가지는 배타적인 법적 권리로, 거의 대부분의 국가에서 인정되는 권리이다. 반면 '소유권'은 물건을 자신의 물건으로 직접적·배타적·전면적으로 지배해 사용·수익·처분할 수 있는 사법상의 권리를 말한다.

NFT 보유자가 갖는 저작물에 대한 권리는 NFT가 발행될 때 부여되는 권리에 따라 결정된다. NFT를 발행해 판매할 때 저작권 자체는 양도하지 않고 저작물에 대한 일정 범위의 이용권만 허락하는 경우가 일반적이다.

예를 들어 창작자가 본인이 창작하고 소유한 작품을 토큰화해서 판매한다고 가정했을 때, 창작자가 작품을 토큰화하기 전까지는 작품의 저작권과 소유권은 모두 창작자가 갖고 있다. 하지만 창작자가 작품을 토큰화하고 그 토큰을 구매자가 구매했다면, 구매자에게 토큰의 소유권만 넘어가게 되고 작품의 저작권은 여전히 창작자에게 있다.

(2) 저작권의 분류

저작권은 '저작재산권'과 '저작인격권'으로 분류된다. 저작권법에 따르면 저작권자는 일반적으로 저작권을 다른 사람에게 양도하거나 다른 사람에게 자신의 저작물을 사용할 수 있도록 허락함으로써 경제적인 대가를 받을 수 있다. 이러한 저작자가 자신의 저작물에 대해서 갖는 재산적 권리를 '저작재산권'이라고 한다. 저작재산권은 저작인격권과는 달리 권리들을 나눠 개별적으로 행사하거나 양도 또는 상속할 수 있다.

'저작인격권'은 정신적인 노력의 산물로 만들어 낸 저작물에 대해 저작권자가 인격적으로 갖는 권리를 뜻한다. 저작인격권은 다른 사람에게 양도되거나 상속되지 않으며 저작자에게만 인정되는 권리이다.

(3) 저작물을 이용하려면?

우리나라에서 저작재산권은 저작자가 저작물을 창작한 시점을 시작으로 저작자가 살아있는 동안과 죽은 후 70년 간 존속된다. 만약 사람이 아닌 법인이나 단체가 저작자인 경우에는 해당 저작물을 공표한 다음해부터 70년까지로 계산하면 된다.

저작물을 이용하기 위해서는 우선 저작권법상 보호를 받는 저작물인지, 외국의 저작물 경우 우리나라가 가입·체결한 조약(세계저작권협약, TRIPs협정 등)에 따라 보호받는 외국 저작물인지, 보호기간이 만료된 저작물인지, 보호받지 못하는 저작물인지 등의 확인이 필요하다.

5) NFT 주요 용어

(1) 에어드롭

흔히 '에어드롭(Airdrop)'은 항공기에서 낙하산으로 공중 투하한다는 의미인데 NFT, 암호화폐 시장에서는 특정 NFT, 암호화폐를 소유한 사람에게 투자 비율에 따라 신규 코인이나 NFT를 무상으로 지급하는 것을 뜻한다.

[그림25] '후르티 디노'를 개발 중인 모노버스의 에어드랍 이벤트(출처 : CoinMarketCap)

(2) 민 팅

'민팅(Minting)'이란 판매자의 입장에서는 블록체인 기술을 이용해서 디지털 이미지에 고유의 인식 값을 부여하는 것으로 그림, 영상 등의 디지털 자산을 NFT 형태로 발행하는 것을 의미한다. 구매자의 입장에서 NFT 플랫폼을 통해 NFT 작품을 구매하는 행위도 민팅이라고 한다.

'화폐를 주조하다'라는 뜻의 영어단어인 'mint'에서 유래됐다. 디지털 파일을 블록체인 플랫폼에 업로드하고, 해당 파일을 내 소유로 등록하기 위해 블록체인 지갑을 사용해 연결한다. 민팅의 진행방식은 NFT 민팅(발행)에 구매자가 비용을 코인으로 지불하며 참여하는 방식과 NFT 민팅(발행)과 동시에 민팅 참여자에게 NFT를 전송하는 방식이 있다.

이렇게 민팅이 이뤄지면 그림 등 디지털 콘텐츠에 블록체인을 거쳐 대체 불가능한 고유자산 정보가 부여된다.

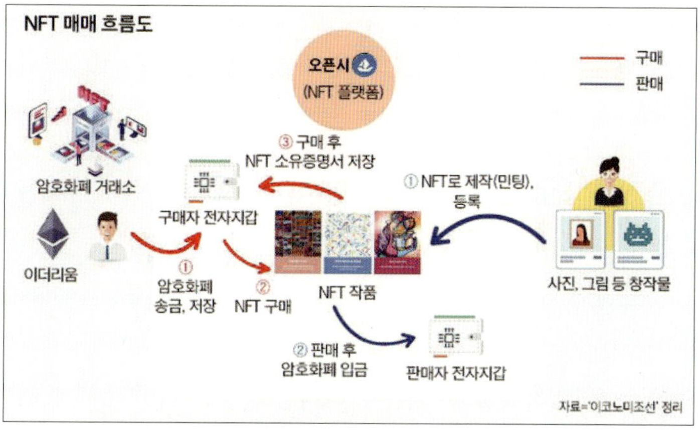

[그림26] NFT 매매 흐름도(출처 : 이코노미조선)

(3) 가스비

'가스비(Gas fee)'란 블록체인 상에서 NFT를 민팅(업로드, 구매)하거나 거래를 할 때 발생하는 수수료를 의미한다.

대부분의 NFT 플랫폼은 '이더리움'으로 거래된다. NFT를 민팅하게 되면 그 후부터 발생하는 모든 거래내역은 블록체인에 기록된다. 여기에서 발생하는 거래내역을 블록체인에 기록하는 작업은 이더리움 채굴자가 직접 계산 작업을 통해 기록하게 되며, 이는 구매자와 발행자 대신 일을 해주는 격이다. 이때 채굴자가 작업을 대신 해줌으로써 NFT 구매자와 발행인이 채굴자에게 지불하는 일종의 수수료를 '가스비'라고 한다.

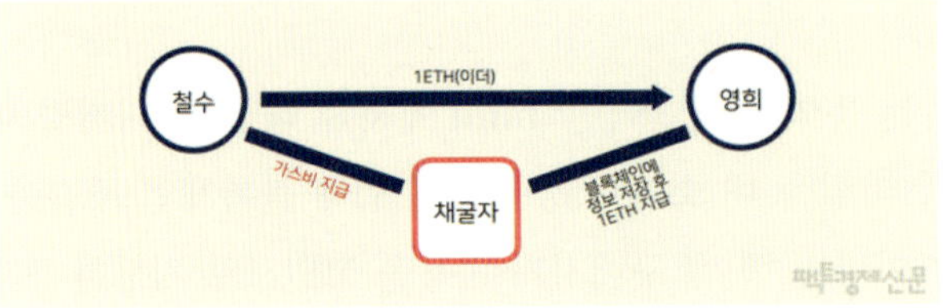

[그림27] 개인과 개인의 이더 전송 시 가스비 지급 과정(출처 : 팩트경제신문)

(4) 드 롭

'드롭(Drop)'은 NFT를 타인에게 판매하기 위해 NFT 플랫폼에 작품을 업로드는 하는 것을 말한다.

(5) 리스팅

'리스팅(Listing)'은 NFT 작품을 판매하기 위해 NFT 플랫폼에 NFT 작품을 등록하는 과정을 말한다.

(6) 오픈씨

'오픈씨(OpenSea)'는 NFT 거래할 수 있는 이더리움 플랫폼 기반의 세계 최대 NFT 거래소이다. 국내 거래소로는 업비트, 빗썸, 코빗 등이 NFT 거래소로 등록돼 있다.

(7) NFT 스마트 컨트랙트

'스마트 컨트랙트(NFT Smart Contract)'란 계약조건을 '블록체인'에 기록함으로써 거래조건이 충족되면 계약이 자동으로 체결되도록 구현된 시스템이다.

(8) 화이트리스트

'화이트리스트(Whitelist)'는 블랙리스트와 반대되는 말로 특정 대상을 뽑아 NFT를 발행해 초기에 싸게 살 수 있는 권리를 주는 목적의 리스트이다. 프로젝트 초기에 관심을 갖는 사람들을 선별해 민팅 권한을 부여하는 것으로 특정 이익이나 권리를 보장한다는 의미로 쓰이며, VIP 개념과 유사하다.

(9) AMA

'AMA'란 Ask me anything의 줄임말로 NFT 프로젝트 개발진 또는 운영진들이 NFT 홀더들을 대상으로 질문과 답변을 하는 시간으로 '무엇이든 물어 보세요'라는 의미를 담고 있다. AMA 내용에 따라 가격이 폭등 또는 폭락하기도 한다.

(10) 리빌

'리빌(reveal)'은 NFT의 특성이 모두 공개되지 않은 상태로 어떤 NFT인지, 어떤 등급인지를 공개하지 않은 상태로 민팅을 진행한 후 일정 시간이 지난 후에 공개하는 행위를 뜻한다. 뽑기와 같은 의미로 생각하면 된다.

(11) FP

'FP(Floor Price)'란 특정 프로젝트의 NFT 판매가 중 거래소에 올라와 있는 가장 낮은 금액을 뜻한다.

(12) 거버넌스

'거버넌스(Governance)'는 공동의 목표를 달성하기 위해 의사결정을 할 수 있게 하는 제반 장치를 뜻하나 NFT에서는 해당 NFT 홀더들이 특정 안건에 대해 투표를 하는 자리를 뜻한다.

5. 새로운 세상이 온다(MBN 산업의 미래)

1) 메타버스에 탑승한 NFT

코로나 팬데믹으로 인해 급속하게 비대면 사회로 전환됨으로써 메타버스 서비스가 점점 더 보편화되고 있다. 그중에서도 최근 NFT가 가상세계를 의미하는 메타버스와 결합함으로써 새로운 비즈니스 모델이 열릴 것이라는 기대감이 커지고 있다.

과거 온라인에서 이뤄지는 가상경제는 온라인 게임 속 아이템 등 제한된 디지털 상품에만 제한돼 있었다. 최근에는 NFT의 도입으로 디지털 자산의 신뢰성과 거래용이성이 높아지면서 가상경제 내에서 현실경제와 유사한 경제구조를 만들 수 있게 됐다.

현실에서 메타버스가 발전하기 위해서는 가상세계에서 소비와 생산, 투자 등 경제활동이 일어나는 '가상경제'가 구현돼야만 한다. NFT를 통해 가상재화를 만들고 그 안에서 거래를 함으로써 가상경제가 만들어 질 수 있을 것이라는 전망이다. 여기에 NFT는 위·변조가 불가능하고 소유권 증명이 쉬운 특징을 갖고 있기 때문에 메타버스에서도 가상 디지털자산으로 가장 적절한 기술이라는 것이다.

현실과 메타버스를 연결하는 역할로써 NFT는 매우 높은 비중을 차지한다. 거래소를 통해 현금 거래가 가능해 게임 외 엔터테인먼트, 콘텐츠 산업 등에서도 가상세계와 현실세계의 경제시스템을 연결하는 원천 기술로도 가장 적합하다.

디지털자산 운용사인 그레이스 스케일은 메타버스를 공간적 제약을 넘어 사람들과 실시간으로 교류하며 디지털과 물리의 세계에 걸친 사용자 소유의 인터넷 경제를 형성할 수 있는 것이라고 정의하고 있다.

또한 '메타버스의 비즈니스 기회는 여러 가지 분야에 퍼지고 있다'라고 했으며, 다양한 산업 발전을 통해 1조 달러 규모의 시장을 창출할 것이라고 전망했다.

2) 디즈니랜드가 메타버스를 탄다

지난 2021년 11월 국내 서비스를 시작한 온라인 동영상 서비스(OTT) '디즈니플러스'의 행보가 심상치 않다. 지난해 4분기 디즈니플러스는 전 세계적으로 1,180만 명의 가입자를 유치해 월가의 예상치인 700만 명을 훨씬 뛰어넘었다. 올해 3월을 기준으로 디즈니플러스의 총 가입자는 1억 2,980만 명에 달했다. 같은 기간 매출은 전년 대비 34.3% 증가한 218억 2,000만 달러를 기록했다.

반면, OTT서비스 경쟁자인 넷플릭스는 지난해 4분기 828만 명의 가입자를 유치하며 디즈니플러스에 밀렸다. 2022년 신규 가입자 역시 250만 명 수준으로 전망치 590만 명을 크게 하회했다. 이 충격으로 넷플릭스의 주가는 20% 가량 떨어졌다.

디즈니는 디즈니플러스 흥행에 안주하지 않고 새로운 비즈니스 모델을 찾기 시작했고, 메타버스를 비즈니스 대상으로 지목했다. 메타버스는 코로나 팬데믹 장기화와 비대면 문화가 확대되면서 떠오른 시장으로 일부 통계업체에서는 2025년 시장 규모를 355조 6,862억 원 시장으로 예측했다.

디즈니 최고경영자(CEO) 밥차펙스는 올해 직원들에게 "디즈니는 거의 100년 동안 기술을 활용해 이야기에 생명력을 불어넣었고, 이를 통해 엔터테인먼트를 재정의 해왔으며, 동시에 디즈니가 메타버스와 NFT를 통해 차세대 스토리텔링의 프론티어가 될 것이다"라며 메타버스 사업의 중요성을 강조했다.

이를 바탕으로 디즈니는 마이크 화이트 수석 부사장을 메타버스 사업전략 임원으로 임명했고, NFT 분야에서 매니저급 구인광고를 실시하는 등 분주히 움직이고 있다. 전문가들은 디즈니가 보유한 IP들을 통해 OTT 가입자들과 메타버스를 연결하는 새로운 경험의 스토리텔링을 보여줄 것으로 내다보고 있다.

(1) 메타버스와 연결된 테마파크

기존에 우리는 '가상현실'을 일상생활에서 간접적으로 경험하고 있었다. 영화관이나 테마파크에서 종종 볼 수 있었던 안경을 통한 체험이다. 영화 속 주인공들을 통한 현실과 가상의 경험을 제공함으로써 소비자들에게 흥미를 유발하곤 했다. 이를 제공한 대표적인 곳이 '디즈니'이다.

디즈니 최고경영자(CEO) 밥차펙스는 "우리에겐 다른 누구도 갖지 못한 것이 있다. 바로 물리적 세계, 우리의 테마파크다"라는 인터뷰를 지난 2월 진행했다. 그의 말대로 디즈니는 현재 성장하고 있는 메타버스 경쟁자들과는 다르게 온오프라인 서비스를 모두 갖고 있는 기업이다. 이는 디즈니가 제공하는 메타버스는 간접경험만을 제공하는 메타버스 기업들과는 확연한 차이점이 될 것으로 보인다.

"테마파크는 메타버스의 개념을 이해하는 가장 쉬운 방법일 것이다. 우리가 쇼핑하고 놀고 일하고 의사소통하는 모든 것을 담은 가상 세계이기 때문이다. 특히 '스타워즈 갤럭시 엣지'는 영화, TV, 테마파크, 인터랙티브 게임을 하나의 세계로 병합하고 있다."(LA타임즈, 2021.11.18.) 이 말과 같이 디즈니는 5년간 10만 달러를 투자해 2019년 '스타워즈-갤럭시 엣지'를 올랜도 디즈니월드에 개장했다.

[그림28] 디즈니월드 '스타워즈-갤럭시 엣지'(사진 : NAKI PARK)

이곳은 스타워즈 세계관을 바탕으로 만들어진 테마파크 공간이며, 관람객들은 저항군이 돼 적에게 붙잡혔다 다시 탈출하는 체험을 할 수 있는 곳이다. 영화에서처럼 홀로그램으로 미션을 전달받고, 로봇의 안내를 받아 우주선을 조종하기도 한다. 또한 놀이기구 외에도 거리 곳곳을 우주선, 술집, 상점으로 구현했고, 벽면에는 영어가 아닌 은하계 언어를 적어 두었다. 앱을 통해 글자를 해독할 수도 있고, 거리 곳곳에 방치된 물건을 스캔해 암호를 푸는 등 영화 안에 들어가 있는 것과 같은 몰입감을 선사한다. 이는 테마파크에서 가상현실과 스토리가 적절한 조화를 만들어 낸 것이다.

(2) 수집 욕을 자극하는 캐릭터와 NFT

'우리가 가진 모든 위대한 것'이라는 디즈니 CEO의 말 중 위대한 것이라고 하면 가장 먼저 떠올릴 수 있는 것은 디즈니가 보유한 IP 자산이다. 전통의 디즈니 에니메이션부터 픽사, 마블

시네마틱 유니버스, 스타워즈, 심슨, 아바타까지 정말 다양한 콘텐츠를 보유하고 있으며, 약 2,000개가 넘는 캐릭터를 갖고 있다. 마블 캐릭터만 해도 약 700여종의 캐릭터가 있으며, 캐릭터 저마다의 스토리를 갖고 다른 캐릭터들과 상호작용하며 확장된 세계관을 만들어 나가는 것이 대표적이다.

이런 캐릭터들을 수집하는 사람들을 우리는 덕후라 칭한다. 희소성을 높게 평가하는 덕후 문화와 NFT는 서로 연결된다. NFT 또한 희소성을 가치로 내세우기 때문에 덕후들에게는 NFT는 디지털 수집경험의 연장선인 것이다. 실례로 디즈니는 이미 2021년부터 미키마우스, 아이언맨, 심슨 등 인기 캐릭터 NFT를 발행하고 있으며, 1개당 333달러에 발행된 미키마우스 NFT는 4만 7,000달러 이상에 거래 되고 있기도 하다.

[그림29] 미키마우스 NFT(출처 : 디즈니)

"우리는 사물이 반드시 물리적일 필요가 없다는 사실을 잊곤 한다. 디지털이라도 수집대상이 될 수 있다. 디지털 사물이 사람들에게 의미가 있고, 블록체인 안에서 입증될 수 있다면 NFT가 생성되고 거래되고 수집되는 현상은 폭발적으로 증가 할 것이다. 디즈니가 가진 캐릭터와 저작권, 상표를 고려할 때 디즈니의 NFT 가능성은 매우 클 수밖에 없다"라고 밥 아이거 디즈니 전 CEO는 말했다. 이 말은 기술이 발전할수록 수집 욕을 자극하는 디즈니의 IP자산들은 지속적인 성장을 할 것이고, 그만큼 IP의 중요성이 강조되는 사회가 도래했음을 알린다.

3) 빅테크 기업들은 왜 메타버스에 주목할까?

최근 대부분의 빅테크 기업들이 새로운 비즈니스 모델로 메타버스 진출을 선택하고 있다. 메타버스로의 진출은 코로나로 인한 팬데믹 상황으로 인해 더욱 가속화 됐다. 오프라인에서의 활동이 제한되면서 자연스레 온라인 활동이 당연시 되고 빅테크 기업들은 주도권을 잡기위한 치열한 경쟁이 시작된 것이다.

특히 우리가 익히 알고 있는 마이크로소프트(MS), 애플 등 빅테크 기업들은 빠르게 메타버스 시대로 진입했다. 메타버스라는 세상에서 각각의 기업들이 추구하는 방향은 서로 다르다.

(1) SNS회사에서 메타버스 회사로 '메타'

익히 스마트폰을 사용하는 사람이라면 잘 알고 있는 '페이스북'이 지난해 10월 사명을 '메타'로 변경했다. 페이스북은 WEB 2.0 시대를 선도했던 대표적인 기업이다. 메타는 사명을 변경할 만큼 메타버스 시대에 더 적극적인 움직임을 보이고 있다.

메타의 최고 경영자 마크 저커버그는 "5년 후에 페이스북이 메타버스 기업으로 인식되길 원한다"라면서 "현재 우리 사명은 페이스북이라는 하나의 제품만 나타내고 있어 미래는 고사하고 현재 우리가 하고 있는 다양한 일을 대표할 수 없다"라고 사명을 바꾼 이유도 밝혔다.

저커버그는 사명을 바꿈과 동시에 메타는 '커넥트 2021'을 열어 VTR을 통한 가상공간인 '호라이즌'을 소개했다. 호라이즌은 '홈, 월드, 워크 룸' 세 가지로 나뉘며, '홈'은 호라이즌 접속 시 첫 화면이자 자신의 집을 꾸미고 친구들을 초대하는 용도이다. '월드'는 사람들을 만날 수 있는 랜드마크, 광장 등의 공간이다. '워크 룸'은 이미 출시가 됐으며 사무실이나 회의 공간 등을 제공해 가상공간에서 업무를 진행할 수 있도록 한다.

[그림30] 자신의 아바타와 대화를 나누고 있는 저커버그(출처 : 메타)

메타는 페이스북, 인스타그램, 왓츠앱 등을 운영 중인 세계 최대의 소셜 네트워크 회사이다. 이들의 목적은 '사람과 사람을 연결'하는 것에서 출발했으며 이는 메타버스 세계에서도 같은 지향점을 추구한다.

메타는 WEB 2.0 시대의 사람을 연결하는 방식이 현재의 페이스북과 같은 플랫폼이었다면 WEB 3.0 시대에는 그 연결통로가 메타버스로 옮겨가게 될 것이라고 예상했다.

[그림31] Horizon workrooms(출처 : 메타)

(2) 메타버스 회사로 변화 중인 'MS'

올해 1월 흥미로운 소식이 들렸다. 마이크로소프트(MS)가 게임회사 블리자드를 인수한다는 소식이었다. 인수금액 또한 무려 687억 달러(약 81조 9,000억 원)로 천문학적인 금액을 지불해 인수를 한 것이다. 인수자금 또한 전액 현금으로 매입 했으며, CNBC에서는 이번 인수는 IT산업 역사상 최고액의 인수합병이라고 평했다.

그럼 왜 MS는 거액을 들여 블리자드를 인수했을까? 단순히 게임 회사의 발전만을 보고 투자를 했을까? 전문가들은 MS의 블리자드 인수를 단순히 게임 회사로만 판단하고 인수 한 것이 아니라는 분석을 내놓고 있다.

[그림32] MS본사(출처 : 연합뉴스)

사티아 나델라는 메타버스에 관해 광신도적인 모습을 보이고 있다. 지난해 6월 한 브리핑을 통해 "많은 게임이 메타버스 사회 및 경제로 진화해가는 모습이 자랑스럽다"라고 말했다. 그리고 11월에는 인터뷰에서 "MS의 콘솔 게임기인 X-BOX가 MS의 메타버스의 핵심이다"라고 강조했다.

MS는 블리자드를 인수하기 전 마인크래프트 개발사를 인수했었다. 이런 발언을 통해 MS의 게임회사 인수는 메타버스 생태계 구축을 위한 인수라는 것을 추측할 수 있다. 또한 MS는 사람과 사람이 함께 일하는 과정에서 활용되는 협업 툴로도 메타버스를 점찍었다.

[그림33] 이그나이트 2021에서 기조연설을 하고 있는 사티아 나델라 MS CEO(출처 : MS)

MS는 지난 11월 온라인으로 개최한 글로벌 컨퍼런스 '이그나이트(Microsoft Ignite 2021)'를 통해 90개가 넘는 신규 서비스와 업데이트를 공개했다. 이날 발표된 신규 기술은 메타버스,

인공지능(AI), 초연결 등 세 가지 주제를 바탕으로 하이브리드 환경에서 조직과 구성원, 아이디어 등을 연결함으로써 협업의 면모를 보여줬다.

사티아 나델라(Satya Nadella) 마이크로소프트 CEO는 이날 기조연설에서 "하이브리드 업무의 핵심인 유연성은 생산성과 상호 배타적인 것이 아니며, 이를 위해 모든 조직은 디지털과 물리적 공간을 통합하는 새로운 디지털 협업 구조를 필요로 한다"며 "앞으로 모든 비즈니스 프로세스는 데이터 및 AI를 통해 협업하고 디지털 및 물리적 세계를 연결하게 될 것"이라며 새로운 비즈니스 변화를 강조했다.

4) 애플의 야심은 어디까지?

(1) 조용하지만 누구보다 강력한 '애플'

애플의 경우 메타, MS 등 빅테크 기업들이 새로운 비즈니스 모델로 메타버스를 내세우는 것과는 달리 비교적 말을 아끼고 있는 편이다. 구체적인 사업계획이나 제품출시를 언급한 적도 없지만 시장에서는 가장 큰 수혜주로 애플을 이야기하고 있다.

현지 전문가들은 "진정한 메타버스 세계는 애플이 뛰어들어야 비로소 시작될 것이다"라는 견해를 갖고 있다. 이런 예상들을 바탕으로 최근에는 시총 3조 달러에 도달한 최초의 기업이 됐다.

[그림34] 애플본사(출처 : 뉴시스)

실제로 애플은 메타버스라는 새로운 시장에 진출하는데 이미 많은 이점을 갖추고 있다. 애플은 아이폰과 같은 막강한 하드웨어를 중심으로 자체 운영체제 플랫폼을 구축하며 성장해 왔다.

애플은 2020년 공개한 M1칩을 통해 하드웨어부터 소프트웨어까지 모든 것을 자체적으로 해결할 수 있는 진정한 애플 생태계를 갖추게 됐다. 특히 2022년 6월에는 자체 설계한 2세대 칩인 M2칩을 공개했다. M2칩에 내장된 뉴럴 엔진은 머신러닝과 AI를 가속하는 16코어로 구성됐고 초당 최대 15조 8,000억 번 연산을 수행한다.

[그림35] 2020년 공개한 M1 Ultra와 2022년 공개한 M2 (출처 : 애플)

애플은 VR 기기 대신에 안경 형태의 AR 기기에 더 많은 관심을 두고 있다. 한 매체에서는 애플이 이르면 내년 안경 형태의 AR 헤드셋 출시를 목표로 연구개발을 진행 중이라고 전했다. 이는 애플이 VR 기기 대신에 안경 형태의 AR 헤드셋이 VR 기기의 하드웨어적 단점을 대부분 해소할 수 있다고 판단했다는 것이다.

사용자가 가상세계에 완전히 몰입하도록 시야를 차단해야 하는 VR 기기와는 달리 안경에 달린 카메라와 스크린을 통해 주변환경을 인식하고 필요한 정보나 콘텐츠를 표시해 주는 방식의 AR의 발전은 모두의 귀추가 주목된다.

[그림36] 애플이 지난해 '애플 세계 개발자 회의(WWDC)'에서 공개한 AR글라스 티저 영상 (출처 : 애플인사이더닷컴)

Epilogue

아바타로 살아가는 신기한 세상, 현실의 나와 가상세계에서의 또 다른 나 새로운 캐릭터, 즉 부캐로 활동하는 사람들이 많다. 메타버스야말로 부캐로 살아가는 또 다른 인터넷 세상이다.

현재는 메타버스 춘추전국시대로 이제까지와는 다른 게임이 펼쳐지고 있다. 변화가 빨라졌다는 표현으로도 부족하다. 변화의 속도가 아니라 변화의 정의가 바뀌고 있다. 메타버스의 중심에는 MZ 세대들이 있다. 디지털 네이티브인 이들이 추구하는 현실과 가상을 아우르는 재미있고 신나는 또 다른 세상을 열어가고 있다.

기업들은 메타버스가 일으킬 혼란 속에서 나아가야할 중심을 잡고 자신만의 방향을 찾아야 한다. 단순히 환경변화에 대응하는 차원이 아니다. 이제부터 펼쳐질 이상하지만 또 다른 멋진 신세계 게임의 룰을 바꾸는 메타버스 시대 대응전략을 개인과 기업의 입장에서 고민해볼 시점이다.

[참고 문헌]

1. 단행본

- 김기영, (2018), '이토록 쉬운 블록체인 & 암호화폐', 경기도 파주 : (주)넥서스(원서출판 2018)
- 커넥팅랩, (2021), '블록체인 트렌드 2022-2023', 서울 : (주)비즈니스북스(원서출판 2021)

2. 연구보고서

- 박지영, '진화하는 가치플랫폼, 블록체인3.0', itfind 주간기술동향(2018.6.6.)
- 과학기술정보통신부, '블록체인의 미래', KISTEP 2018년 기술영향평가 결과보고(2018)
- 국경완, '블록체인 핵심기술 및 국내외 산업 분야별 적용 사례', itfind(2020.6.10.)
- 정재웅, '암호화폐의 역사와 기술, 그리고 분산 금융', 주택금융리서치_8호(2019.12.13)

3. 기사

- 임형준, '코인 종류만 1만 개 넘는다고?… 쉽게 보는 코인 분류법', 매일경제(2021.6.13.)
- 김태영, '금융, 의료, 물류, 유통 전방위로 확산되는 블록체인', The STOCK(2021.1.7.)
- 이은주, '패션,명품 브랜드 관심 NFT로 모인다', IT chosun(2022.1.27.)
- 이소아, '루이비똥, 구찌가 블록체인에 관심 갖는 진짜 이유', the joongang(2021.5.1.)
- 김동환, '블록체인과 암호화폐를 분리해야 하는가?', 한경 The pen(2019.12.10.)
- 신희강, '넷플릭스 위협하는 디즈니, 메타버스로 신사업 선점나서', 뉴데일리경제(2022.3.11.)
- 배소진, '가상을 현실로 불러오겠다는 디즈니의 전략', TTimes(2022.2.22.)
- 이종철, '페이스북이 되고 싶은 것: 메타버스의 메타버스', (2021.10.31.)
- 황순민, '출시 초읽기 '애플 AR' 예상 가격은?…VR 올인한 메타와 엇갈린 선택', 매일경제(2022.5.21.)

4. 인터넷 사이트

- https://m.upbitcare.com/academy/education/blockchain/206
- https://m.upbitcare.com/academy/education/nft/95
- https://m.upbitcare.com/academy/education/nft/144
- https://m.upbitcare.com/academy/education/nft/98
- https://m.upbitcare.com/academy/education/nft/127
- https://post.naver.com/viewer/postView.nhn?volumeNo=28490853
- https://news.sktelecom.com/176795
- https://news.microsoft.com/ko-kr/2021/11/03/ignite2021-kr/

Chapter

02

영·유아교육기관 메타버스 활용 방안

이상만

Chapter

02

영 · 유아교육기관 메타버스 활용 방안

Prologue

포스트 코로나 시대에 접어들면서 대면과 비대면의 만남은 이제 떼려야 뗄 수 없는 상황에 놓이게 됐다. 작년 2021년이 메타버스의 해였다면 올해 2022년부터는 정부와 기업을 넘어서 교육기관에도 메타버스 활용을 도입할 시기가 왔다.

처음에는 어색했던 사람들도 점차 비대면 온라인 시스템에 적응하고 있고 이로 인해 자연스럽게 우리의 일상이 메타버스로 물들고 있다. 짧은 기간 다양한 메타버스 플랫폼들이 등장하기 시작했고, 국내 IT 기업에서는 적극적으로 메타버스 기술을 도입해 산업의 홍보과 수익창출을 시도하고 있다.

로블록스 커뮤니티 펀드(Roblox Community Fund)의 레베카 캔다 이사는 "이미 젊은 세대에서 메타버스가 주류 문화로 자리를 잡았다"라고 말하며 "2004년 설립된 로블록스는 2021년 기준 전 세계 5,000만 명이 이용하고 있을 만큼 큰 회사로 성장했다"라고 했다. 캔타 이사는 "로블록스가 학생들이 시간과 공간의 제약을 넘어 야생을 탐험하고 여행하도록 하는 등 학습 기회를 강화할 수 있기를 소망한다"라고 전했다.

이처럼 메타버스 세상에서는 인종, 장애, 학력, 재력을 넘어서 '아바타'라는 매개체를 통해 동등한 위치로 다가갈 수 있고, 이런 장점은 교육기관의 교사, 학생, 학부모 모두 소통할 수 있도록 돕고 있다. 더군다나 요즘 어린이들, 학생들, MZ 세대 학부모들은 이런 IT 기술에 거부감이 적고 활용 능력도 뛰어나 그동안 디지털 미디어에 폐쇄적이었던 영·유아 교육기관 내에서도 메타버스 도입은 점증적으로 확대될 예정이다.

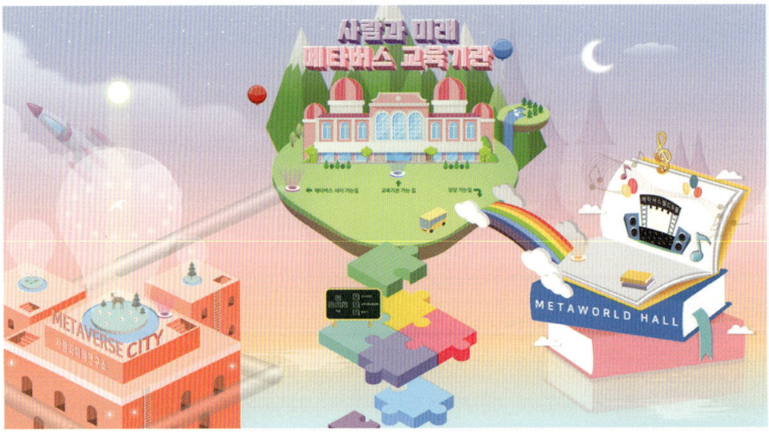

[그림1] 게더타운으로 구축된 메타버스 교육기관 월드(출처 : ㈜사람과미래연구소 제작)

1. 어린이집, 유치원에서도 메타버스를 쓴다고?

메타버스 플랫폼 활용은 이미 정치, 경제, 교육 및 사회와 게임 업계, 일상 비즈니스 회의 등 각종 각계에서 소통으로 사용하고 있다. 특히 메타버스를 주도하는 MZ 세대들이 가상공간에서의 부동산 거래, 크리에이티브를 통해 각종 경제활동도 이뤄지고 있다.

이런 MZ 세대가 학부모 반열에 올라가면서 그들의 자녀들(영·유아)에게 메타버스를 알려주고 일상에서 자연스럽게 사용해 보고 있다. 이를 위해 언어를 익히는 디지털 리터리시(문해력 등) 역량이 필요한 가운데 그동안 IT 기술에 보수적이었던 어린이집, 유치원 등 영·유아 교육종사 업에서도 서서히 소통의 방식으로 메는타버스라는 새로운 문물을 받아들일 준비를 하고 있다.

아직까지 영아(0세~2세)에게 직접적인 메타버스 기술을 적용하는 것은 무리이지만, 인지능력이 어느 정도 형성된 유아(3세 이상)의 경우 자연스럽게 AR 터치스크린과 같은 촉감과 시각, 메타버스 기술이 도입된 복합 교구재를 사용하고 있다. 젊은 학부모와 어린이집, 유치원 기관에서는 거리낌 없이 가상공간에서 비대면으로 소통, 양방향 교육을 하고 있다.

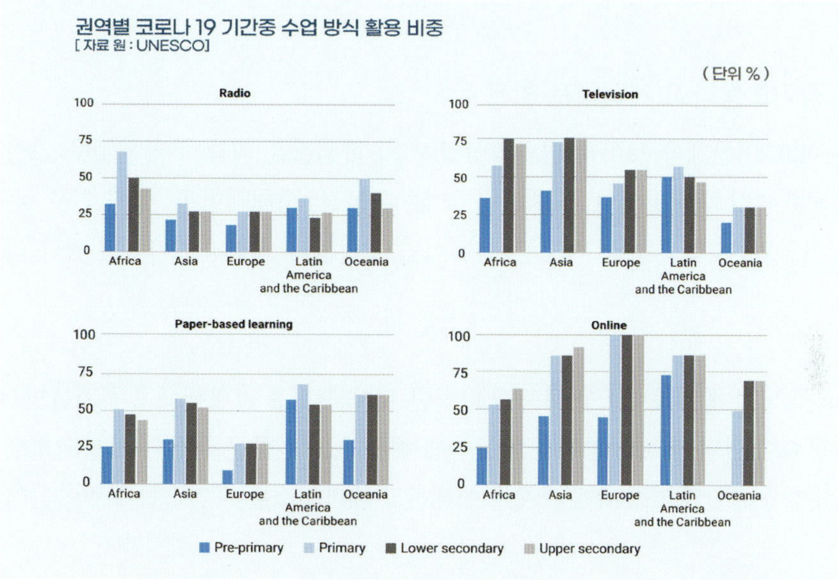

[그림2] 권역별 코로나19 기간 중 수업방식 활용 비중(출처 : UNESCO)

코로나 19 대유행 이후 전 세계에 걸쳐 온라인 학습은 미취학 연령을 포함해 전 학년에서 줌 교육(수업)을 포함한 온라인 수업이 보편적으로 활용됐다. [그림2]를 살펴보면 유아 대상의 온라인 교육 방식을 무조건 배제할 게 아니라 어떻게 하면 아이들에게 긍정적인 교육 결과를 전달할 수 있을지 고민이 필요하다. 플랫폼마다 다양한 특징이 있기 때문에 먼저 교육현장에서는 어떤 것을 활용하고 있는지 살펴보자.

2. 교육기관의 메타버스 활용 현황

1) 국 내

국내 초·중·고교, 대학교 교육기관에서는 메타버스 플랫폼을 활용한 사례가 다양하게 있다. 각종 교육기관들의 입학 및 졸업식, 행사 등 다양한 사례들을 살펴보고자 한다.

(1) 김포 장기초등학교(게더타운 활용 등)

장기초등학교 영상제작 동아리(별별영상창작소) 학생들은 학교 구성원들을 가상공간 게더타운에 초대해 영상회를 열었다. 학생들은 교실, 운동장, 생태체험관, 생태 연못 등 다양한 공간을 직접 만들었다. 학생들은 "새로운 경험이었고 영상과 게더타운이 재밌었다"라며 소감을 밝혔다.

학생과 교사가 함께 메타버스를 구축해 다양한 행사를 직접 기획해보고 주최하면서 아이들이 현실에서 할 수 없었던 새로운 경험을 가능하게 해줬다. 아이들은 현실과 가상세계를 직접 구축하고 연결하면서 현실과 가상세계 관계를 이해하고 메타버스를 자연스럽게 받아들이게 됐다.

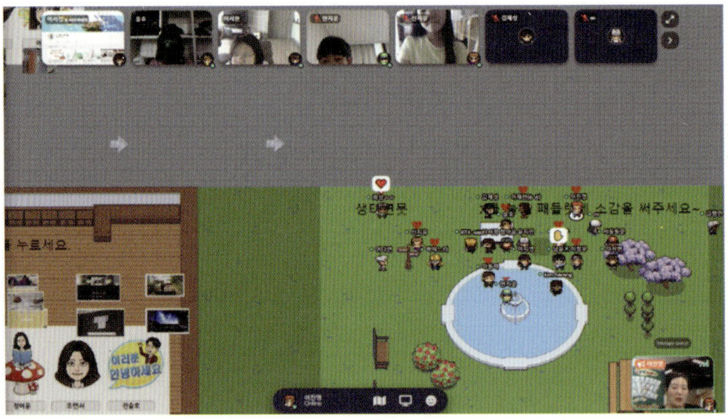

[그림3] 장기초등학교 영상제작동아리가 학교 구성원들을 초대해 온라인 영상회의를 개최하고 있다. (사진제공 : 장기초 / 출처 : 일간경기, https://www.1gan.co.kr/news/articleView.html?idxno=207626)

(2) 연포초등학교(미러 월드 입학식)

연포초등학교는 2021년 신입생 입학식을 위해 메타버스 종류 중 '거울세상(Mirror World) 디지털 트윈 기술'을 활용해 학교공간을 디지털 세계에 복제했다. 연포 메타버스 입학식을 통해 미리 가정에서 부모님과 함께 학교를 둘러보고 학교생활을 준비했다. 학교 교문을 들어서면서 어디서 신발을 갈아 신는지, 교실과 급식실, 도서관, 화장실, 돌봄 교실 등이 어디 있는지 살펴보며 학교 시설을 이용하는 방법 등을 체험했다. 입학식 당일에는 담임선생님과 함께 메타버스 공간에서 체험했던 것을 실제로 경험함으로써 학교 적응력을 높이는 데 도움이 됐다고 한다.

[그림4] 연포초등학교에서 제공한 미러 월드를 이용한 입학식 모습.
(출처 : 사진 대한뉴스, http://www.daehannews.kr/news/article.html?no=497589)

(3) 완주 동양초등학교(마인크래프트 활용 픽셀아트 수업)

또 다른 메타버스 수업 사례로, '게임+수업'을 합친 완주 동양초등학교의 유명 게임 마인크래프트로 진행한 '픽셀아트' 수업이다. 픽셀아트를 게임에서 직접 만들어보면서 다양한 질감과 형태에 대한 관찰력과 창의력을 키울 수 있는 수업이다.

해당 수업을 진행한 엄태건 교사는 "공부하는 학생과 가르치는 선생님 모두 즐겁고 행복한 수업을 위해 마인크래프트 수업을 6년간 지도했다"고 밝혔다. 단순히 흥미와 즐거움 때문에 하는 게임이 아니라, 창의력과 협동심을 기를 수 있는 즐거움을 극대화한 새로운 방식의 수업 이라고 소개했다.

[그림5] 학생들의 다양한 '나비' 작품

(사진제공 : 엄태건 교사 / 출처 : 교육플러스(e뉴스통신, http://www.edpl.co.kr))

(4) 순천향대학교 메타버스 입학식

메타버스를 가장 원활히 쓰는 연령은 아무래도 대학생들이 아닐까 싶다. 순천향대학교에서는 2021년 코로나19가 한창일 때 대학 생활의 중요한 첫 시작점인 입학식과 오리엔테이션 등을 가상의 대학 캠퍼스에서 만나 소통하는 방식을 시도했다.

신입생들은 3차원 가상공간에서 총장 인사말과 신입생 대표의 입학 선서를 듣고, 각자의 아바타를 활용해 교수, 동기생, 선배들과 인사를 나눴다. 입학에 참석하는 신입생들은 SK텔레콤의 점프VR 앱을 실행해 본인의 개성을 살린 아바타를 꾸미고 버추얼 밋업(Virtual Meetup)을 기반으로 하는 소셜월드에 입장해 이뤄졌다.

[그림6, 7] 순천향대와 SKT가 아바타로 참석하는 메타버스 입학식을 개최, 총장이 인사말을 하고 있다.(출처 : 순천향대신문 http://news.sch.ac.kr/news/articleView.html?idxno=740)

(5) 대학기관 메타버스 실용 수업 활용

VR 인체 해부학 프로그램을 사용해 현실에서는 힘든 교육들도 메타버스에서는 가능하게 됐다. 공간과 기기만 있으면 언제든지 누구나 실습교육이 가능하므로 많은 대학에서 메타버스 활용 수업을 채택하고 있다.

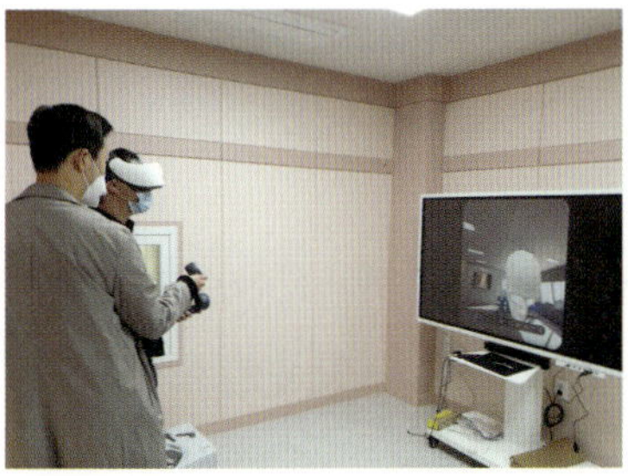

[그림8] 가톨릭 상지대학교 포커스 현장 진행 모습 [그림9] 광주여대 해부학 VR 실험실 실습수업 장면(출처 : VR GATE 블로그, https://blog.naver.com/vvrbest/222138382081)

연세대 생명시스템 대학은 2021년 여름계절학기 일반생물학 실험수업에 VR 콘텐츠를 도입했다. 이공계열 학부 1학년생을 대상으로 단백질 정량, 효소활성측정, 체세포분열 등 3개 기초 실험 콘텐츠가 활용됐다.

많은 교육기관이 4차 산업혁명 시대에 걸맞은 교육 분야의 트랜드인 메타버스를 받아들이고 경쟁력을 갖추고 있음을 보여주고 있다. 다양한 전문분야의 교육이 메타버스로 넘어오게 되고 이러한 트랜드에 익숙해지기 위해 사전에 메타버스 학습이 반드시 필요할 것이다.

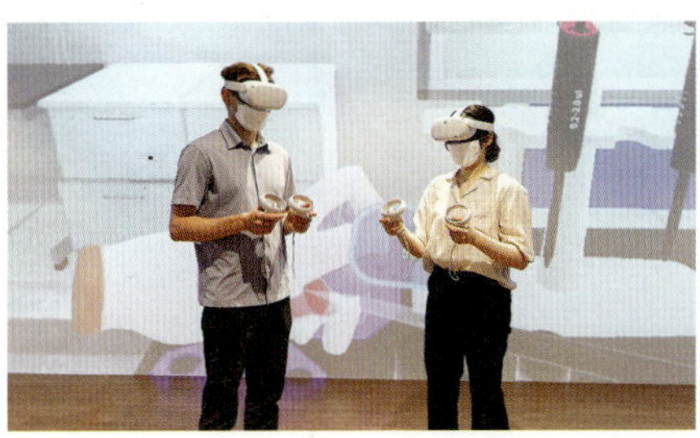

[그림10] 연세대 VR 생물학 실험 사진(출처 : 전자신문 https://m.etnews.com/20210910000213?obj=Tzo4OiJzdGRDbGFzcyI6Mjp7czo3OiJyZWZlcmVyIjtOO3M6NzoiZm9yd2FyZCI7czoxMzoid2ViIHRvIG1vYmlsZSI7fQ%3D%3D)

(6) 교육부 '건강장애학생 메타버스 체육대회' 개최

교육부에서는 건강 장애학생을 위해 확장 가상세계인 메타버스를 활용해 낚시, 볼링, 협동 달리기 등 실제와 유사한 다양한 경기를 개최했다. 참여 학생의 관계형성과 심리·정서적 지원, 안정감 회복을 기대하고자 했다.

교육부에서는 "원격수업과 교육지원 사업을 내실화해 학업 결손을 최소화하고 건강하게 학교에 복귀할 수 있도록 지원함을 목적으로 이와 같은 행사를 진행했다"고 밝혔다.

이밖에도 교육부에서는 "2022년 학교폭력 예방 및 대책 시행계획안으로 원격으로 체험, 놀이형 학교폭력 예방교육에 참여할 수 있도록 메타버스 플랫폼을 활용한 예방교육 교구를 개발해 보급하겠다"고 밝혔다.

이처럼 교육기관에서도 학생들과 보호자 참여율을 높일 수 있고, 시간·공간 제약이 적은 메타버스의 활용을 적극 채용하고 있다. 단순히 코로나19로 인한 비대면 상황만을 대처할 뿐만 아니라 새로운 교육 패러다임으로 자리를 잡고 있다.

메타버스는 단순 교구의 역할 그뿐만 아니라 직접 메타버스에서 소통하고 참여해 문제를 해결해 가면서 미래 기술을 응용하고 적응하는 능력을 키워주는 창구가 되고 있다.

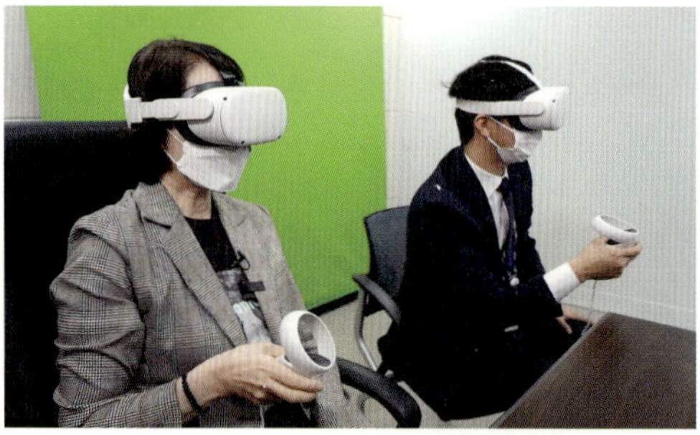

[그림11, 12] 유은혜 사회부총리 겸 교육부 장관이 16일 온라인으로 열린
'스쿨포유 건강장애학생 확장 가상세계(메타버스) 체육대회'에 참석해 VR기기를 체험하고 있다.
(출처 : 대한민국 정책브리핑(www.korea.kr)

2) 해 외

(1) 미국(취약계층 학생들을 위한 메타버스)

코로나로 인해 장애학생을 비롯한 취약계층에 대한 교육 공백이 커지고 이 중 장애 학생들의 외부활동 제약이 증가하면서 사회성을 키울 기회가 부족함을 느끼게 됐다. 이에 자폐를 포함한 장애학생들의 사회적 적응기술을 증진 시킬 수 있는 프로그램 등 다양한 VR 프로그램을 개발 중에 있다.

VOISS(Virtual Reality Opportunities to Implement Social Skills) '사회성 기술을 증진 시킬 수 있는 가상현실의 기회' 기획은 미국 캔자스 주정부 교육국의 지원으로 캔자스대학에서 개발한 프로그램으로, 학교 내 다양한 시설에서 발생할 수 있는 사회적 상황을 메타버스에서 직면하고 해결할 수 있도록 해 학생들의 사회성 증진에 기여하고 있다.

[그림13] 도서실에서 학생들이 학습하는 모습 [그림14] HMD를 착용하고 가상환경에 학습하는 모습
(출처 : VOISS 홈페이지 https://www.projectvoiss.org)

(2) 일본(VR 기반 학교운영)

일본은 이미 많은 대학에서 VR 오픈 캠퍼스를 운영하고 있는데, 예를 들어 메이세이대학(明星大学)과 킨키대학(近畿大学) 가상 캠퍼스 내에서 교수와 학습자가 아바타를 통해 학습하는 것을 볼 수 있다.

일본의 *N고등학교는 최근 '보통과 프리미엄(普通科プレミアム)'이라는 과정을 통해 **오큘레스퀘스트를 활용해 다양한 VR 수업을 시도하고 있다.

* 일반 고등학교에 다니지 않는 학생들 대상으로 2016년 개교한 학교로 일본에서 가장 큰 통신 학교임.

** 메타(구) 페이스북에서 출시한 HMD(Head Mounted Display)의 일종, 머리에 착용하는 VR 헤드셋.

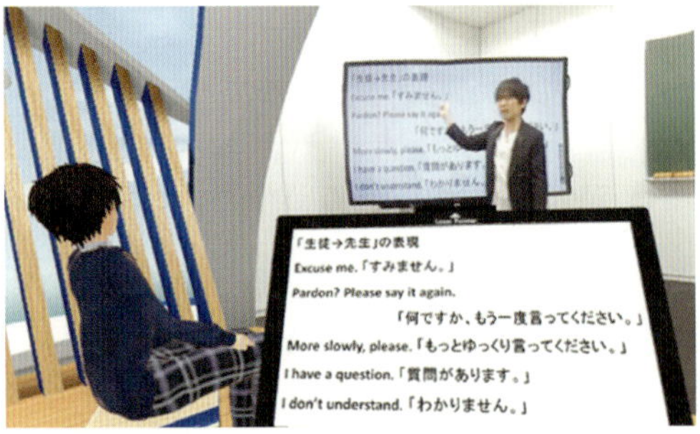

[그림15] N고등학교의 학습하는 모습

[그림16] 영어수업 중 AI 캐릭터가 사용하는
영어 문장을 가상공간에서 배우는 모습

(출처 : 'N고등학교 보통과 프리미엄' 홈페이지 https://nnn.ed.jp/learning/vr)

(3) 중 국

① 바이두 VR 교육

바이두 VR은 중국 선두의 원스톱 VR 솔루션 기관에서 바이두 AI 능력, 바이두 클라우드 플랫폼 및 VR 기술을 기반으로 유치원부터 고등학교 교과(K-12) 교육과 VR 수업을 유기적으로 결합하고 있다.

바이두 VR은 또한 VR 기술을 통해 추상적이고 난해한 내용의 이해를 돕고 수업을 더욱 유연하고 재미있게 이끈다. 이를 통해 교육의 질을 높이고 학생들의 탐구심과 창의성을 자극하는 것을 목적으로 하고 있다.

[그림17] 시요우루 초등학교의 바이두 VR 체험

[그림18] VR 스마트교실 공개 수업

(출처 : 바이두 홈페이지, https://baijiahao.baidu.com/s?id=1604240013562686967&wfr=spider&for=pc)

② 중국의 스마트캠퍼스 조성 계획

중국 교육 분야에서 교육정보화를 추진하기 위해 국무원과 교육부 등 관련부처에서는 “다양한 장려정책을 마련하고 정보기술과 수업의 심도 있는 융합을 위해 총력을 기울여야 한다”라며 “각급 학교에 스마트캠퍼스를 조성하고 인터넷, 빅 데이터, AI · VR 기술을 통합해 미래 교육수업의 새로운 패러다임을 모색할 수 있도록 지원할 것”이라고 밝혔다(教育部, 2017).

「중국 교육 현대화 2035」에서는 VR · AR 기술을 AI 학습 공간 및 학습 체험센터 등 AI 학습 환경을 뒷받침하는 중요한 기술로 삼을 것이라고 했다(中国 政府网, 2019.02.23).

〈 2019~2020년 중국 지방 정부 XR 산업 관련 주요 정책 예시 〉

지역	내용
저장성	▸ 증강·가상현실 기술을 접목한 혼합식 학습 환경 조성 ▸ 인공지능을 활용한 증강·가상 현실 모델링, 자연 언어 처리 기술 연구 개발
후난성	▸ 초고화질 영상지원과 가상·증강 현실, 5G 기술을 융합한 의료·보안 및 지능형 교통 체계 마련을 위한 경제발전 계획 발표(2020-2025년) ▸ 5G 기술을 활용한 스마트폰 및 웨어러블 VR/AR 홀로그램 영상 단말기 기술 개발
허베이성	▸ 5G에 기반한 핸드폰, VR/AR, 스마트 건강·휴양 등 응용 소프트웨어 연구·개발 촉진 ▸ AI, 5G, 가상현실 등 신기술을 활용한 빅데이터 분석 및 신산업 창출
베이징시	▸ 첨단 신기술(빅데이터, AI, 증강·가상 기술, 초고화질)을 활용한 영화 산업 첨단화 ▸ 클라우드 컴퓨팅 및 AI, 가상현실 프로그램 교육 추진
산둥성	▸ 가상현실, 사물인터넷, 빅데이터 등을 활용한 디지털 지방자치정부 실천 계획 발표 ▸ 차세대 유망산업 육성을 위한 가상현실, e-스포츠 등 신산업 육성

.자료 : Chinabaogao, 2020年全国及各省市虚拟现实 行业相关政策梳理, 2020.8.21, 재정리

[그림19] 중국 지방정부 XR 산업관련 주요정책 예시

(출처 : 교육정부네트워크 정보센터 https://edpolicy.kedi.re.kr)

(4) 싱가포르(온·오프라인 혼합형 러닝(블렌디드 러닝 blended Learning))

싱가포르 교육부는 블렌디드 러닝의 도입으로 학생들이 온라인 재택수업을 통해 주어진 학습자료를 바탕으로 자신의 학습속도에 맞게 주도적으로 진행 해 나가는 것뿐만 아니라 온라인 플랫폼을 통해 본인 흥미에 맞는 자료를 찾고 학습할 수 있게 진행하고 있다. 이에 한 구체적인 방안으로 모든 중학생들에게 개인용 학습기기를 싱가포르 정부차원에서 배포하고 2021년 3분기부터 온라인 재택수업의 날(Home Based Learning Day)을 주기적으로 실행하고 있다.

싱가포르 교육부.(2020. December 29). Blended Learning to Enhance Schooling Experience and Further Develop Students into Self-Directed Learners, https://www.moe.gov.sg/news/press-releases/20201229-blended-learning-to-enhance-schooling-experience-and-further-develop-students-into-self-directed-learners (2021.11.10. 인출)

[그림20] 싱가포르킨더랜드

(출처 : https://kinderland.com.sg/the-kinderland-home-based-learning-hbl-experience)

[그림21] 싱가포르 가정에서의 블렌디드 러닝 모습

(출처 : 더 스트레이츠 타임즈 https://www.straitstimes.com/lifestyle/how-home-based-learning-hbl-shows-up-inequality-in-singapore-a-look-at-three-homes)

3. 현재 영·유아 교육기관에서는 IT(정보통신산업기술) 활용을 어느 정도 할까?

1) IT 활용 영·유아 보육안전 실증

경기도에서는 태블릿 PC로 어린이집 등원을 확인하고, 시계처럼 손목에 차는 스마트밴드를 통해 아동학대 여부나 건강상태를 알아보는 안전보육 환경구축을 하고 있다.

서울시 강서구에서는 어린이집에 사물인터넷(IoT)을 활용한 실시간 건강관리 모니터링 기기를 지원을 통해 영·유아의 엎어짐 등 잘못된 수면자세와 고열, 호흡곤란 등 갑작스러운 위험 상황에 쉽게 노출될 수 있는 점을 고려해 지속적인 건강상태를 확인하고 있다.

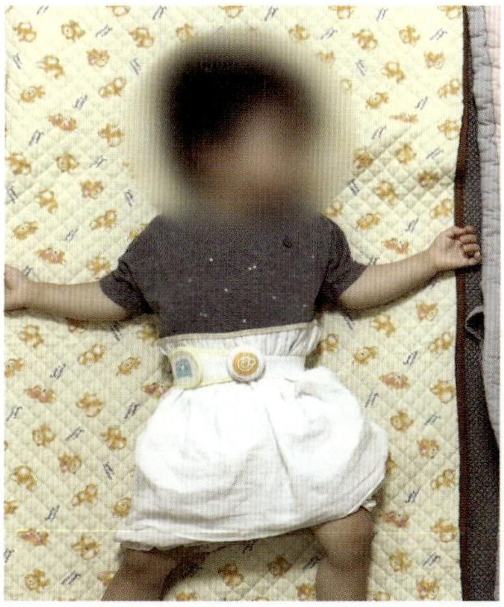

[그림22] 영·유아 건강관리 모니터링 기기 착용 모습
(사진제공 : 강서구 https://www.news1.kr/articles/?4552053)

스마트밴드 기반 영·유아 모니터링 시스템으로 아이들의 현재 위치, 활동량, 건강상태도 실시간으로 확인할 수 있다. 또 사물인터넷(IoT) 기반 생활환경 실시간 모니터링 시스템을 통해 보육시설 실내·외의 온도, 습도, 미세먼지 등 다양한 정보를 실시간 제공받아 쾌적한 보육환경을 능동적으로 유지할 수 있도록 시스템화하고 있다.

2) SNS 활용

메타버스 기술 중 인간 삶의 모습을 기록하고 소통 및 공유하는 가상공간인 라이브로깅(Life loging)으로 보육교사의 업무 부담을 최소화하는 면에서 선호도가 높다. 어린이집, 유치원과 같은 영·유아 기관에서 가장 빠르게 학부모들과 소통하는 수단은 '키즈노트, 아이엠스쿨' 등을 사용하고 있다.

특히 카카오 계열사가 만든 '키즈노트'는 어린이집·유치원·학원에서 사용되는 가정통지문 전달 역할을 하는 알림장 앱 서비스로 모바일 플랫폼 기반으로 손쉽게 사용 가능하다. 전국 어린이집과 유치원의 약 80%에 달하는 4만 8,000여 곳에서 쓰이고 있다.

NHN에듀에서 개발한 '아이엠스쿨'은 전국 초·중·고교(특수학교 및 병설 유치원 포함) 99%에 해당하는 1만 2,700여 곳에서 사용 중이라고 밝히고 있다.

'알림장 앱 쌍두마차' 키즈노트 · 아이엠스쿨 국내 사업 현황

키즈노트		아이엠스쿨
키즈노트 (카카오 계열사)	운영 회사	NHN에듀 (NHN 계열사)
영유아와 학부모	주 이용자	초중고 학생과 학부모
180만명	월간 순이용자	170만명
120만명	일간 순이용자	45만명
전국 어린이집 · 유치원 4만 8000곳	가입 현황	전국 초중고교 1만 2700곳
일본, 베트남(예정)	해외 진출 현황	대만, 인도네시아 (예정)

〈자료 : 키즈노트 · NHN에듀〉

[그림23] '알림장 앱 쌍두마차' 키즈노트, 아이엠스쿨 국내 사업 현황
(출처 : 서울신문 https://www.seoul.co.kr/news/newsView.php?id=20200303021009)

3) 인공지능 로봇체험

서울시가 코로나19 장기화로 실외활동이 어려워진 영·유아들의 언어·정서발달을 도와줄 인공지능(AI) 로봇 '알파미니'를 어린이집에 무상 대여해주는 사업을 운영하고 있다. 서울시 돌봄

분야에서 '언택트 가정 보육 및 AI 성장 관리 시스템' 구축을 통해 IT 기술에 취약한 어린이집, 유치원 보육사업에 보탬이 되고자 하는 취지이다. 주요 기능으로는 음성인식(자연어 처리 등), 비전인식(이미지처리 등), 동작구현, 코딩활용 등이 있다.

[그림24] 알파미니 활용사진

(출처 : 로봇 신문 https://www.irobotnews.com/news/articleView.html?idxno=27848)

4) 참여형 미디어 전시회

새로운 놀이방식과 교육환경을 제공해 오감을 발달시켜 줄 수 있는 다양한 기술들이 나타나고 있다.

아이들이 그린 물고기 그림을 스캔하면, 그림 속 물고기들이 전시공간에서 살아 움직인다. 화면을 터치하면 물고기들이 반응하고, 디지털로 구축된 가상의 바다 속을 경험해 메타버스를 체험한다. 또 XR 기술을 이용해 블록들로 나만의 도로를 만들고 교통수단들을 이동하게 할 수 있다.

아이들은 이렇게 가상환경에서 현실에서 할 수 없던 일들을 직접 체험한다. 가상세계에서의 경험으로 상상력을 키우고 현실 속에 적용된 원리들을 자연스럽게 받아들이게 된다.

[그림25] 팀랩월드 전시, 아동들이 직접 참여할 수 있는 인터렉션형 XR 전시회
(출처 : 디지털로 오감만족 - 월간POPSIGN (https://www.jungle.co.kr/magazine/24447)

4. 영·유아 교육기관 메타버스 활용 예시

1) 증강현실을 이용한 터치스크린 영상

안산시립 센트럴포레 어린이집은 디지털 기술을 활용한 증강현실 체험 놀이 공간 운영으로 아동들과 학부모들에게 메타버스 AR 기술을 선보이고 있다.

[그림26] 증강현실 활용 체험 놀이 공간
(출처 : 포탈 뉴스 http://www.portalnews.co.kr/mobile/article.html?no=579575)

영국 '험버스턴 클로버필즈 아카데미 교육과정 개요(Humberston Cloverfields curriculum overview)' 안내서에 따르면 HCA는 몰입교실을 이용해 생생한 현장의 모습을 교실 안으로 가

져옴으로써 학교 교육과정을 전개하는 역량을 확대하고 있다(출처 : Humberston Cloverfields Academy, 25, July 2020, p. 2).

현실의 이미지나 배경에 가상 이미지를 겹쳐 하나의 영상으로 보여주면서 아동들은 바다, 우주, 숲속 등 생동감 있게 재현한 가상공간에서 상상력과 호기심을 자극하는 놀이 활동을 즐긴다.

[그림27, 28] 험버스턴 클로버필즈 아카데미의 과학 수업. 쌍방향 몰입교실을 이용한 인간의 신체 기관 학습(출처 : full3sixty)

2) 육아종합지원센터 게더타운 부모교육

영·유아 교육기관의 메타버스 사례를 살펴보면 육아 정보를 주는 기관에서 먼저 움직인 것으로 파악된다. 고양시 육아종합지원센터에서는 '아동권리존중 및 아동 학대 예방 긍정적 훈육법' 부모교육을 메타버스 플랫폼 게더타운에서 활용했다.

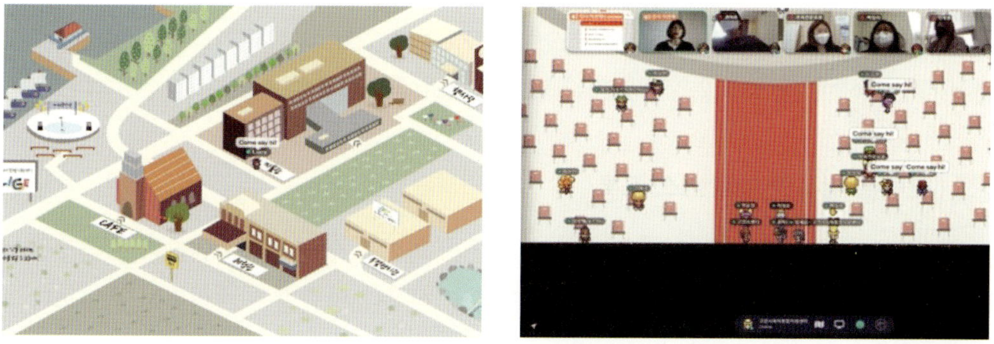

[그림29, 30] 고양시육아종합지원센터메타버스 부모교육 모습 (출처 : 고양시육아종합지원센터)

또한 남양주시 육아종합지원센터에서는 어린이집 원장 대상으로 미디어 활용을 위한 교육을 하면서 메타버스의 초석을 마련했다.

[그림31] 남양주시 어린이집 원장 대상 '메타버스로 준비하는 미래' 교육
(출처 : 검경일보(http://www.xn—c79aoe211cd3j.kr)

코로나19 팬데믹 이후 만남이 제한된 상태에서 디지털과 온라인에 기반 한 메타버스라는 새로운 세계를 통해 고양시 영·유아의 부모가 올바른 가치관을 갖고 원활한 육아환경을 마련할 수 있다는 취지 아래 시작됐으며 메타버스 내에서 교직원 교육, 실시간 소통까지 다양하게 활용하고 있다.

게더타운은 미국 Gather Presence, Inc.사에서 만든 타 플랫폼들과 다르게 2D그래픽을 사용한 플랫폼이다. 직접 맵을 만들 수 있다는 장점이 있어 기관에 맞는 맵을 직접 제작할 있고 다양한 도구를 삽입, 유튜브 동영상, 패들렛(padlet) 등과 연동시킬 수 있다.

국내의 비슷한 서비스로는 다음으로 서술할 젭(ZEP)이 있다. 화상대화, 채팅, 화면공유가 가능해 비대면 시대에 들어와 많은 행정기관 및 교육기관에서 활용하고 있다.

3) 젭 (ZEP)을 활용한 메타버스 소통

네이버에서 2021년에 개발된 젭은 양방향 소통과 회의를 할 수 있는 메타버스 플랫폼이다. 기존 미국 게더타운의 한국어 버전이라고 보면 좋고 더욱더 앙증맞은 캐릭터와 무엇보다 스마트폰에서도 작동이 원활한 것이 장점이다.

젭 안에서는 파일공유, 화상채팅, 웹 링크 등을 통해 다양한 정보를 공유할 수 있어 기존 호스트의 일방적인 대화가 아닌 여러 명이 한 공간에서 실제로 대화를 나누고 정보를 주고받는 과정을 아바타를 통해 구현할 수 있다.

AJ아이뜰 어린이집에서는 온라인 상담, 교사회의, 행사 LIVE 등의 진행을 위해 메타버스를 구축했다. 젭을 활용해 다양한 행사, 교육 프로그램을 접목하고 온라인에서 영·유아들이 학부모, 교사들과 함께 어디서든지 어린이집을 경험할 수 있게 제공했다.

[그림32] AJ아이뜰 어린이집에서 사용하는 ZEP으로 구축된 메타버스 월드(출처 : AJ아이뜰 메타버스 어린이집, https://zep.us/play/8jpMd4, ㈜사람과미래연구소 제작)

4) 360도 VR 영상 가상공간

실제 공간을 360 카메라로 스캔해 360도 VR 영상촬영을 통해 시설들을 3차원 가상공간에서 자유롭게 둘러볼 수 있는 영상기술이 있다. 기관 방문이 어려운 학부모 혹은 입학을 앞둔 아이들이 직접 시설을 가지 않아도 실제와 같은 체험이 가능하게 됐다.

AJ아이뜰 관계자는 학부모들과 예비 학부모들에게는 아이들의 생활공간을 언제든지 확인할 수 있게 해 기관에 대한 신뢰감을 주고 있다. 아이들은 메타버스 환경을 간접체험하게 되면서 시·공간의 제약을 받지 않고 주체적이고 능동적인 학습을 행할 수 있는 패러다임을 기대하고 있다.

[그림33, 34] AJ아이뜰 어린이집 미러 월드 가상공간(출처 : AJ아이뜰 https://my.matterport.com/show/?m=x3fyhwZYJfs, ㈜사람과미래연구소 제작)

[그림35~38] 헬리오나래 어린이집 미러 월드 가상공간
(출처 : 헬리오나래 https://my.matterport.com/show/?m=5taLN97TXod, ㈜사람과미래연구소 제작)

Epilogue

가상현실(Virtual reality, VR) 및 확장현실(extended reality, XR)은 교육 분야에서 두각 되는 메타버스 요소 중 하나이다. 최근 교육 분야에서 메타버스 활용과 그 잠재력에 대한 보고서 '메타버스에서의 학습에 대한 소개(An introduction to learning in the metaverse)'에 따르면 교육자 및 기술자들과 많은 대화를 나눈 결과 학습 및 몰입형 기술에 관한 전문성과 연구를 바탕으로 'XR 입문 가이드'를 제공해야 할 필요성이 있다고 발표했다. 궁극적으로는 메타버스라는 새로운 기술에 대한 교육시장의 체계적인 활용방안이 시급한 상황이다.

미래에 메타버스를 교육 분야에서 올바르게 사용한다면 학습자에게 새로운 경험을 제공할 수 있다. 특히 *논문자 맥기브니는 "그동안 학습은 맥락 없이 그저 정보를 전달하는 것으로 여겨왔으나 메타버스를 잘 활용한다면 지식 이상의 것을 배울 수 있도록 풍부한 맥락 정보를 제공할 수 있다"라고 밝혔다. 그 밖의 몇몇 전문가들은 학생과 교사가 서로 아바타를 사용해 소통할 경우, 가상의 몸을 통해 우리가 생각하고 느끼는 행동하는 방식이 달라질 수 있음을 강조했다.

학습자들에게는 자기표현에 있어서 더 큰 자율성이 부여돼 학습에 대한 주도적인 참여, 학습과 자신의 관련성 인식 등이 개선될 수 있을 것으로 기대하고 있다. 그러나 메타버스가 현재의 모든 학습적 결함을 메워주는 신문물이라고 칭할 수는 없다. 핵심은 결국 전통적인 학습 경험을 바탕으로 메타버스가 효과적으로 활용할 수 있다는 점이다.

그러기에 맥기브니 교수는 "현재 VR 헤드셋 및 메타버스 기술에 접근하기 위해서는 하드웨어가 저렴하지 않기 때문에 취약계층 학습자가 사용하는 데 어려움이 있다"라고 지적하고 있다. 현재 시중에 나와 있는 메타버스 기술 대부분이 개인 정보 보호에 취약하고 효과적인 학습 지원 목표보다 이익을 우선시하는 게임과 같은 산업, 상업적 환경에 설계된 것이기 때문에 모든 사람에게 유익하거나 접근 가능하지 않은 한계성이 보인다. 이런 점을 고려해 국가 차원에서 4차 혁명시대를 맞이해 메타버스를 좀 더 포용하고 효과적으로 각 현장에 어떻게 활용할지를 여러 전문가가 열린 마음으로 고심해야 할 사항이다.

아직 메타버스가 시작점이기 때문에 앞으로 많은 관계자가 그 발전 과정을 함께 참여해야 한다. 또한 교육 분야에서 메타버스를 어떻게 잘 활용해 소외된 학습계층이 없이 전 연령이 메타버스에 탑승할 수 있는 국가적 지원 및 제도가 필요하다.

무엇보다 디지털 교육을 선호하지 않는 영·유아 교육현장에서 소통을 위한 디지털 이해 교육이 필요하고 적절한 에듀테크 기술의 적용과 정책 전망을 바라보면서 촉감과 정서발달이 중요시되는 보육이 우선시 돼야 한다. 하지만 앞서 논의된 바와 같이 전통 교육 방식에 더 확장된 효과를 주기 위해 상상 이상의 미래를 여는 영·유아 교육이 되기를 기대한다.

이를 위해서는 영·유아 미디어 환경을 조성하고, 디지털 리터리시와 같은[디지털 리터러시(digital literacy) 또는 디지털 문해력은 디지털 플랫폼의 다양한 미디어를 접하면서 명확한 정보를 찾고, 평가하고, 조합하는 개인의 능력을 뜻한다.-위키백과] 교육이 선두 적으로 필요하며 영·유아발달단계에 따라 교사, 부모의 역할이 무엇보다 중요하다.

결국 메타버스와 같은 새로운 IT 기술 활용을 이해하고 기본적인 역량을 키워서 그에 맞는 지속적인 학습 생태계 구축이 필요하다.

[참고문헌]

- 'The Metaverse: 5 Things Educators Should Know', 자료출처: EdSurge News
- '전주교육대학교 미래융합교육 - 미래 사회에서 메타버스 교육의 방향', 박상준(2021)

Chapter

03

에듀테크 산업에 메타버스 활용방안 및 적용사례

이 창 학

Chapter

03

에듀테크 산업에 메타버스 활용방안 및 적용사례

Prologue

기술이 세상을 빠르게 바꾸고 있다. 기술을 직접 개발하지 않는다 하더라도 각자의 영역에서 필요한 만큼의 기술에 대한 이해가 필요한 세상이 됐다. 학생은 미래의 직업을 선택하기 위해서 그리고 이미 직업을 가진 사람은 각자 직업의 미래를 예상하기 위해서 세상을 바꾸는 기술에 대해서 이해해야만 한다.

종종 MZ 세대가 메타버스를 주도할 것이라 이야기한다. MZ 세대는 1980년에서 2000년대 초반 출생한 세대를 뜻한다. 이들의 특징은 집단보다는 개인의 행복을, 브랜드보다는 제품의 스토리를 중시한다는 점이다. 특히 취향을 중시하는 성향이 강해서 '플렉스(Flex)'와 명품 소비가 익숙한 세대이다.

출생 시기에 따라 집단적으로 공통적인 특징을 갖는다는 것은 거대한 공통 경험이 있기 때문일 것이다. 과거에는 전쟁, 공황 그리고 이런 상황에서 벗어나며 찾아오는 풍요로움 등이 주요한 요인이었다. 하지만 현대에는 기술의 발달로 인한 경험의 차이가 세대의 특징을 만들고 있다. MZ 세대는 '디지털 네이티브'라는 공통점을 갖는다. M 세대는 인터넷 중심이고 Z 세대는 스마트기기 중심으로 이해할 수 있다. 두 세대가 유사한 특징을 갖지만 Z 세대가 더 강화된 모습을 띠는 정도로 이해할 수 있고, 그래서 MZ 세대로 통칭하는 것이다.

많은 기업들과 공공기관에서 '메타버스'를 적극 도입하며 메타버스는 어느새 우리 일상 속으로 들어오고 있다. 특히 메타버스가 놀이터인 Z 세대를 겨냥하는 신 개념 '제타버스(Zetaverse)'까지 등장하면서 시장의 메타버스 대응 전략은 점점 더 중요해지고 있다. 제타버스를 위한 마케팅 방식 중 하나를 바로 '믹스버스'(Mixverse)라고 할 수 있다. mix와 universe의 합성어인 믹스버스는 가상의 세계관을 현실에 구현하는 것으로 가상의 세계관과 현실을 섞는다는 의미다. 가상의 세계관을 실제로 경험할 수 있어 이색적인 경험을 원하는 MZ 세대에게 믹스버스는 남다른 경험이자 하나의 '놀이'이다. 그래서 많은 기업들이 MZ 세대에게 브랜드와 메시지를 전달하기 위한 믹스버스 마케팅에 적극적으로 준비하고 있다.

교실이 없어지는 시대에 대한 예측은 사실 오래 전부터 전문가들을 통해 언급됐다. 현재 20~30대 MZ 세대(디지털 네이티브)들에게는 이전의 세대와 다른 정보전달 방식과 교수방법에 있어서 다른 접근이 필요한 시기이다. 즉 학습자의 특징과 디지털 교육환경의 변화에 따른 교육의 본질에 대해 고민이 코로나19를 겪으면서 우리 앞에 직면했다는 의미이다.

MZ 세대에게는 온라인 동영상 학습은 결코 낯설지 않다. 오히려 기존의 실시간 대면 교육에 비해 더 익숙하다. 유튜브(YouTube)는 오프라인 교실에서 배우는 것보다 훨씬 많은 것을 즐겁게 배우는 온라인 교실이 됐다. 뿐만 아니라 학습의지와 동기가 뚜렷한 학습자에게는 유튜브가 이미 충분히 효과적인 온라인 교실 역할을 하고 있다.

코로나19 팬데믹의 영향으로 사회, 경제, 문화, 교육 등 모든 분야에서 큰 변화가 생겼고 특히 '에듀테크 산업'의 변화 또한 MZ 세대들에 의해서 이미 시작됐다. 따라서 에듀테크 관련 기업들은 인공지능(AI), 사물인터넷(IoT), 빅 데이터, 클라우드, AR/VR, 블록체인 등을 활용한 교육 서비스를 개선하거나 새로운 가치를 제공하기 위해 투자를 하고 있다. 이제는 학교교육의 수업방식도 그들에 의해 변화의 필요성을 지속적으로 요구하는 시대에 접어들었다고 할 수 있다.

그 변화의 소용돌이 속에서 현재 에듀테크 산업은 어떻게 변화하고 있는지 그리고 대학교와 공교육분야에서 메타버스를 어떻게 활용되고 있으며, 교육에 대표적인 적용사례들은 무엇이 있는지 알아보고자 한다.

1. 에듀테크(Edutech) 산업이란 무엇인가?

1) 에듀테크 정의

최근 AI, AR/VR, 블록체인 등의 기술을 기존 교육에 접목한 에듀테크가 큰 주목을 받고 있다. 에듀테크(Edutech)는 교육(Education)과 기술(Technology)의 합성어로 교육에 ICT기술(정보통신기술)을 접목해 기존 서비스를 개선하거나 새로운 서비스를 제공하는 것 또는 교육 서비스를 개선하거나 새로운 가치를 제공하는데 활용되는 기술을 의미한다.

에듀테크와 유사한 개념으로 이 러닝(E-Learning), 스마트 러닝(Smart Learning)이 있으며, 정보통신기술이 접목돼 사용되고 있지만 각각의 적용방법에 따라 차이를 나타낸다.

구분	개념	특징
이 러닝	전자적 수단, 정보통신 및 전파·방송기술을 활용해 이뤄지는 학습	인터넷과 컴퓨터에 교육을 접목한 온라인 교육중심
스마트 러닝	스마트폰, 태블릿PC, E-Book 단말기 등 스마트 디바이스와 이 러닝 신기술이 융합된 개념	스마트 기기를 활용한 교육
에듀테크	교육에 ICT기술을 접목해 기존 서비스를 개선하거나 새로운 서비스를 제공하는 것	데이터와 소프트웨어에 무게중심

[표1] 에듀테크의 개념과 특징(출처 : 네이버 블로그)

2) 국내 주요 에듀테크 동향

"19세기 교실에서 20세기 교사가 21세기 학생을 가르친다."

시대 흐름에 뒤처진 국내 교육 현장을 꼬집는 말이다. 학령인구 감소로 공교육은 물론, 사교육 시장도 비상이 걸린 지 오래다. 여기에 코로나19 사태로 비대면, 온라인 수업도 일상이 됐다. 그러는 한편, 4차 산업혁명 시대 새로운 지식을 습득하기 위한 직장인 대상 성인교육 시장도 급팽창하고 있다.

발등에 불이 떨어진 교육업계는 에듀테크(Edutech) 활성화에 사활을 거는 분위기다. 인공지능(AI), 로봇, 가상·증강현실(VR·AR) 등 IT 기술을 총동원해 교육의 질을 끌어올리는 데 주력하고 있다. 잘만 활용하면 지역·계층 간 교육 격차도 줄일 수 있어 교육 당국도 적극 지원하는 모습이다.

교육부는 2006년부터 진행해온 교육 박람회 명칭을 '이 러닝(e-learning) 코리아'에서 지난 2020년부터 '에듀테크 코리아'로 바꾸고 미래교육 시스템 마련에 발 벗고 나섰다. 서울시도 지난 2월 에듀테크 활성화 방안을 발표했다. 민관 전문가 14인이 참여하는 '서울 에듀테크 네트워크'를 구성, 정책 과제를 발굴하고 노원구에 있는 창업보육기관 '창업디딤터'를 에듀테크 스타트 업 육성 거점으로 운영한다는 계획이다.

그렇다면 '100년 대계' 교육의 미래를 이끌어갈 국내 주요 에듀테크 스타트 업은 어떤 곳이 있을까?

구 분	기 업	서비스명	특 징
유·초등	에누마	토도영어·수학·한글	만3~8세 아동 대상 기초과목 중심 학습
	지란다	지란다	유아동 교육·돌봄 매칭 플랫폼
	아이포트폴리오	리딩앤	유초등 디지털 영어 읽기 프로그램
	아이스크림에듀	아이스크림홈런	디지털 콘텐츠 통한 가정용 자기주도 학습
중·고등	매스프레스	콴다	문제 촬영하면 검색해 풀이, 튜터 첨삭 등 제공
	오누이	설탭	태블릿 활용한 1:1 온라인 과외 서비스
	제제듀	체리팟	매일 맞춤형 3문제 주고 풀이·첨삭 제공
	프리윌린	매쓰플랫	수학 선생님을 위한 문제은행 서비스
	비투루브	AI마타수학	학생별 취약 문제 등 제공하는 학습도구
평생 교육	뤼이드	산타	토익 점수 예측, 맞춤형 문제 제공하는 AI튜터
	클라썸	클라썸	강의별 소통 플랫폼
	데이원컴퍼니	패스트캠퍼스	성인 대상 온라인 실무 교육 플랫폼
	클래스101	클래스101	준비물 챙겨주는 온라인 클래스 플랫폼
코딩	코드스테이츠	코드스테이츠	코팅 부트캠프, 채용 연계 프로그램 운영
	그렙	프로그래머스	코딩 시험·교육·채용 플랫폼

[표2] 국내주요 에듀테크 스타트 업(출처 : 매경이코노미 신문)

에듀테크 스타트 업과 기존 교육업체 간의 협업도 활발하게 이뤄지고 있다.

교과서·참고서 점유율 1위 천재교육은 2015년 '에듀테크센터'를 설립하고 에듀테크 스타트 업에 사무 공간 제공, 사업 멘토링, 공동사업 개발 등 액셀러레이팅 프로그램을 운영 중이다. 2015년부터 현재까지 에듀테크센터에 입주했거나 거쳐 간 스타트 업은 누적 19개에 달한다. 에듀테크센터 입주 사였던 클래스큐브는 천재교육의 관계사 '해법에듀'와 공동개발한 문제은행 검색엔진 기술을 활용한 AI기반 수학 플랫폼 '닥터매쓰(Dr.Math)'를 선보였다.

이밖에도 천재교육은 문항반응이론(IRT) 기반의 평가시스템 '내전석(내 아이 전국 석차)', 자체 교육용 AI엔진 '제니아(geniA)' 기반의 다양한 스마트 학습 콘텐츠, 국내 최초 실감형 교육 콘텐츠 플랫폼 '에듀엑스알(EDUXR)' 등의 에듀테크 서비스를 출시했다. 올해는 메타버스 기반의 한국문화 교육 플랫폼 '코버스(Koverse)'를 상용화할 계획이다.

천재교육은 에듀테크의 공교육 도입에도 적극 투자하고 있다. 지난 2011년 오픈한 교사들을 위한 교수학습 지원 서비스 'T셀파' 내 'AR·VR 특집관'을 운영하며 별도의 디바이스 없이 활용이 가능한 100여 종의 실감미디어(AR, VR) 수업자료를 학교에서 자유롭게 활용할 수 있도록 했다. 디지털 지도, 과학실험 시뮬레이션 등 유아 및 초·중·고 209개 카테고리에서 약 74만 건의 디지털 수업 자료를 무료로 제공하고 있다.

3) 국외 에듀테크 산업 시장규모

세계 교육시장은 2020년 6조 5,000억 달러 수준에서 2025년 8조 1,000억 달러, 2030년에는 10조 달러에 달할 것으로 전망된다. 이 중 에듀테크 시장은 2018년 1,530억 달러에서 2025년 3,420억 달러의 시장규모를 형성할 것으로 예측하고 있다. 또한 2019년 에듀테크 벤처캐피털 투자액은 70억 달러로 10년 만에 14배 급증했고, 2025년에는 10억 달러 이상의 시장가치를 가진 에듀테크 상장기업 수가 100개를 넘어설 것으로 예상된다.

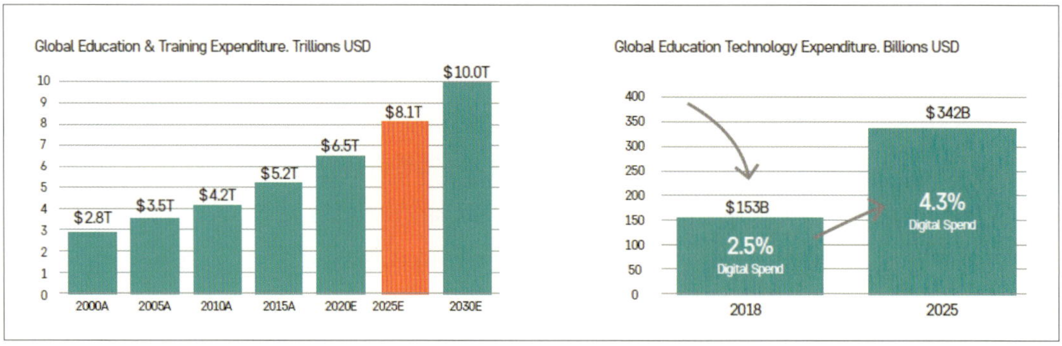

[그림1] 세계 교육시상 규모 추세와 에듀테크 시장규모(출처 : Holon IQ, 2020.1.28.)

2. 에듀테크 산업 시장 전망

1) 에듀테크 블루오션 누가 선점하나?

대면 교육에서 비대면 교육으로 교육의 패러다임이 바뀌면서 교육산업의 지형도가 달라지고 있다. 특히 첨단기술을 융합한 온라인 교육 서비스인 에듀테크는 포스트 코로나 시대를 이끌 신성장 동력으로 주목받고 있다. 성장이 기대되는 '핫'한 시장에 사람과 자본이 몰리는 것은 당연한 사실로 예상되기 때문에 이제는 누가먼저 선점하느냐가 중요할 것이다.

"2030년 지구상에서 가장 큰 인터넷 기업은 교육 관련 기업이 될 것이다." 세계 최고의 미래학자 토마스 프레이 다빈치 연구소장의 말이다. 전 세계 미래학자들은 인공지능(AI), 사물인터넷(IoT), 빅 데이터, 클라우드 등 발전된 기술이 교육에 접목되는 에듀테크(edutech) 산업의 급성장을 예견하고 있다. 학령인구의 감소로 역성장이 예견됐던 교육산업이 모두가 주목하는 '블루오션'이 된 것이다.

2) 에듀테크 주요 기술 성장 전망

교육 분야에 적용되는 주요 기술은 AR/VR, AI, 로보틱스, 블록체인 등이 있다. 체험 기반의 실감형 교육을 가능하게 하는 AR/VR 기술의 경우, 2018년 18억 달러에서 2025년 126억 달러로 7배의 높은 성장을 보일 것으로 전망된다. 빅 데이터를 통해 학습자 맞춤형 교육, 교수법 및 행정관리 자동화와 지능화를 가능하게 하는 인공지능은 2018년 8억 달러에서 2025년 61억 달러 규모의 시장을 형성할 것으로 전망된다.

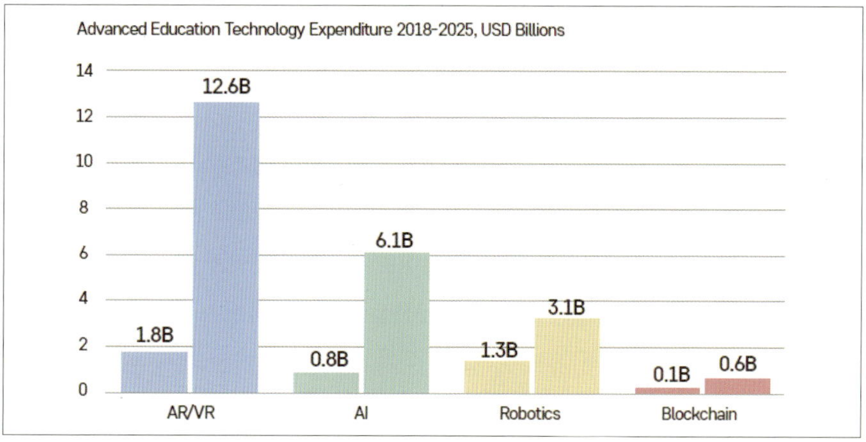

[그림2] 교육분야의 주요 기술 시장 전망(출처 : Holon IQ, 2020.1.28.)

3. 에듀테크 산업 시장 패러다임 변화와 투자규모

1) 교육산업 경제지형도 학령 시장에서 '성인' 시장으로

교육산업 지형의 첫째 변화는 성인을 대상으로 하는 교육시장의 급성장이다. 한국교육산업연구소가 펴낸 책 〈2020 국내 교육산업 트렌드 분석을 통한 2050 미래 교육산업 전략〉에 따르면 2009년부터 2018년까지 금융감독원·공정거래위원회 감사보고서를 토대로 국내 교육산업을 분석한 결과 10년간 학원시장은 8.0% 하락했으며, 학습지 시장과 고등재수학원도 각각 22.2%, 9.6% 감소했다. 반면 성인대상 교육산업은 2009년부터 2019년까지 10년간 52.3%, 온라인 교육산업 또한 52.7% 상승했다.

차승욱 한국교육산업연구소장은 "초·중·고 시장은 학령인구의 감소로 성장의 한계에 도달했다"며 "이 기간 온라인과 성인교육이 지속성장하며 전체 교육시장의 성장을 뒷받침했다"라고 분석했다. 학령인구가 감소한 반면 성인의 평생학습 시장이 커지며 성장을 견인한 것이다.

성인 대상 교육시장의 가장 큰 축은 '영어교육 시장'이다. 토익, 토스 등 취업준비생을 대상으로 한 문법 중심에서 최근에는 영어회화 중심으로 시장이 전환하면서 시원스쿨, 야나두, 되새김 등 영어의 평생학습을 표방하는 신생 기업들이 급격히 성장했다. 이 중 카카오 계열사인 야나두는 지난 9월 초 한국투자증권, KB증권 등 4개 사로부터 300억 원의 투자를 유치하고, 3000억 원대의 기업 가치를 인정받았다. 이번 투자를 발판 삼아 영어뿐만 아니라 헬스케어, 맞춤형 강의 등 다양한 교육 서비스로 사업 분야를 확장해 종합 교육기업으로 성장한다는 계획이다.

온라인 영어회화 전문 플랫폼인 링글잉글리시에듀케이션서비스(이하 링글) 또한 머스트자산운용 주도로 19억 원 규모의 보통주 투자를 유치했다. 링글은 미국 스탠퍼드 경영학 석사학위(MBA) 출신들이 모여 2015년 창업한 온라인 영어교육 스타트 업으로, 해외 명문대 출신 강사와의 1대 1 화상영어 수업과 실시간 구글독스 첨삭을 접목한 서비스를 제공하고 있다. 2019년 8월 말 기준으로 2018년 1월 대비 유료 수강생 수가 약 6배 증가하고 3~4배가 넘는 결제액을 기록했다.

온라인 시장에서도 평생학습 플랫폼의 인기가 뜨겁다. 온라인 평생학습 플랫폼의 대표주자인 '클래스101'은 지난해 11월 120억 원 규모의 시리즈A 단계 투자를 유치했다. 투자를 주도한 최지현 소프트뱅크벤처스 책임은 "클래스101은 주52시간 근무제 등 점차 자신의 삶과 시간을 의미 있게 보내려는 2030대를 중심으로 큰 성과를 만들어 내고 있다"며 "뛰어난 콘텐츠 기획력과 플랫폼 개발능력을 바탕으로 앞으로의 성장 가능성 또한 높게 보고 있다"고 말했다. 평생교육 전문기업 휴넷 역시 올해 6월 기준 월간 학습자 수 65만 명을 돌파하며, 역대 최다 기록을 경신했다. 신종 코로나바이러스 감염증(코로나19)으로 인해 비대면 문화가 자리 잡으면서 자기계발을 할 수 있는 온라인 교육으로 많은 관심이 쏠린 것이다.

[그림3] 취미, 재테크, 코딩 등 성인교육시장 급성장(출처: 네이버 블로그)

2) 교육산업 '교육에 기술을 더한 에듀테크로 변화'

에듀테크는 단계별로 교육산업에 적용되고 있었으나 최근 코로나19 여파로 초·중·고 원격 수업, 재택근무 등이 확대되면서 에듀테크를 활용한 비대면 학습수요가 폭발적으로 증가하고 있다. 대표적인 예로, 학교와 기업에 실시간 화상회의 플랫폼을 제공하는 국내 스타트 업 A사의 경우 가입자가 코로나19 이전 대비 3배 이상 증가했으며 일본, 스페인을 비롯해 전 세계적으로도 각광받고 있다. 해외에서도 우리나라의 성공적 코로나19 방역사례와 함께 포스트 코로나 시대에 대응하는 한국의 에듀테크 서비스 모델에 주목하고 있는 것이다.

교육산업에서 현재 에듀테크는 블루오션 시장으로 통한다. 미국 데이터 연구기업 홀론(Holon)IQ는 세계 에듀테크 산업시장 규모가 2018년 1,530억 달러(178조 원)에서 2025년 3,420억 달러(398조 원)로 커질 것으로 예측했다. 스마트 기기보급 확대와 이에 친숙한 Z 세대의 증가가 에듀테크 확산을 가속화할 것이란 전망이다.

미국, 중국, 영국 등 에듀테크 선진국들은 정부 차원에서 에듀테크 인프라 구축에 힘쓰고 있으며 민간 부문에서도 투자가 활발하게 이뤄지고 있다. 한국무역협회(KITA)가 지난 5월 발간한 '에듀테크 시장 현황 및 시사점' 보고서에 따르면, 미국 에듀테크 투자액은 2019년 16억 6,000만 달러(약 2조 원)를 기록해 5년 만에 최고액을 달성했고, 경력개발 부문에 투자가 집중되고 있다. 대표 기업 구글은 5년 전부터 에듀테크 시장을 이끌면서 온라인 수업 플랫폼 '클래스룸'과 유료고객 600만 명을 돌파한 '지스위트(G Suite)'를 무료로 제공하고 있다.

에듀테크 투자액 세계 1위를 차지하는 중국은 전 세계 에듀테크 유니콘 기업의 절반 이상을 보유하고 있을 만큼 투자에 적극적이다. 중국 에듀테크 분야의 선두주자인 위엔푸다오도 '위엔티쿠', '샤오위엔소티', '제브라 AI' 등 다양한 플랫폼을 선보이면서 4억 명의 이용자를 보유하며 몸집을 키우고 있다. 영국도 에듀테크 발전에 유리한 환경을 바탕으로 영국 전역에 1,000개 이상의 에듀테크 기업을 갖고 있다.

우리나라도 부지런히 선두 국가들을 좇고 있다. IT 강국으로 아시아의 어느 나라보다도 빨리 에듀테크를 도입했지만 보수적인 공교육 환경과 소극적인 투자로 발전 속도가 뒤처진 편이다. 그러나 코로나19로 상황이 달라졌다. 정부는 '한국판 뉴딜' 정책의 일환으로 '인공지능 기반 원격교육 지원 플랫폼(AI 원격교육 플랫폼)'을 구축한다는 계획이다.

코로나19 상황에서 온라인 개학에 이용 됐던 공공 학습관리시스템 'EBS 온라인클래스', '한국교육학술정보 e학습터'나 외국산 영상회의 서비스 '줌', '팀즈'(마이크로소프트), '행아웃 미트'(구글)를 뛰어넘는 통합 AI 원격교육 플랫폼을 만들어 전 세계 에듀테크 시장을 선점하고 원격공·사교육 스타트 업을 육성한다는 계획이다. 국내 에듀테크 기업들이 코로나19를 '위기가 아닌 기회'라고 하는 이유가 여기에 있다.

투자업계에서도 에듀테크 기업을 주목하고 있다. 이미 국내 교육 서비스 기업들은 경쟁력 있는 에듀테크 스타트 업과 협력해 자사 서비스에 에듀테크를 도입하고 있다. 전통적인 대형 학습지 기업인 교원, 재능교육, 천재교육 등은 학습지 시장의 불황을 타개하고 새로운 가치를 창출하기 위해 AI 오답노트, AI 가정교사 등 스마트 기술을 적용하고 있다.

에듀테크 플랫폼을 선보인 스타트 업들의 도전도 주목된다. 디지털 교과서와 연동된 학습 커뮤니티인 '위두랑'은 선생님이 반 아이들을 초대해 과제나 영상, 사진 등을 공유할 수 있다. '클래스팅'은 초·중·고등학생을 대상으로 하는 AI 기반 맞춤 학교 플랫폼으로 학습 데이터를 분석해 수준별 맞춤형 문제와 동영상 콘텐츠를 추천하며, 선생님은 아이들의 학습 현황을 실시간으로 체크할 수 있다. 이 밖에도 배우, 예술가, 작가 등 저명인사들의 온라인 강의를 제공하는 '마스터클래스', 학습 데이터를 분석하는 '뉴턴' 등 다양한 에듀테크 플랫폼들이 시장 선점을 위해 공격적인 투자를 진행하고 있다.

전문가들은 교육산업의 거대한 변화에 선제적으로 대응해야 한다고 강조한다. 이길호 에듀테크산업협회장은 "온라인 개학으로 에듀테크 기업에 큰 무대가 열렸다"고 했으며, 조영탁 휴넷 대표는 "세계 경제 주도권을 가져올 절호의 기회를 놓쳐서는 안 될 것"이라고 말했다.

삼정KPMG 경제연구원 교육산업전문팀은 "글로벌 교육산업의 메가 트렌드를 파악하고, 장기적인 로드맵을 기반으로 미래 인적자원에 투자해 나가는 것이 국가 경쟁력을 강화하는 핵심 전략이 될 것"이라며 "머지않은 2025년에 글로벌 선진국으로써 앞서나가기 위해 교육혁신에 대한 지속적인 관심과 노력이 필요하다"고 강조했다.

3) 교육시장의 패러다임 전환 빨라져

최근 신종 코로나바이러스 감염증(코로나19) 사태가 장기화되면서 노트북, 태블릿, 화상채팅 등 첨단 IT를 활용한 원격교육이 주목받고 있다. 온라인 수업과 출결관리 등 비대면 교육을 위한 새로운 시도가 이어지면서 교육에 대한 고정관념도 급속히 바뀔 것으로 보인다. 이런 트렌드 변화가 이어진다면 에듀테크 산업 역시 빠르게 성장할 가능성이 높다.

미래 IT 발전 역시 에듀테크의 발전을 촉진할 것으로 전망된다. 예컨대 미래에는 가상현실(VR)과 증강현실(AR)이 강의 중심 교육 체계를 바꿀 것이라는 의견도 있다. 직접 체험이 어려운 실습이나 견학을 가상으로 경험할 수 있는 서비스로 대신한다면 학습효과도 커질 것으로 기대된다. 이미 많은 기업들이 VR·AR을 자사의 실습교육에 적용하고 있다. 아직은 기술적 한계 등 문제도 적지 않지만 향후 VR·AR의 기술수준이 더욱 고도화된다면 보다 많은 사람들이 실감나는 교육 서비스를 이용할 수 있을 것으로 기대된다.

급변하는 시대, 환경에 대응하기 위한 교육의 중요성이 커지고 있다. 특히 어린이와 청소년에 맞춰진 교육체계를 혁신하고 모든 사람들이 양질의 평생교육을 받아야 한다는 공감대가 커지고 있다. 이런 흐름과 맞물려 교육시장은 새로운 기술과 아이디어가 활발히 등장하는 성장시장으로 바뀌고 있다. 신선한 사업모델로 무장한 기업들의 에듀테크 도전이 활발히 이뤄질 때 한국의 교육시장도 한층 발전하게 될 것이다.

세계 주요 국가의 에듀테크 시장을 살펴보면 미국, 중국, 영국 등 에듀테크 선진국들은 정부 차원에서 에듀테크 인프라 구축에 힘쓰고 있으며 민간부문에서도 투자가 활발하게 이뤄지고 있다.

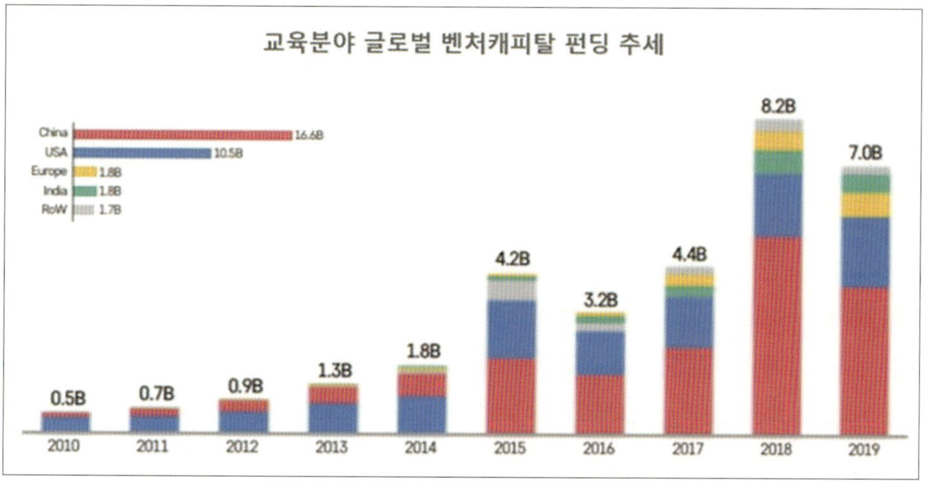

[그림4] 교육 분야 글로벌 벤처캐피탈 펀딩 추세(출처 : Holon IQ, 2020.1.28.)

미국 에듀테크 투자액은 2019년 16.6억 달러를 기록해 5년 만에 최고액을 달성했고, 경력개발 부문에 투자가 집중되고 있다.

에듀테크 투자액 세계 1위를 차지하는 중국은 전 세계 에듀테크 유니콘 기업(유니콘 기업 : 기업가치가 10억 달러 이상으로 평가되는 비상장 기업)의 절반 이상을 보유하고 있을 만큼 투자에 적극적이다.

영국도 에듀테크 발전에 유리한 환경을 바탕으로 영국 전역에 1,000개 이상의 에듀테크 기업을 갖고 있다. 한국 시장의 경우 교육서비스 기업들은 경쟁력 있는 에듀테크 스타트 업과 협력해 자사 서비스에 에듀테크를 도입하고 있는 추세이다.

에듀테크 스타트 업은 기술력을 바탕으로 맞춤형 학습서비스, 게임기반 학습, 외국어 교육, 코딩 교육 등 다양한 분야에서 성장하고 있으며 더불어 교육 콘텐츠의 품질제고 및 해외시장 진출을 위한 경쟁력 확보를 위해 R&D 투자를 확대하고 있다.

(단위 : 백만원, %)

구 분	2014년	2015년	2016년	2017년	2018년
총투자액	107.0	119.4	109.0	131.0	151.7
R&D	59.1	60.9	64.5	93.6	113.1
(비중)	(55.2)	(51.0)	(59.2)	(71.5)	(74.6)
시스템	42.0	51.0	40.6	32.1	38.1
(비중)	(39.3)	(42.7)	(37.2)	(24.5)	(25.1)
기타	5.9	7.5	3.9	5.3	0.5
(비중)	(5.5)	(6.3)	(3.6)	(4.0)	(0.3)

[표3] 에듀테크 콘텐츠 기업의 사업부문별 평균 투자액 (출처 : 정보통신산업진흥원)

최근 전 세계는 코로나19로 인해 전대미문의 상황을 마주하고 있는데, 여러 측면에서 코로나19 사태는 우리 삶에 큰 영향을 미칠 것이란 사실을 예상해 볼 수 있다. 일하고, 여가를 보내고, 소비하고, 배우고 가르치는 등 일상의 모든 방식과 행태에서 비대면(Untact)의 중요성과 비중이 더 커질 것으로 예측되고 있다. 비대면 방식의 확산 추세가 뚜렷하게 나타날 분야 중 하나가 교육부문일 것으로 예상된다.

4. 에듀테크에 메타버스 활용사례

1) 기존의 비대면 교육

코로나19 이후 등장하는 각 산업에서의 솔루션들은 대부분 '언택트'라는 키워드를 따르고 있다. 이로 인해 한 번도 경험한 적이 없는 사상 초유의 사태에 비대면 학습에 관해 업계 종사자들은 머리를 맞대기 시작했고, '비대면 교육'이라는 돌파구를 찾아냈다. 여기서 비대면 교육은 기존의 이 러닝 교육형태가 아닌 '줌(ZOOM)'과 '웹 엑스(Webex)' 같은 화상회의 툴을 이용한 버추얼 클래스룸(실시간 라이브 교육이라고도 함)을 말한다.

학교나 기업교육에서 기존의 이 러닝 교육보다 오프라인 교육(대면교육)이 주류로 자리 잡은 이유는 비대면 학습에서 발생되는 한계점이 명확하기 때문이다. 현재 비대면 교육으로 많이 사용하는 플랫폼으로 줌, 구글 미트 등이 주로 사용되고 있다. 하지만 이러한 비대면 학습 플랫폼도 여러 가지 한계점을 드러내고 있다.

첫째, 같은 시간에 같은 공간에서 함께 한다는 존재감이 부족해 수업시간 동안 이질감이 발생해 교육의 효과가 감소한다.

둘째, 상호작용이 결여돼 학습자가 직접 참여하는 수업보다는 교수자의 일방적인 전달의 형태로 학습이 이뤄지므로 학습촉진도가 떨어지는 한계점을 지니고 있다.

셋째, 다양한 액티비티 활동을 할 수 없기 때문에 수업에 대한 흥미유발과 동기유발을 기대하기 어렵고, 학습자의 참여를 촉진시키는데 한계가 있다.

[그림5] 마곡하늬중학교 개교식 참석한 조희연교육감 (출처 : 연합뉴스 캡처)

그러면 앞서 언급된 비대면 학습의 3가지 측면에 학습의 효과성을 높이기 위해서는 어떻게 해야 할까? 이질감, 상호작용, 액티비티 활동 등의 한계를 극복할 수 있는 새로운 비대면 학습으로 메타버스 플랫폼이 대안으로 제시되고 있다.

메타버스 가상현실(Virtual reality)에서는 교수자와 학습자가 동 시간에 함께 존재한다는 '동질감'을 만들 수 있다. 상호작용을 통해 실시간 소통이 가능하며, 다양한 퀴즈, 게임 등의 액티비티 활동이 가능해 학습자의 직접적인 참여를 유도 할 수 있다.

2) 비대면 수업 메타버스 공간 내에서 학습 특장점

코로나19로 인해 메타버스의 관심이 높아지고 있으며, 기술적 문제점들을 극복하려는 경향성을 보이고 있는 추세이다. 기업교육에서도 마찬가지로 디지털 트랜스포메이션을 통해서 비대면 방식에서의 학습효과를 극대화하는 방안을 연구하고 있다. 그렇다면 기존 비대면 수업을 메타버스로 대체한다면 어떠한 장점들이 있을까?

첫째, 교육 실재감Educational Presence을 높아진다.

교육 실재감은 교수자와 학습자가 동 시간 학습상황에 존재하고 있다고 인식하는 것인데, 교육 실재감을 높이기 위해 적용해 볼 수 있는 방법들은 다음과 같다.

· 메타버스 공간에서 반드시 비디오를 켜고 서로 얼굴을 볼 수 있게 한다.
· 전체 참여자가 한 화면에 보일 수 있도록 인원을 편성하고 화면 셋팅을 한다.
· PPT와 교수자, 학습자를 자주 번갈아서 보여주고 커뮤니케이션을 자주 한다.
· 학습자들의 이름을 불러주고, 채팅창을 이용해 학습자가 실시간으로 참여하게 한다.
· 교육 실재감을 느낄 수 있는 교수자의 제스처나 멘트를 적극 활용한다.

둘째, 상호작용을 촉진한다.

교육 실재감 뿐 아니라 상호작용을 촉진하기 위해서도 교육인원이 적을수록 유리하다. 상호작용의 설계와 러닝 퍼실리테이션을 활용해 학습자의 몰입을 촉진 할 수 있다.

· 메타버스 공간에서 조별 소회의실을 만들고, 조별 회의 활동을 적극 활용한다.
· 메타버스 공간에서 의견을 주고받을 수 있는 클리커 시스템(Mentimeter, Slido, 심플로우 등)을 이용한다.
· 오프라인에서의 전지작업을 온라인으로 진행한다.(구글 프레젠테이션, 미리캔버스, 페들렛 등)

셋째, 퀴즈와 게임 등을 통해 수업에 대한 흥미와 집중도를 높일 수 있다.

밥 파이크 교수의 창의적 교수법에서는 '90/20/8 법칙'을 이야기하고 있다. 수업시간은 90분을 넘지 않도록 하고, 20분마다 수업 방식이나 속도에 변화를 주며, 이 20분 동안에 8분마다 학습자를 참여시키는 방법을 말한다. 비대면 수업에서는 이보다 절반인 45/10/4 법칙을 적용 한다면 보다 효과적으로 지루함을 극복할 수 있고 학습에 대한 촉진도를 높일 수 있을 것이다.

· 단순한 내용 전달은 줄이고, 학습자 참여가 높은 과정을 설계한다.
· PPT 작성 시 애니메이션 효과를 적극적으로 활용한다.
· PPT를 보여주면서 말로만 설명하기 보다는 PPT에 판서기능을 함께 활용해 설명한다.
· 퀴즈, 게임 등을 적극적으로 활용한다. 특히 온라인 퀴즈게임을 활용하면 보다 다이내믹하게 수업을 진행할 수 있다.

사실 이렇게 보면 대면학습에서 학습 촉진방법과 비대면 학습에서의 그것은 크게 다르지 않다. 오히려 본질은 같다. 하지만 비대면 학습에서는 보다 정교한 설계와 사전 준비가 필요하다. 원격으로 이뤄지는 부분에 있어서 대면 학습보다 유연한 대응이 어렵고, 학습자들은 장시간 모니터에 집중하기 힘들기 때문이다. 결국 사전에 교수자의 과정 설계와 진행의 스킬이 중요하다.

[그림6] 게더타운에서 이뤄진 조별토의(출처 : 경희대학교 임상약학연구실 블로그 캡처)

3) 교육현장에 메타버스 플랫폼 활용사례

현재 국내 초중고와 대학 그리고 기업에서 많이 사용되는 메타버스 플랫폼 종류는 크게 4가지로 분류 할 수 있다. 각각의 플랫폼의 개념과 특징은 다음과 같다.

(1) 제페토(Zepeto)

① 자신의 아바타를 화려하게 꾸밀 수 있다.
② 가상공간에서 캐릭터로 사회활동에 참여한다.
③ 고 퀄리티 가상공간을 구현하다 보니 동시참여 최대 16명이다.
④ 실제 내가 아닌 아바타를 이용해서 체험활동이 이뤄지므로 어색함, 부담감이 감소된다.

[그림7] 원광대학교 디지털콘텐츠학과 제페토 가상공간 구현(출처 : 저널25방송 캡처)

(2) 이프랜드(Ifland)

① 회의, 공연 등 동영상과 문서를 공유하며 자유롭게 소통가능하다.
② ZOOM처럼 호스트가 마이크 제어 등 설정가능하다.
③ 최대 131명이 참여해 발표자료 조작 및 대화가 가능하다.
④ 콘퍼런스 홀, 카페, 교실, 운동장 등 다양한 맵 설정이 가능하다.

[그림8] 고려대학교 메타버스 이프랜드 응원 OT개최(출처 : 파이낸셜투데이 기사 캡처)

(3) 게더타운(Gather.town)

① 3D 아닌 2D 픽셀 형식으로 직접 맵 제작이 가능하다.

② 아바타 선택 폭은 넓지 않지만, 실제 얼굴과 목소리 공유가 가능하다.

③ 최대 500명 동시참여 가능하며 25명까지는 무료사용이 가능하다.

④ 문서, 영상, 게임 삽입, 화면공유, 화이트보드 등 활용가능하다.

⑤ 학생들에게 안내에 따라 장소 찾아가 메시지, 문서, 영상 등을 통해 정보제공이 가능하다.

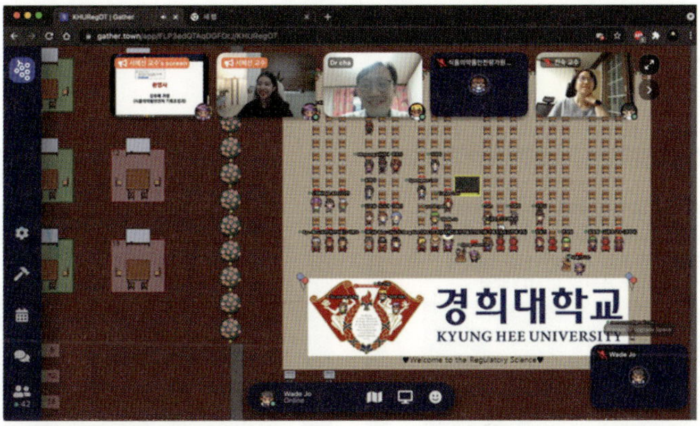

[그림9] 경희대학교 약학대 게더타운 신입생 OT 실시(출처 : 데일리팜 신문 캡처)

(4) 젭(Zep)

① 2.5D 맵 활용으로 더욱 현실감 있는 가상공간 이미지를 구현한다.

② 무료 동시접속 5만 명까지 접속 가능해 대규모 행사진행에 적합하다.

③ 한글버전으로 사용성 편리하며 웨일 스페이스를 사용해 14세 이하 이용이 가능하다.

④ 향후 NFT 분야 진출로 '에셋스토어' 수입창출이 가능하다.

⑤ 별도 로그인 없이 간단한 URL 만으로 참가자 접속이 가능하다.

[그림10] 서울체크인 메타버스 플랫폼 젭 가상공간 구현(출처 : 서울체크인 캡처)

[그림11] 교육현장에 메타버스 적용사례(출처 : 교육부 공식블로그 국민서포터즈 캡처)

5. 에듀테크의 교육적 활용을 위한 선결과제 및 정책변화

1) 메타버스를 교실 안 수업에 접목

학습결손, 학습격차를 확인하고 학생 개개인 맞춤형 교육으로 처방하기 위해서는 기술 도움 없이 불가능하다. 교사가 일일이 학생의 성취도에 따라 개인지도를 해줄 수 없는 것이 현실이라면 에듀테크는 학교가 가장 먼저 검토해야 할 도구 가운데 하나다. 교육 선진국과 개발도상국 모두 앞 다퉈 에듀테크에 투자하는 이유다. 코로나19 기간에 학교 내 무선 인터넷 인프라 확산과 디지털 디바이스 보급을 서둘렀고, 인공지능(AI) 교사 연수사업 등이 시작됐다.

빅 데이터, 인공지능(AI), 증강현실(AR), 가상현실(VR) 등 다양한 미래 기술이 등장하면서 학생의 수준별·관심별 학습을 진행할 수 있는 도구가 늘었다. 학원 등 교육기관에서 교사 업무 부담을 줄여 주면서 학습효율을 높일 수 있는 서비스도 다양하게 등장하고 있다. 기존 교육·출판 기업도 에듀테크 기업으로의 변신을 선언하고 있다.

에듀테크 기업의 성장터전은 학교교육이 돼야 한다. 기술은 빠르게 변화하고, 이를 공공에서 모두 직접 개발할 수 없다. 학교는 가장 좋은 교육 서비스를 선택할 수 있는 곳이어야 한다. 좋은 에듀테크 서비스는 하루아침에 저절로 만들어지지 않는다. 공인된 기회의 장에서 지속적 학생, 교사, 학부모와 혁신가 및 기술 전문가의 피드백으로 완성돼 가는 것이다.

미래세대 교육을 위해 정보통신기술(ICT)과 교육 협력체계는 필수적이다. 당근과 채찍을 적절히 사용해 교육업체를 학교 담장 안에서 공정한 경쟁과 협력이 이뤄지도록 하는 것이 정부의 역할이다.

[그림12] 에듀테크 기업 엔지니어가 서비스를 점검하는 모습(출처 : 전자신문 캡처)

2) 메타버스 교육시스템 향상과 교사역할

스마트 교육에 현대의 첨단 IT기술을 활용하면 지능화된 교육, 지능화된 학습, 지능화된 평가, 지능화된 관리 등을 실현할 수 있고, 나아가 학생들의 사고력과 창의력을 키워줄 수 있다. 아울러 스마트교육은 수준 높은 '종합형 인재'를 다수 양성할 수 있으므로 사회 발전에 크게 기여한다.

스마트 교육을 실현하려면 5G, 클라우드 컴퓨팅, 빅 데이터 등 첨단기술과의 결합도 물론 중요하지만 무엇보다 교육시스템의 향상 및 최적화, 교육이념의 혁신 및 발전이 요구된다. 현재의 교육이념과 교육시스템에서 교사의 역할 또한 다음과 같은 변화가 선행돼야 한다.

첫째, 교사들이 단순한 지식 전수자에서 벗어나 지식 제공자, 보조자로 전환돼야 한다. 학생들 역시 더욱 능동적인 자세로 자기주도형 학습을 할 수 있도록 바뀌어야 한다.

둘째, 수업은 기계적인 반복훈련에서 벗어나 다양한 수업활동의 기획 및 학생들의 참여 유도를 중시하는 분위기로 전환돼야 한다. 또한 수업활동에 대한 시의적절한 평가 및 개입을 통해 수업의 효과를 더욱 높여야 한다.

셋째, 수업에 다양한 학습방식을 접목하고 활용해야 한다.

넷째, 수업의 과정에서 '실시간 피드백 및 평가'를 중요시해야 한다.

스마트 교육은 다양한 첨단기술을 이용해 교육 과정에서 발생하는 데이터를 수집할 수 있고, 이를 활용해 문제를 정확하게 파악 및 분석할 수 있다. 또한 기존의 경험을 통한 평가에서 벗어나 객관적이고 효율성이 높은 데이터를 기반으로 하는 평가를 할 수 있게 해준다.

3) 에듀테크 적용한 맞춤형 수업실현

교육 분야에서 빅 데이터와 인공지능(AI)이 폭넓게 활용됨에 따라 수업방식에서도 점차 변화가 일어나고 있다. 수업 과정을 살펴보면 빅 데이터 기술을 기반으로 한 인공지능(AI) 시스템이 수업, 학습, 평가, 관리 등 다양한 세부영역에서 기존의 교육을 더욱 과학화, 지능화하고 있음을 알 수 있다.

[그림13] 인천교육청 메타버스 창작 인천무크(i-MOOC) 플랫폼 운영
(출처 : 인천시교육청 홈페이지)

오늘날에는 인공지능(AI) 시스템이 적응형 교육과 맞춤형 수업을 실현하고 있다. 먼저 교사들의 수업방식이 예전보다 훨씬 더 다양해졌다. 과거처럼 단 한 권의 교과서를 놓고 수업하는 대신, 우수한 다양한 수업 기자재를 활용해 다양한 형식으로 학생들에게 수업을 진행할 수 있게 됐다.

(1) 수 업

기존의 교육은 공장의 '컨베이어벨트식(式) 교육'이 대부분이었다. 같은 학년의 학생들은 똑같은 교과서로 공부했고, 교사 한 명이 한 과목을 전담했으며, 동일한 시험을 통해 획일화된 기준으로 평가를 했다. 따라서 과거에는 맞춤형 교육이란 일종의 사치품이었다.

반면 오늘날에는 인공지능(AI) 시스템이 적응형 교육과 맞춤형 수업을 실현하고 있다. 먼저 교사들의 수업방식이 예전보다 훨씬 더 다양해졌다. 과거처럼 단 한 권의 교과서를 놓고 수업하는 대신, 우수한 다양한 수업 기자재를 활용해 다양한 형식으로 학생들에게 수업을 진행할 수 있게 됐다.

예를 들어 음성인식 기술이나 이미지인식 기술 등을 수업에 활용하면 교사와 학생 모두 더 우수한 수업경험을 할 수 있다. 교사가 영어 문장 하나를 촬영해 클라우드에 올리면 해당 시스템이 적합한 말투로 그 문장을 읽어준다. 또 그 문장을 음성테스트 시스템에 올린 뒤 학생들에게 따라 읽도록 할 수도 있다. 동시에 해당 시스템은 학생들을 자동으로 평가하고 점수를 매긴다.

또한 VR/AR, 빅 데이터가 인공지능(AI) 시스템과 결합하면 수업을 더욱 풍성하게 만들 수 있다. 가령 구글은 VR/AR 기술을 통해 '증강·가상현실교육'을 실현해 기존의 수업방식을 바꾸어 놓고 있다.

교사들은 수업 과정에서 발생한 학생들 관련 데이터를 수집 및 분석해 각 학생이 내용을 얼마나 이해하고 있는지 정확하게 파악할 수 있고, 개별 학생에게 맞춤형 숙제를 내줄 수 있다. 이 과정을 통해 맞춤형 교육 효과를 얻을 수 있다.

(2) 학 습

수업시간에 학생들은 학습내용 간의 관계를 토대로 빅 데이터를 이용해 지식그래프(Knowledge Graph)를 만들 수 있고, 나아가 학습 계획도 세울 수 있다. 또 데이터 분석 기술을 이용하면 학생들의 학업수준을 분석하고, 해당 학생에게 적합한 맞춤형 학습계획을 만들어 줄 수 있다. 이처럼 인공지능(AI) 시스템은 학생들을 위한 맞춤형 보조수단으로써 학생들 각각의 학습능률을 높여준다.

예를 들어보자. 과거의 경우 한 과목 수업시간은 보통 한 시간 내지 두 시간 동안 진행되지만 학생에 따라서는 30분이면 필요한 지식을 배울 수 있다. 만약 인공지능(AI) 시스템을 도입하면 어떻게 될까?

먼저 학생들의 학업성적을 평가한 뒤 해당 학생에게 최적화된 맞춤형 연습문제를 추천할 수 있다. 그러면 시간도 절약되고 학습효과도 높아진다. 또한 이미지인식 기술은 학생들의 학습능률을 높일 수 있다. 학생이 핸드폰으로 교재 또는 숙제 내용을 찍어서 인공지능(AI) 시스템에 올리면, 해당 시스템은 사진 또는 텍스트를 분석해 그에 대응하는 요점이나 어려운 점 등을 보여줄 수 있다. 이런 공부 방식은 학생들의 자기주도형 학습 가능성을 크게 끌어올릴 것이다.

(3) 평 가

기존 교육체계에서는 교사들이 시험준비와 평가 등에 많은 시간을 빼앗겼다. 하지만 지금은 인공지능(AI)과 빅 데이터가 교육 분야에 활용되면서 자동첨삭과 맞춤형 피드백이 현실화됐다. 인공지능(AI) 시스템을 이용해 평가하는 경우 교사들은 답안지를 스캔하기만 하면 된다. 그러면 해당 시스템이 스캔된 답안지의 점수, 평균, 최고 점수, 오답률이 가장 높은 문제 및 여기에 해당하는 내용 등에 대해 실시간 통계를 작성해서 보여준다. 교사는 이 정보를 통해 시험 결과를 실시간, 전면적으로 분석할 수 있다.

설령 수십만, 수백만 장의 답안지를 분석한다고 해도 인공지능(AI) 시스템은 이미지 및 텍스트 식별기술과 텍스트 검색기술을 이용해 모든 답안지를 빠르게 검사한 뒤, 문제가 있는 답안지만을 골라 보여줄 수 있다. 이것이 바로 '스마트 평가'다.

학교는 교무처, 학생처, 학무처 등 각 산하 부서의 관리상 중점사항을 충분히 고려한 뒤, 인공지능(AI) 시스템을 이용해 교육행위 관련 데이터를 수집·기록·분석할 수 있다. 이를 통해 수업의 실태를 전면적으로 파악하고 수업의 정보화를 효율적으로 추진할 수 있다.

(4) 관 리

학생이 할 일이 '배움'이라면 학교가 할 일은 수업 이외에 교육행위 데이터 분석을 통해 관리 업무를 강화하는 것이다. 현재 일부 학교에서는 '학생 페르소나(persona)', '학생 행위 조기경보', '학생 종합데이터 검색' 등 다양한 시스템을 구축했다. 이 시스템을 이용해 각 학생이 특정 전공분야에서 어떤 잠재력을 지니고 있는지 효과적으로 분석하고, 나아가 해당 학생에게 맞춤형 관리 솔루션을 제공할 수 있다.

[그림14] 수업, 학습, 평가, 관리 종합 맞춤형 관리 솔루션 제공(출처 : 네이버 포스트 캡처)

예를 들어 모든 학생에게 자신이 원하는 과목을 선택할 수 있도록 하려면 학교 측은 어떻게 강의 시간표를 배치해야 할까? 인공지능(AI) 시스템이 도입되지 않은 과거에는 교사들이 적어도 몇 주는 고생해야 시간표를 짤 수 있었고, 더욱이 그렇게 해도 학생들의 다양한 욕구를 모두 충족시킬 수 있다는 보장도 없었다. 하지만 인공지능(AI) 시스템을 이용해 커리큘럼을 짜는 경우 학생들이 자신이 원하는 과목을 시스템에 올려놓기만 하면 시스템은 교실과 교사정보를 토대로 신속하게 커리큘럼을 짠다. 이는 커리큘럼 배정의 효율성은 물론 학생들의 만족도를 크게 높여준다.

6. 교육의 미래, 메타버스에서 해법을 찾아보자

1) 교실이 없는 시대가 온다

교실이 없어지는 시대에 대한 예측은 사실 오래 전부터 전문가들을 통해 언급됐다. '존 카우치(Jhon Couch)' 와 '제이슨 타운(Jason Towne)'이 집필한 '교실이 없는 시대가 온다'라는 책에서 디지털 시대에 적합한 교육환경 구축의 중요성과 교육방식 변화의 필요성을 강조했다.

또한 '디지털 네이티브'라는 학습자의 특징과 디지털 교육환경의 변화에 따른 교육의 본질에 대해 고민하고 있다. 그들은 더 이상 정보의 소비자가 아닌 적극적인 콘텐츠 창작자의 역할을 할 것이고, 지금까지 정보전달자의 역할이 아닌 목적지 가이드의 역할을 교사들에게 요구하게 될 것이다. 무엇보다 눈부시게 발전된 실감미디어와 통신기술을 기반으로 학습효과를 증대하기 위해 '어떻게 가르치고 배워야 하는가'의 문제를 책에서 크게 다루고 있다.

2) 메타버스 교육의 첫걸음

초기 언택트 교육에서 등장한 화상회의 솔루션(Zoom, Google Meet, Microsoft Teams 등)은 새로운 해법을 제시하는 효과적 방법으로 받아들여졌고, 대학을 포함한 초·중·고등학교 교사들이 이를 활용하기 시작했다. 하지만 기존의 사전 제작된 동영상을 기초로 진행되는 원격교육형식의 언택트 교육은 학생들이 수업에 집중하기 어려웠고 자연스럽게 학습효과도 만족스럽지 못했다.

특히 줌피로(Zoom Fatigue)에 대한 연구결과가 발표되기 이전부터 많은 교사들이 화상회의 플랫폼을 기반으로 진행되는 언택트 수업에서 기존의 교실에서 이뤄지던 대면 수업에 비해 몇 배의 에너지 소모가 발생하고, 학생들의 학습효과에 대한 측정이 불분명하다는 문제점이 제기

됐다. 그로 인해 교사들은 조금 덜 경직되고 유연한 새로운 대안을 찾기 시작했고, 게더타운 등과 같은 메타버스 플랫폼을 교육현장에 도입함으로써 교육 분야에 첫 시도가 시작됐다.

3) 메타버스와 학교현장의 결합

메타버스의 개념이 교육계에 등장한 것은 교육자체에 활용한다는 측면이 아닌 입학식이나 축제와 같은 학교행사의 가상공간에서 개최하는 측면이었다. 대표적으로 순천향대학교의 메타버스 입학식이나 건국대학교의 메타버스 축제를 사례로 들 수 있다.

비록 진정한 의미에서의 메타버스와 교육의 결합은 아니었지만 교육계에도 메타버스 열풍이 번지고 있다는 것을 잘 알 수 있는 사례였다. 또한 최근 대학을 중심으로 메타버스 학과들이 생겨나면서 그 인기를 실감할 수 있다. 하지만 그와는 별개로 메타버스를 교육에 접목한 의미 있는 움직임은 초등교육 현장에서 찾아볼 수 있다.

[그림15] 순천향대학교 최초 메타버스 입학식
(출처 : 순천향대학교 홈페이지)

[그림16] 건국대학교 최초 메타버스 축제
(출처 : 건국대학교 홈페이지)

[그림17] 한국과외총연합회 이프랜드 세미나 개최(출처 : 한국과외총연합회 홈페이지)

현실적으로 화상회의 툴을 활용한 수업으로 아이들의 집중력을 유지한다는 것은 너무나 어려운 문제다. 특히 다양한 상호작용이 요구되는 초등교육에서 화상회의 중심의 일방적 정보전달 방식의 온라인 수업운영은 그 한계가 분명하게 드러냈다. 때문에 대안으로 등장한 게더타운과 같은 상호작용 형 화상회의 플랫폼은 아이들의 집중력 향상과 학습효과를 높일 수 있는 아주 훌륭한 방법이었다.

학습자 스스로가 생성한 자신의 아바타를 가상공간에서 이동하고 소통하는 등 마치 온라인 게임을 즐기는 것과 유사한 행위를 바탕으로 수업에 참여할 수 있다는 점은 매우 매력적으로 작용했다. 가상세계 내 교육환경을 구축하고 온라인 교육을 결합하는 시도를 했다는 측면에서 의미 있는 메타버스 교육이라고 할 수 있다.

4) 왜 메타버스 교육환경인가?

초기 언택트 교육환경으로 활용된 화상회의 기반의 방법론은 몇 가지 문제점을 낳았다. 이미 언급한 줌 피로를 제외한 가장 큰 이슈는 수업에 대한 학습자의 집중도 유지를 위한 교사와의 원활한 피드백 시스템과 학습효과 측정방법에 대한 것이고, 교실 내에서 학습자 자신의 존재감 확보에 대한 문제였다.

우리가 가르치는 디지털 네이티브에게 온라인 동영상 학습은 결코 낯설지 않다. 오히려 기존의 실시간 대면교육에 비해 더 익숙하다. 유튜브(YouTube)는 오프라인 교실에서 배우는 것보다 훨씬 많은 것을 즐겁게 배우는 온라인 교실이 됐다. 특히 학습의지와 동기가 뚜렷한 학습자에게는 유튜브가 이미 충분히 효과적인 온라인 교실 역할을 하고 있다. '마스터클래스(MasterClass)'가 대표적인 사례다.

하지만 학습자의 연령대가 낮아질수록, 학습의 목표나 동기가 옅을수록, 온라인 동영상교육 방식은 효과적인 온라인 교실역할을 감당하지 못한다. 단순한 언어적 소통만으로 학습자와의 원활한 피드백 과정을 구성하는 것은 불가능하다. 그리고 학습의 동기를 부여하기 위한 다양한 상호작용을 구현하기에는 부족한 점이 많다.

또한 학습자의 세컨스크린(2nd Screen) 이슈는 교사가 학습자의 학습상태에 대한 정확한 모니터링이 불가하기 때문에 학습효과 측정이 불분명하다는 단점도 발생한다. 게다가 학습자간

관계를 구축하는 과정에서 필수적으로 요구되는 학습자 개인의 존재감 확보와 원활한 소통방식의 만족스럽지 못한 부분도 존재한다.

이런 문제점들을 해결해줄 수 있는 요소들이 메타버스에 존재한다. 존재하지 않지만 존재하는 가상의 공간에서 자신과 동일시되는 아바타를 스스로의 의지에 의해 움직이고 표현한다. 현실보다 더 편리하고 효율적인 소통방식과 상호작용 방식 그리고 본질적으로 시공간을 초월하는 공간이라는 측면에서 메타버스는 어쩌면 미래교육의 유일한 해법을 제시할 수 있는 가능성이 있다. 교육 분야가 메타버스를 대환영하는 점이 바로 이 때문이다.

[그림18] 미국 온라인 교육 구독 플랫폼 (출처 : MasterClass 홈페이지 캡처)

5) 대한민국 교육계는 메타버스 열풍으로 뜨겁다

사교육계에서는 발 빠르게 메타버스를 활용한 교육을 시작했다. 특히 온라인 교육의 강자로 군림한 '메가스터디'와 '청담러닝' 같은 회사들이 메타버스 플랫폼을 활용한 새로운 교육사업을 진행할 것이라는 이유로 주가가 급등하기도 했다. 온·오프라인 대입교육업체인 '이투스교육'의 경우 '엘리펀(ELIFUN)'을 선보였다. '웅진씽크빅'은 인공지능 학습 플랫폼인 '스마트올'에 메타버스 도서관을 오픈했다.

공교육 부분에서도 정부주도로 통합 메타버스 교육플랫폼 구축을 준비하고 있다. 대학에서는 메타버스 관련 학과들이 개설되기 시작했다. 서강대학교에서 '메타버스대학원'을 올해 초 개설해 학생을 모집했고, 중앙대학교는 메타버스 기반 '다빈치가상대학'을 신설했다. 실상 메타버스 학과를 개설하는 움직임은 기존의 게임개발관련 학과와 교육과정에 차이점이 없다는 비판

이 있다. 그럼에도 불구하고 교육계의 메타버스관련 트렌드를 적극적으로 반영한다는 측면에서 의미가 있다고 볼 수 있다.

또한 지난해 말 48개 전문대학들이 모여서 메타버스 교육생태계 구축을 위한 컨소시엄을 구성하고 관련기술 및 교육방향성 모색에 대한 논의를 진행했고 'K-meta Edu48 zone'을 구축한다는 구상을 발표하기도 했다.

서울시도 지난 2월 '질 높은 공교육'을 향한 서울미래교육의 3가지 방향을 조희연 교육감이 전격 발표했다. '격차 없는 공교육의 시작'과 '지속가능한 자율적 교육생태계 조성' 그리고 '개별 맞춤형 미래교육 실현'이라는 3가지 과제를 내걸었다. 개별 맞춤형 미래교육 실현을 위해 '메타버스 에듀테크 연구소'를 운영한다는 계획을 세우고 관련 세부전략을 언급했다.

[그림19] T3교육 젭 메타버스 플랫폼 제작(출처 : T3과외플랫폼 홈페이지 캡처)

Epilogue

시간과 공간의 한계를 넘어선 가상 세계에서의 교육활동은 과학과 기술이 발전하고 팬데믹 시대와 같은 어려운 상황에 대처하기 위해 더욱 활발하게 이뤄질 것으로 보인다. 비록 아직은 메타버스의 활용이 많지는 않지만, 에듀테크 기업들의 공격적인 투자와 공교육 수업의 변화 등 여러 이유로 미래에는 메타버스 안에서 가치 있는 교육활동이 이뤄 질 것이라고 생각된다.

첫째, 흥미와 재미를 통한 '몰입도' 때문이다. 똑같은 책상과 의자에 그리고 똑같은 교복을 입고 획일화된 수업이 진행되는 게 아니라, 각자가 원하는 아바타를 정할 수 있어서 일단 흥미를 촉진할 수 있다. 게다가 마치 게임을 하는 것처럼 자신의 아바타를 조정하면서 활동에 참여하기 때문에 능동적인 자세로 교육활동에 임할 수 있다. 이에 따라 활동에 대한 몰입도는 높아질 수밖에 없을 것이다.

둘째, '자유도'가 높기 때문이다. 가상세계라는 공간에서는 무엇이든지 할 수 있을 것 같은 자신감이 생긴다. 교육 현장에서는 한정된 공간에서 교육이 진행된다는 이유로 한계에 부딪히는 경우가 많다. 예를 들어, 단순히 문자와 영상으로 교육하는 것이 아니라 가상세계라 할지라도 실제와 같이 구현된 장소에 찾아가서 보고, 듣고, 배우는 시간을 보낼 수도 있기 때문이다.

셋째, '무한한 가능성과 창조성'이 있기 때문이다. 메타버스와 관련한 분야 확장은 지금 급속도로 이뤄지고 있는 추세이다. 현실세계와 가상세계가 똑같이 연결되고 있다 보니 미래에는 가상세계에서의 또 다른 자아형성 그리고 가치를 만들어 갈 수 있을 것이다. 또한 현실에서는 구현할 수 없는 새로운 세상을 만들 수도 있고, 무한함이라는 가치는 끝이 없기에 미래 교육에 줄 영향도 어마어마할 것으로 기대된다.

항상 처음에는 어색하고 익숙하지 않을 수 있다. 하지만 계속 반복하다보면 적응하고 익숙한 것이 된다. 메타버스라는 새로운 다양한 플랫폼도 지금은 아직 상용화되지는 않았지만, 미래에는 분명 많은 사람들이 참여하는 형태의 플랫폼이 될 것이다. 특히 에듀테크 산업의 교육적인 측면에서도 무한한 가능성과 자유도를 바탕으로 능동적이고 진취적인 교육활동이 이뤄질 수 있도록 더 많은 관심을 갖고 기술개발이 지속된다면 향후 학교수업에서 활용할 수 있는 다양한 콘텐츠들이 창출 될 것으로 기대한다.

메타버스가 교실 없는 시대의 최적의 대안이 될 수 있도록 지금부터 준비해보자.

[참고문헌]

- '기업 이러닝에서 실재감과 학습효과의 구조적 관계 규명', 김지심, 2009
- '사이버대학에서 교수실재감, 인지적 실재감, 사회적 실재감과 학습성과와의 구조적 관계 규명', 주영주, 하영자, 유지원, 김은경, 2010
- '사이버교육에서 실재감 영향요인에 관한 연구', 김혜영, 이준엽, 조용대, 오태헌, 2011
- '국내 교육산업 트렌드분석을 통한 2050 미래교육산업 전략', 한국교육산업연구소, 차승욱, 2020
- '메타버스의 시대, 배움의 미래', 리수핑, 류타오탕
- '메타버스 새로운 기회', 김상균, 신병호
- 정보통신산업진흥원 각 연도별 이러닝산업 실태조사
- '교실이 없는 시대가 온다', 존카우치, 제이슨 타운/임영선 역
- '미래 교육의 해법, 메타버스에서 찾자', 최삼하 교수, 한경신문 창간 10주년 칼럼
- '성인 대상 인터넷 강의, 원격교육 시장에서 우뚝', 전자신문 스페셜리포트
- '비대면 학습 효과, 어떻게 극대화 시킬까?', HR Insight 2020년 8월호 기사
- 한경머니신문 185호, 2020년 10월 기사
- 매경이코노미신문, 2022.04.12. 기사
- 한경비즈니스, 제 1275호 기사
- '약대수업이 메타버스속으로', khuclinpharm
- https://if-blog.tistory.com/12766, 교육부 공식 블로그:티스토리
- https://blog.naver.com/hyennna/221979601750
- https://blog.naver.com/dhzhdapxk/222207759153
- https://post.naver.com/viewer/postView.nhn?volumeNo=29407492&memberNo=46261615&vType=VERTICAL
- https://m.blog.naver.com/moeblog/222669712504
- https://post.naver.com/viewer/postView.naver?volumeNo=33741051&memberNo=15002820&vType=VERTICAL
- https://www.hankyung.com/it/article/202203043508v
- http://it.chosun.com/site/data/html_dir/2021/10/22/2021102201570.html
- https://post.naver.com/viewer/postView.naver?volumeNo=32514348&memberNo=6457418&vType=VERTICAL

Chapter

04

NFT 아트의 가치와 세계관

김종태

Chapter

04

NFT 아트의 가치와 세계관

Prologue

필자는 메타버스(Metaverse)와 NFT(Non-Fungible Token)의 전문가는 아니다. NFT 아트(Art)에서도 마찬가지이다. 그저 이런 것에 관심을 갖고 있는 일반인이다. 지난 1년여 전, 관련 주제들에 마음을 두다가 2021년 9월 과학기술정보통신부인가 사단법인 4차산업혁명연구원 한국메타버스연구원에서 메타버스와 NFT를 공부했다.

메타버스와 NFT는 지난 몇 년 동안 세계적으로 뜨거운 주제가 됐다. 코로나19로 인해 더욱 빨리 우리 곁으로 다가온 것이다. 메타버스의 대표적인 플랫폼인 게더타운 맵 제작, 이프랜드 활용, 제페토 크리에이터 등을 배우고 난 후, NFT를 배웠다. 50여명의 동료들과 함께 한 주제씩 연구 발표해 하나하나 정복해 나갔다. 처음에는 NFT의 개념을 잡는 것에서부터 관련 전문용어를 익히는 것이 쉽지 않았다. 집단지성으로 NFT를 다양하게 배워 나갔다.

필자의 발표 차례가 됐다. 주제는 '디지털-예술(NFT 아트)의 새로운 장르'였다. 이렇게 발표 주제를 잡았지만 실제 필자의 관심은 NFT 아트에 대한 인문학적 관심, 즉 'NFT 아트의 가치'에 관한 것이었다. 익히 다 아는 바이지만 'NFT 아트들이 왜 그렇게 고가에 팔리는가?' 하는 것이었다.

2021년 3월 크리스티 경매에서 비플의 '매일: 첫 5,000일'이 780억 원에 팔리고, 일론 머스크의 여자 친구인 그라임스의 워님프는 20분 만에 65억 원에 낙찰됐다. 뿐만 아니라 트위터의 창업자인 잭도시는 자신의 첫 트윗을 NFT로 만들어 32억 7,000만 원에 팔았고, 픽셀아트인 크립토펑크 #7523은 약 약 140억 원에 팔렸다. 우리나라에서도 그런 일이 있었다. 어느 초등학교 5학년 A군은 자신이 그린 NFT그림을 10만 원에, 아뜨띠프라는 예명을 가진 어느 중학생의 NFT 작품이 1,200만 원에 팔렸다.

우리나라 미술계의 거장 김환기의 '우주'라는 NFT 작품 3점이 3억 원 대에 팔렸고, 간송 미술관에서는 훈민정음을 NFT 100개 한정판으로 만들어 개당 1억 원에 판매한다고 밝혔는데, 80여개가 팔린 것으로 알려졌다. 도대체 NFT가 무엇이기에 NFT로 만들어진 작품이나 아트들이 그렇게 비싼 가격에 팔리는 것일까? 왜, 무엇 때문에. 필자의 관심은 오직 거기에 있었다.

그 호기심이 동기가 돼 이 글을 쓰게 됐다. 미리 밝히지만 나는 이런 분야에 전문가가 아니기 때문에 창의적이거나 새로운 내용은 없다. 전문가들의 글과 시사적인 글을 참조해 나름의 관점과 주제로 정리하고자 한다.

1. NFT란?

지난 몇 년 사이에 NFT 열풍이 대단했다. 그 과열 현상은 외국에서 시작됐다. 디지털아트의 신기원을 이룩한 미국의 디지털 아트 비플(본명 : 마이크 윈켈만)의 작품 [그림1]은 '매일 : 첫 5000일'로 2021년 3월 크리스티 경매에서 약 780억 원에 팔렸다. 작품 경매를 지켜보던 비플 자신도 이해할 수 없다는 표정을 지으며 이렇게 말했다. "말도 안 됩니다. 6,930만 달러라니요?"라고.

[그림1] 비플의 '매일: 첫 500일'
(출처 : https://opensea.io/collection/everyday-the-biggest-challenge-5000)

그것만이 아니다. 일론 머스크의 여자 친구인 그라임스의 작품 워님프[그림2, 3]은 20분 만에 65억 원에 낙찰됐다.

[그림2, 3] 그라임스의 작품 워님프
(출처 : https://opensea.io/collection/warnymph-collection)

트위터 창업자인 잭 도시는 자신의 첫 트윗 [그림4]를 NFT로 만들어 약 32억 7,000만 원(조선일보 인터넷 판 신문 2022년 4월 15일자 기사에 의하면, 1년 만에 290만 달러에서 1만 달러로 폭락했다는 기사를 전했음)에 팔았다. 도대체 왜 이런 현상이 벌어지는 것일까? NFT 아트가 도대체 무엇이기에 저런 작품들이 왜 그렇게 비싸게 팔리는 것일까? 대체 NFT 아트의 가치는 어떻게 매겨지고, 어디에 그 가치가 있는 것일까?

[그림4] 잭도시의 '첫 트위터'(출처 : 인터넷 조선일보 Chosun Biz, 2022.4.15.일자)

그런 일은 국내에서도 일어나고 있다. 지난 2022년 3월 26일 업비트 NFT 경매에서 거장 김환기의 대표작 [그림5] '우주'를 NFT 다시 제작한 작품 3점이 총 7억 3,700만 원에 낙찰됐다.

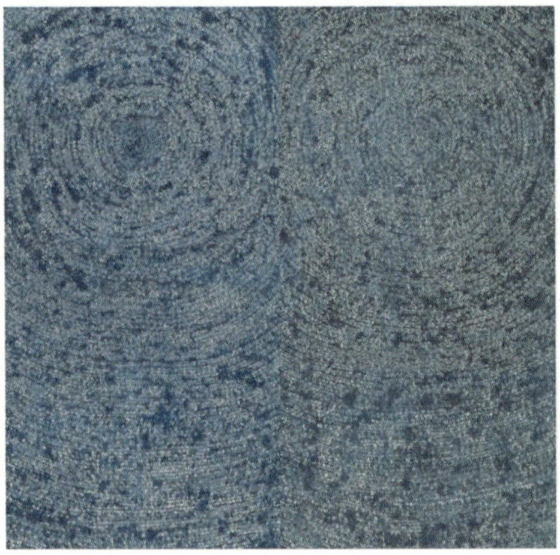

[그림5] 김환기의 '우주'(출처 : 아주경제)

뿐만 아니라 매일경제 뉴스(2022.3.7.)에 의하면 초등학교 5학년 A군이 자신이 그린 [그림6]을 NFT 마켓에 올렸는데, 약 10만원에 팔렸다는 것이다.

[그림6] NFT를 형상화한 CG(출처 : 매일경제)

그리고 아트띠프라는 예명을 가진 중학생도 [그림7] 자신의 NFT 작품을 1,200만 원에 팔았다.

[그림7] It's Me는 처음으로 판매된 아트띠프의 NFT 작품이다.
(출처 : http://www.coindeskkorea.com/news/articleView.html?idxno=75305)

심지어 픽셀아트인 [그림8] 크립토펑크 #7523은 약 140억 원에 팔렸다.

[그림8] 크립토펑크 #7523

(출처 : https://opensea.io/assets/ethereum/0xb47e3cd837ddf8e4c57f05d70ab865de6e193bbb/7523)

왜 이런 현상이 NFT를 통해 나타날까? NFT가 무엇이고, NFT의 가치는 도대체 어디에 있는 것일까? NFT는 단지 거품일까? 아니면 사기일까? NFT는 4차 산업의 신세계를 열어주는 신호탄일까? 아니면 신기루일까? NFT의 가치가 어디에 있는지 그 실체를 확인해 보자.

1) NFT의 의미는?

'NFT'의 의미는 무엇일까? 이것은 'Non-Fungible Token'의 약자이다. 사전적으로 'non'은 강한 부정어로 '... 아닌', 혹은 '... 할 수 없는'이란 뜻이고, 'fungible'은 '(재화가) 대체 가능의', '(딴 것으로) 대신 할 수 있는'이라는 뜻이다. 그리고 'token'은 말 그대로 토큰(상품권, 교환권, 징표 표시)이다. 종합하면 NFT란 '대체할 수 없는 토큰'(혹은 바꿀 수 없는 토큰)이란 뜻으로 보통 '대체불가토큰'으로 번역된다. 이것은 영어를 한국말로 단순 번역한 것이어서 NFT가 구체적으로 무슨 뜻인지 도무지 알 수 없을 것이다. 여기에는 IT관련 전문적인 기술과 화폐라는 경제적인 의미가 포함돼 있어 더 자세한 설명이 필요하다.

'대체불가토큰'이란 말뜻이 무엇인지에 관해서부터 시작해보자. 가령, 오만 원짜리 지폐 두 장이 있을 때, 그 두 장의 가치는 서로 같아서 맞교환이 가능하다. 그러나 똑같은 5만 원짜리라도 그것이 내가 알바를 해 처음 받은 일당이고, 거기에 그것을 받은 당일 날짜를 적고, 내가 사인을 한 것이라면 어떨까? 그것은 다른 수많은 5만 원 짜리 지폐와 비교할 때 그 가치와 의미가 다를 것이다. 그러므로 다른 5만 원 짜리 지폐와 맞교환할 수 없을 것이다.

같은 논리로 나이키 축구화 두 켤레가 있다고 가정해보자. 하나는 내가 일반 상점에서 구매한 것이고, 다른 하나는 손흥민이 사용했던 것으로 선물 받은 것이라고 한다면 두 축구화의 가치는 어떨까? 당연히 다를 것이다. 가치가 달라 그 둘은 맞교환할 수 없다. NFT는 그런 점에서 대체 혹은 교환할 수 없다는 뜻이다. NFT가 다른 것과 같이 일종의 토큰이다. 하지만 거기에 뭔가 다른 가치가 거기에 담겨 있다.

그렇다면 NFT에 담겨 있는 그 특별한 가치가 무엇일까? 다 같은 토큰이라도 NFT에는 블록체인 기술이 적용돼 아주 높은 경제적 가치가 부여돼 있다. 고려대학교의 암호학자인 김승주 교수는 'NFT란 블록체인에 기록된 등기권리증'이라고 정의한다. 이 이야기를 이해하려면 등기권리증과 그것에 비유된 NFT 자체의 의미 그리고 블록체인이 무엇인지 함께 알아야 한다.

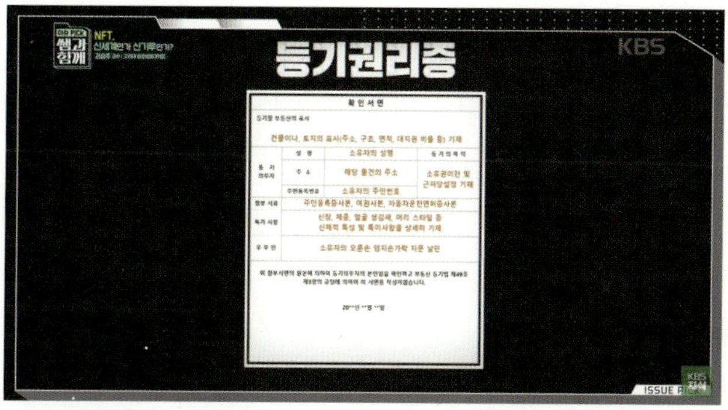

[그림9] 등기권리증(출처 : https://www.youtube.com/watch?v=zlvhtHcCLsE)

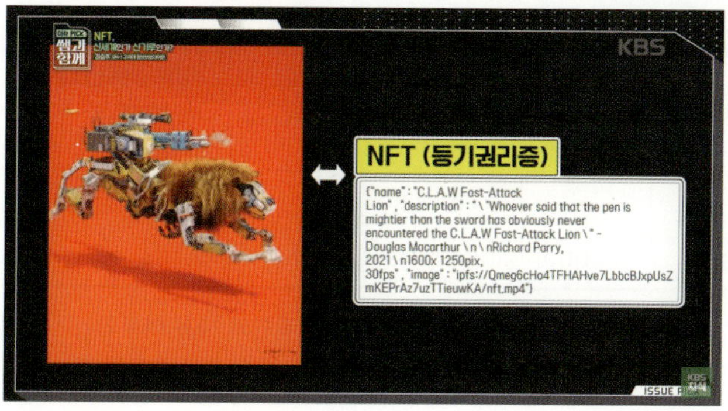

[그림10] NFT 등기권리증(출처 : 김승주, NFT 초보자가 가장 알고 싶은 최다질문 TOP50, p.97)

우선 NFT의 중요한 의미부터 알아보자. NFT와 부동산 권리증을 비교하면 그 의미를 잘 확인할 수 있다. 부동산의 등기권리증[그림9]에는 건물 소유주의 성명과 주민번호, 해당 건물이 위치하고 있는 주소, 건물에 대한 상세 설명 등이 적혀 있다. NFT 등기권리증[그림10]도 마찬가지로 그 작품의 이름(name), 작품에 대한 설명(description), 작품 소유주(owner), 원본작품이 보관된 주소(image)가 기록돼 있다. 따라서 기본적으로 NFT의 중요한 의미는 디지털 작품의 등기권리증이라고 할 수 있다.

2) 블록체인(Blockchain) 이란?

각 나라의 중앙은행이 직접 발행한 전자화폐를 '중앙은행 디지털화폐'(CBDC: Central Bank Digital Currency)라 한다[표1].

전자화폐는 반드시 블록체인을 통해서 만드는 것은 아니다. 뿐만 아니라 전자화폐는 은행을 이용해 만들 수도 있고, 배제한 상태에서도 만들 수 있다. [표1]에서 보는 대로 중앙은행을 이용해 만드는 전자화폐를 '중앙집중형 전자화폐(가상화폐)'라 하고, 은행을 배제하고 블록체인 기반으로 만든 전자화폐를 '탈중앙형 전자화폐(암호화폐)'라고 한다. 가상화폐와 암호화폐를 통틀어 가상화폐라고도 하나 영어권에서는 주로 전자화폐로 통칭하는데, 왜냐하면 암호화폐의 선구자 차움 박사가 처음부터 그것을 전자화폐로 명명했기 때문이다(김승주, 암호화폐와 NFT 무엇이 문제일까?, p.17).

발행주체 / 구현방식	정부(중앙은행)	민간단체 또는 기업
중앙집중형	CBDC (Central Bank Digital Currency)	가상화폐 eCash(1982) (Virtual Currency)
탈중앙형 (Blockchain)	CBDC (Central Bank Digital Currency)	암호화폐 Bitcoin(2008) (Cryptocurrency)

*전자화폐의 분류. 발행주체가 정부(중앙은행)인 경우 블록체인의 사용 여부와는 상관없이 모두 CDBC라고 부르는 반면, 민간기업이 발행하는 전자화폐는 블록체인 사용 유무에 따라 부르는 호칭이 달라짐

[표1] 전자화폐의 종류

(출처 : 김승주, NFT 초보자가 가장 알고 싶은 최다질문 TOP50, p.26. 이하에서 TOP50라 언급한다.)

그렇다면 블록체이란 무엇인가? 전자화폐가 왜 생겨났는지 그 배경이나 탄생의 근본 이유를 통해서 알 수 있다. 현찰을 사용할 때에는 누가, 언제, 어디에서, 무엇을 위해 사용했는지 추적당하지 않는다. 본인이 말하지 않으면 아무도 모른다. 그러나 신용카드는 다르다. 신용카드로 물건을 사거나 거래하면 내가 언제 어디에서 무슨 물건을 얼마에 구매했는지 그 거래내역이 고스란히 전부 추적당하게 돼 있다.

이것은 개인 프라이버시 문제인데, 차움 박사는 이 문제를 해결하기 위해 전자(암호)화폐를 구상했다. 즉 개인의 프라이버시를 보호하기 위해 추적당하지 않는 화폐를 만들고 싶었던 것이다. 그것이 암호화폐의 시작이다.

구체적인 예를 들어 설명해 보자. [그림11]은 암호화폐 이용자 A가 중앙은행을 끼고 암호화폐를 발행해, 그것을 상점 X에서 사용한 것을 보여주고 있다. 상점 X는 A가 준 암호화폐가 위폐가 아닌지를 중앙은행을 통해 확인하고 이상이 없으면 그 화폐를 받고 물건을 준다.

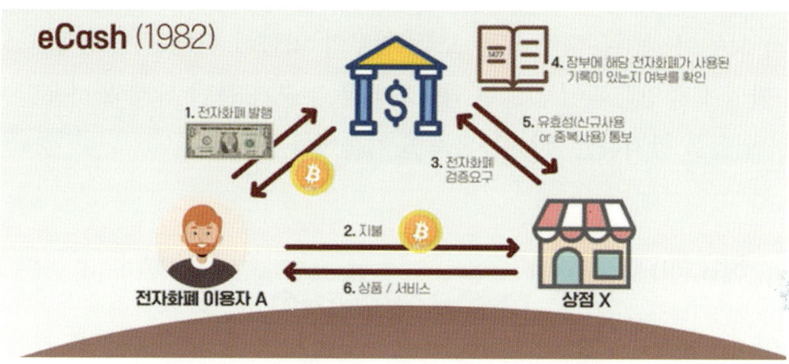

[그림11] 2021 블록체인 진흥주간, 특별강연 쉽게 이해하는 블록체인과 NFT 김승주 교수
(출처 : https://www.youtube.com/watch?v=r58S9TkkLPw)

그런데 [그림12]에서 보듯이 중앙은행을 빼면 이용자 A가 원하는 전자화폐를 누가 발행해 주며, 그가 사용하는 그 전자화폐를 어디에서 누가 관리해 전자화폐의 진위여부를 확인해줄 수 있을까? 중앙은행이 없으면 그 모든 일들을 블록체인 기술로 해결할 수 있다.

다시 말해 중앙(은행)이 아닌 블록체인 상에 가입된 모든 사람들이 전자화폐의 발행과 관리 업무를 같이 할 수 있는데 이것이 블록체인 기술이다. 이런 기술이 발전되기 전에 만들어진 전자화폐는 모두 중앙에서 통제했다. 그러나 이제는 중앙의 통제를 벗어나 블록체인 기술 기반에서 전자화폐를 만들어 스스로 관리할 수 있게 됐다.

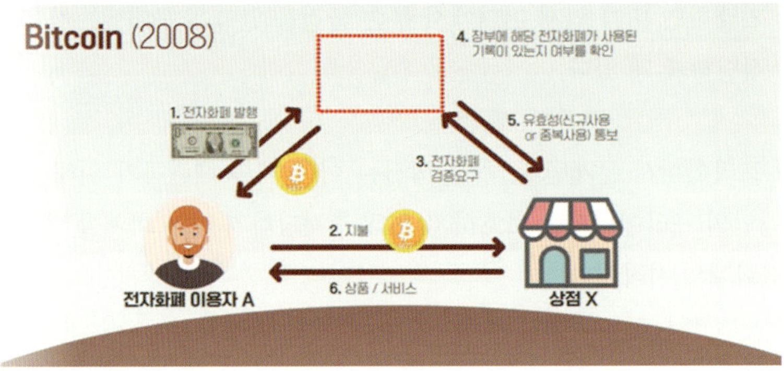

[그림12] 2021 블록체인 진흥주간, 특별강연 쉽게 이해하는 블록체인과 NFT 김승주 교수

(출처 : https://www.youtube.com/watch?v=r58S9TkkLPw)

[그림13]에서 보듯이 중앙은행이 하는 모든 업무와 역할이 이제는 블록체인 상에서 이뤄질 수 있게 됐다. 만일에 중앙은행이 없으면 암호화폐를 누군가 불법 복제해 사용할 수도 있다. 그와 같은 부당한 일들을 방지하는 것이 블록체인 기술이다.

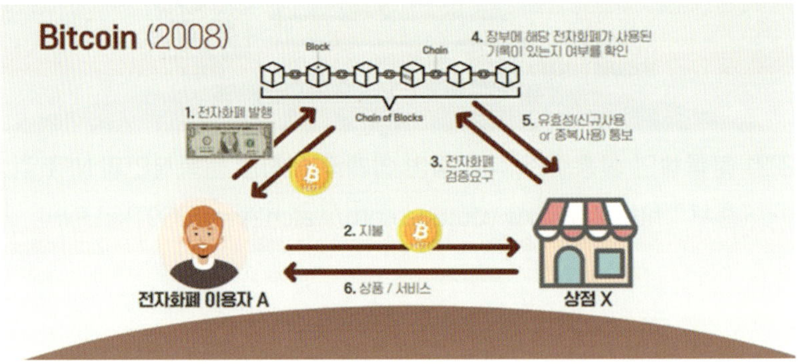

[그림13] 2021 블록체인 진흥주간 특별강연: 쉽게 이해하는 블록체인과 NFT 김승주 교수

(출처 : https://www.youtube.com/watch?v=r58S9TkkLPw)

그렇다면 중앙은행이 없는 상태에서 어떻게 위폐를 단속할 수 있을까? 경찰이 없으면 자경단을 조직해 스스로 마을을 지키듯이 자체 위폐단속반을 만들어 운영하도록 한 것이 블록체인 기술이다. 암호(전자)화폐를 사용하는 자가 인터넷에서 비트코인 프로그램을 다운받으면 두 종류의 프로그램이 설치된다. 하나는 전자지갑 프로그램이고 또 하나는 24시간 365일 위폐를 감시할 수 있는 블록체인 프로그램이다. 전자지갑은 일종의 통장 같은 것이고, 위폐감시 프로그램으로는 사용되는 코인의 일련번호를 확인할 수 있다. 코인 이용자가 전자화폐를 사용하면 자동감시 프로그램이 작동해 그 전자화폐의 일련번호를 확인할 수 있게 해 준다.

[그림14]에서 보듯이 자체 감시단 갑을병(설명과 이해를 위해 갑을병, 숫자, 상점 Y 등은 필자가 추가한 것임) 3명은 비트코인 이용자 A가 사용하는 전자화폐가 진폐인지 위폐인지, 전에 사용한 것인지 아닌지, 일련번호를 통해 확인하고 그 결과를 자신의 PC에 저장한다. 만일에 위폐이면 경고 메시지를 상점 X에 알려준다. 예를 들어 비트코인 이용자 A가 127이라는 일련번호가 적힌 전자화폐를 상점 X에서 사용하려 하면 감시단 갑을병의 블록체인 프로그램이 가동돼 그것을 감지한다.

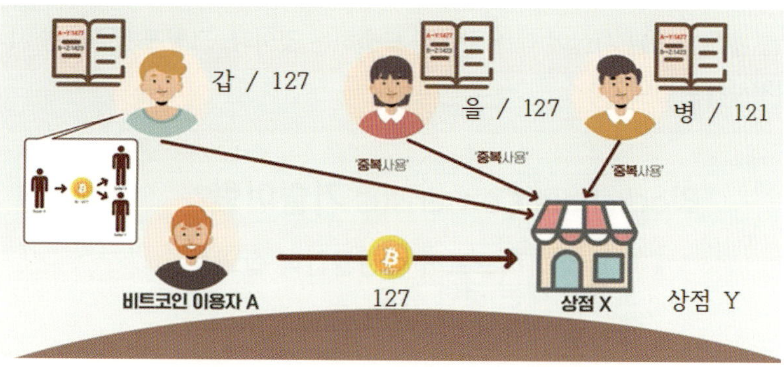

[그림14] 위폐단속 감시 프로그램 예시
(출처 : https://www.youtube.com/watch?v=r58S9TkkLPw&t=374s)

127 전자화폐가 맞으면 갑을병 블록체인 프로그램은 그것이 진폐라는 메시지를 상점 X에 알리고 동시에 갑을병 PC에 기록이 저장된다. 그런데 사용자 A가 127 암호화폐를 복사해 다른 상점 Y에서도 사용하려 한다면 감시단 갑을병 블록체인 프로그램이 그것을 감지확인해 위폐라고 알려준다. 그러면 상점 Y에서는 그 화폐를 거부할 것이다. 즉 블록체인 감시 프로그램은 위폐 및 진폐를 확인해주고, 전자화폐의 중복사용을 막아주는 것이다.

그리고 갑을병은 10분을 주기로 인터넷 투표(주기적 동기화)를 통해 각각의 PC 블록체인 정보가 같은지 다른지를 확인 비교하는 동기화 작업을 해 각각의 정보들을 일치시켜 나간다. 고의나 실수, 혹은 사고(컴퓨터 고장)나 천재지변(정전) 등으로 인해 감시단 '병'의 장부 내용이 '갑을'과 일치하지 않을 수가 있다. 이것을 '비잔틴 오류'라고 한다. 이런 경우, 갑을병은 인터넷 투표를 통해 다수결의 원칙에 따라 정보를 일치시켜 동기화시킨다. 10분 단위로 이렇게 동기화시켜 나가면 비잔틴 오류는 해결된다. 따라서 블록체인 기술이란 인터넷 투표 기능이 내장된 분산장부이다. 내장된 분산장부가 블록처럼 시간 순서대로 쌓이고, 그렇게 쌓인 분산장부들이 체인처럼 개인 간 PC로 연결돼 있어서 블록체인이라 부른다.

- 비잔틴 오류 : 블록체인 기술을 알려면 '블록체인 합의' blockchain consensus 메커니즘을 이해해야 한다. 예를 들어 설명하면 다음과 같다. 5명의 장군이 X라는 성을 공격한다고 가정해보자. 몇 일 몇 시에 공격하자고 의견일치에 합의하면 통신병을 통해 5명의 장군들에게 알려준다. 그런데 중간에 있는 통신병이 적진에 채포돼 공격날짜가 왜곡돼 전달될 경우가 생길 수 있다. 그러면 공격은 실패할 텐데, 이런 것을 비잔틴 오류라고 하는데 1982년 렘포트 박사가 쓴 논문에 나와 있다. 이와 같은 왜곡이 전자화폐 사용에서도 일어날 수 있는데 이런 것을 방지하는 것이 블록체인 합의 기술이고, 이것은 전자투표 시스템으로 연결된다. 즉 왜곡이 일어날 때에 구성원 간의 다수결 원칙에 따라 전자투표를 통해 왜곡된 사실에 대해 합의를 도출하는 것이다. 그렇게 동기화를 시켜 나가 각자의 정보를 일치시켜 나간다.

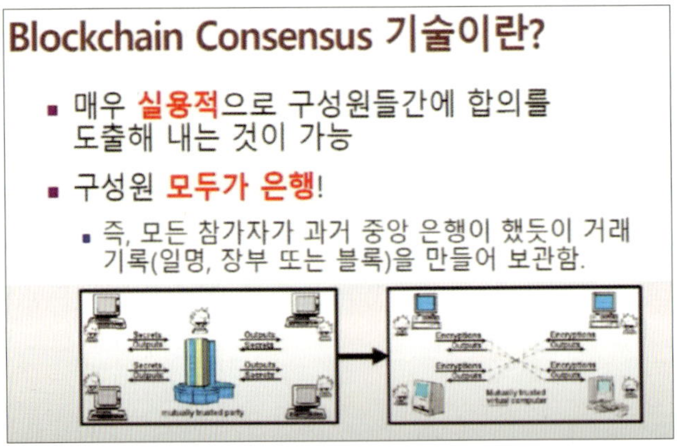

[그림15] 블록체인기술의 이해와 활용사례 김승주

(출처 : https://www.youtube.com/watch?v=MDRF4PMWdsg&t=2005s)

3) NFT의 4가지 특성

이와 같은 블록체인 기술 기반에서 만들어지는 NFT의 특징을 다음과 같이 정리할 수 있다. 김승주 교수에 의하면 탈중앙화, 불변성, 투명성, 가용성 등 4가지이다.

(1) 탈중앙화

NFT는 중앙(은행)을 통하지 않고 블록체인 기반 기술에 의해 만들어져 중앙(은행)의 관리나 통제를 받지 않기 때문에 NFT의 첫 번째 특징은 '탈중앙화'이다.

(2) 불변성

NFT에 관한 모든 정보는 감시단들의 PC 블록체인에 다 기록된다. 관련 정보에 대해 참여자 간 합의를 한 이후에는 비록 원작자라 하더라도 기록된 내용을 수정하거나 삭제할 수 없다. 이것이 NFT의 '불변성'이다.

물론 단 3명만이 감시하고 이 3명이 서로 합의해 변경이나 조작을 한다면 위폐문제를 다스릴 수 없을 것이다. 하지만 감시단이 수천, 수억 명이 된다면 그런 일은 불가능할 것이다. 수억 명의 PC에 있는 블록체인 상의 내용을 다 수정하거나 변경할 수 없으니까. 즉 전자화폐의 위변조가 불가능하다.

(3) 투명성

감시단으로 참여하는 자들은 모두 같은 정보를 공유하고 있기 때문에 누구나 확인할 수 있어 정보의 내용이나 관리가 매우 '투명'하다.

(4) 가용성

같은 정보나 내용을 수많은 사람들이 공유하고 있어서 혹시나 PC의 문제로 어느 개인의 데이터가 손상되거나 파괴되거나 해킹돼도 아무 문제없다. 왜냐하면 주변 사람에게 복사를 의뢰하면 원상복구가 쉽게 가능하기 때문이다. 그것이 NFT의 '가용성'이다. 이와 같이 NFT에는 기술적 특징들이 있어 그것들이 NFT의 가치를 매겨주는 매우 중요한 근거가 된다.

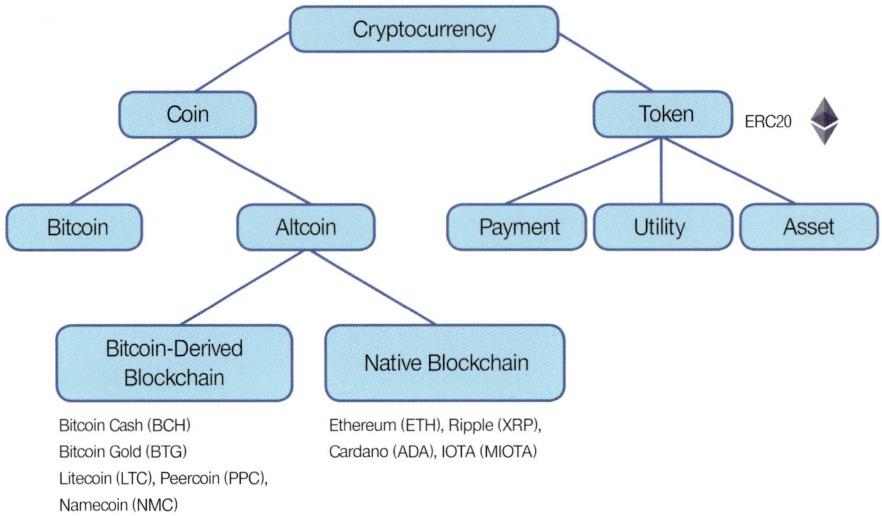

[그림16] 암호화폐의 분류 (출처 : TOP50, p.95)

4) 코인과 토큰의 차이, 그리고 'ERC-20'과 'ERC-21'의 차이

일반적으로 가상화폐(virtual currency)나 암호화폐(crypto currency)라는 용어를 사용하나 처음(1982)에는 암호학자인 데이비드 차움 박사가 '전파화폐(electronic cash)'라고 명명했다. 그의 전자화폐는 블록체인 기술에 기반을 둔 것은 아니었다. 차움 박사의 전자화폐가 발표된 후 26년이 지난 2008년에 처음으로 블록체인 기반의 '비트코인'(Bitcoin)이라 불리는 전자화폐 아이디어가 제안됐다.

중앙은행에서 발행하는 전자화폐는 기존의 법정통화와 1:1로 맞교환하는 가치가 있으나 블록체인 기반 기술의 가상화폐나 암호화폐는 그렇지 않다. 각각의 화폐가치가 다르다. 가상화폐, 암호화폐, 중앙은행의 전자화폐 외에 '알트코인(Altcoin)'이 있다. 이것은 '얼터네이티브 코인(alternative coin)'의 준말로 비트코인 이외의 후발 암호화폐들을 통칭하는 용어이다. 알트코인은 2021년 5월 23일 기준 1만 개를 넘어섰다(김승주, 암호화폐와 NFT 무엇이 문제일까?, pp.16-20).

'코인(coin)'과 '토큰(token)'을 구별할 필요가 있다. [그림16]에서 보듯 암호화폐는 다시 코인과 토큰으로 분류된다. 비트코인과 이더리움과 같이 독자적인 블록체인 기반을 갖고 만들어진 암호화폐를 '코인'이라 부른다. 이와 반대로 자체의 블록체인 기술 기반 없이 타사의 블록체인에 근거해 만들어진 암호화폐는 '토큰'이다. 일반인들이 블록체인을 설계하고 구현하는 것이 어렵기 때문에 이더리움 블록체인을 활용해 쉽게 암호화폐를 발행할 수 있도록 제공되는 것이 표준 'ERC-20'(Ethereum Request for Comment 20)이라 부른다. 이는 토큰 생산을 위한 블록체인 기술이고, 이더리움 플랫폼 상에서만 만들어진다. 'ERC-20' 표준의 토큰 생산에 소비되는 가스를 거래수수료로 내야 한다.

'대체불가토큰'으로 불리는 NFT는 'ERC-21' 표준으로 만들어지며 'ERC-20'으로 만들어지는 토큰과는 근본적으로 다르다. 후자는 맞교환이 가능하나 전자는 그렇지 않다. 요컨대 NFT는 모두 각각의 가치가 다르다. 그러기 때문에 맞교환할 수 없다. 이제 NFT 아트와 그 가치를 이해할 수 있는 기반이 됐다.

2. NFT 아트란 무엇이고, 그 종류 및 특징으로는 어떤 것이 있는가?

1) NFT 아트의 종류

NFT 아트가 무엇일까? 이것은 이전에 없었던 새로운 개념이다. 불과 지난 몇 사이에 생겨났다. 그것은 앞서 언급한 블록체인 기술이 적용된 완전히 새로운 개념의 예술 장르이다. NFT 아트란 과연 무엇이고, 그 종류로는 어떤 것이 있을까?

우선 NFT에는 어떤 것들이 있는지 알아보자. 그 종류에 대해 아직은 표준적인 구분이 안 돼 있는 것 같다. 먼저 인터넷 해외 사이트와 국내 사이트에서 소개되는 것으로 정리하면 [표2]와 같다. 아래의 '쌀사비파' 외에는 모두 해외 사이트 자료이고, 주로 그림 분야의 NFT 종류를 모은 것이다. 'JUMPSTART'는 NFT종류의 TOP5를 정리한 것이다.

MUO https://www.makeuseof.com/different-types-of-nfts/	Business Today https://www.businesstoday.in/crypto/story/top-13-types-of-nfts-heres-the-complete-list-328335-2022-04-02	JUMPSTART https://www.jumpstartmag.com/top-5-nft-types-of-2022/	JUSTCREATIVE https://justcreative.com/types-of-nfts/	쌀사비파 https://shawsk.tistory.com/entry/NFT-%EA%B7%B8%EB%A6%BC
① 예술(Art)	예술(Artworks)	예술(Art)	수집품(Collectible items/Trading cards)	예술품 (Digital Art)
② 음악(Music)	수집품(Collectibles)	음악(Music)	예술(Artwork)	캐릭터(Character)
③ 비디오게임 (Video Game Items)	스포츠기념품 (Sports Memorabilia)	게임(Games)	티켓(Event tickets)	수집품 (Collectibles)
④ 트레이딩카드 (Trading Cards/Collectible Items)	비디오게임(Video-Game Assets)	패션(Fashion)	음악(Music and media)	패러디(MEME)
⑤ 스포츠탑샷(Big Sports Moments)	가상랜드 (Virtual Land)	밈(Memes)	게임(Gaming)	상품(Goods)
⑥ 밈(Memes)	밈(Memes)		스포츠탑샷 (BigSports Moments)	개인아이템 (Metaverse)
⑦ 도메인 이름 (Domain Names)	도메인 이름 (Domain Names)		가상패션 (Virtual Fashion)	
⑧ 가상패션 (Virtual Fashion)	음악(Music)		실제자산 (Real-world assets)	
⑨ 기타 온라인 아이템 (Miscellaneous Online Items)	티켓(Ticketing)		밈(Memes)	
⑩	실제자산 (Real World Assets)		도메인 이름 (Domain names)	
⑪	NFT패션 (NFT Fashion)			
⑫	회원증 (Identity,PFP)			
⑬	기타온라인아이템 (Miscellaneous Online Items)			

[표2] NFT 아트의 종류에 대한 국내외 사이트 정리표

필자는 [표2]의 자료를 참고해 NFT의 종류를 크게 두 가지로 분류하고자 한다. 첫째는 순수 예술 그림의 NFT 아트와 그 이외의 NFT 아트로 나누고 싶다. 이 모두를 통칭해 '디지털 아트(Digital Art)'라고 할 수 있다. 예를 들면 비플의 '첫 5000일', 그라임스의 '워님프', 김환기의 '우주'와 같은 것은 전자에 속한다. 물론 여기에는 컴퓨터로 그리는 디지털 그림도 있고, 실물그림을 디지털 사진으로 찍어 인터넷에 올린 NFT 아트도 있다.

그리고 순수 예술 그림 NFT 외의 NFT 아트로는 도표에 있는 대로 많은 분야가 있다. 이를테면 음악, 비디오게임(게임), 트레이딩 카드, 스포츠 탑샷(스포츠 기념품), 밈(패러디), 도메인 이름, 가상패션(가상랜드), 수집품, 티켓, 실제자산들, PFP(캐릭터), 상품, 개인 아이템 그리고 기타 온라인 아이템들 등이다.

2) NFT 아트의 공통점

이 모든 것이 NFT이고 NFT 아트가 될 때에 거기에는 반드시 담겨 있는 공통점이 있다. 첫째는 이미지 파일이 있어야 한다. 어떤 작품이든 이미지 파일이 없으면 온라인 플랫폼에 올릴 수 없기 때문이다. NFT 이미지 파일에는 [그림17]과 같이 세부적인 내용들이 담겨 있다. NFT의 자세한 내용은 크게 ① NFT 미디어 데이터(NFT Media DATA), ② NFT 메타데이터(NFT Metadata), ③ NFT 스마트콘트랙트(NFT Smart Contract) 등 3개 부분으로 돼 있다.

첫째, NFT 미디어 데이터는 디지털 이미지 원본 그 자체를 의미하고, 블록체인이 아닌 외부의 저장매체에 보관된다. 원본을 블록체인에 직접 저장하는 경우가 있기는 하나 그럴 경우 수수료가 상당히 비싸다. 이때 외부 저장매체로는 IPFS(Inter Planetary File System)와 같은 분산형 저장매체를 쓴다. 간혹 중앙집중형 저장매체를 이용하기도 하나 원본이 훼손 혹은 해킹될 위험이 있다.

둘째, NFT 메타데이터는 등기권리증 역할을 하는 것으로 NFT 미디어 데이터의 제목과 이에 대한 간략한 설명, 소유주, 작가에 대한 정보 및 원본에 저장돼 있는 곳의 인터넷 주소 등 정보가 있고 이 또한 IPFS와 같은 외부 분산 저장매체에 보관된다.

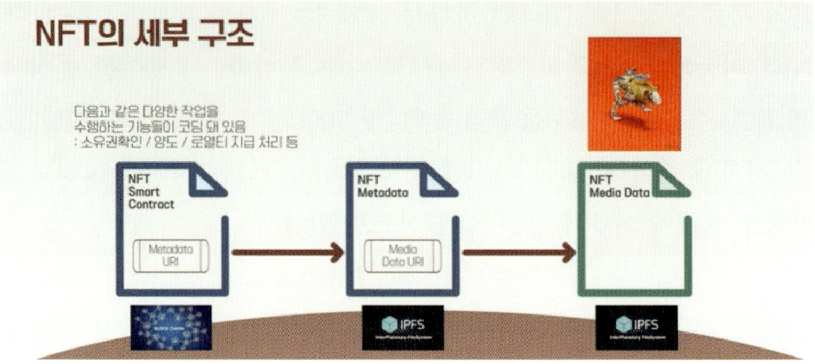

[그림17] NFT의 세부적인 구조와 그 내용(출처 : 김승주, TOP50, 98-99)
(참조 : https://www.youtube.com/watch?v=r58S9TkkLPw&t=1203s)

마지막으로 NFT 스마트콘트랙트는 NFT 소유권 확인, 개인 간의 NFT 소유권 양도, 로열티 지급 등의 기능 및 메타데이터가 보관돼 있는 곳의 인터넷 주소가 코딩 돼 있는 컴퓨터 프로그램으로 블록체인에 직접 저장된다. 특히 원작자는 스마트콘트랙트에 처음 기록할 당시 로열티(보통 10%) 지급 기능으로 인해 원작품이 되 팔릴 때마다 로열티를 받을 수 있다.

NFT 아트의 두 번째 공통점은 블록체인 기술 기반에 근거해 만들어졌다는 것이다. 블록체인 기술 기반의 특성은 앞서 언급한 바대로 4가지다. 탈중앙화, 불변성, 투명성, 가용성이다.

일반적으로 많이 애용되고 있는 NFT 아트로는 PFP(Profile Picture)이다. 사회연결망서비스(SNS)에서 프로필 사진으로 사용되고 있다. 대표적인 예로는 라바랩스의 크립토펑크[그림18]이다. 크립토펑크는 가로 24픽셀, 세로 24픽셀의 픽셀아트 이미지이다.

[그림18] 크립토 펑크 (출처 : https://namu.wiki/w/%ED%81%AC%EB%A6%BD%ED%86%A0%ED%8E%91%ED%81%AC)

이보다 더 잘 알려진 것으로는 유가랩스의 '지루한 원숭이들의 요트클럽'(Bored Ape Yacht Club)이다. BAYC[그림19]를 기반으로 각종 굿즈와 게임, 코인 발매 등 사업들이 이어지고, 실제로 선상 초호화 파티를 열기도 하는 특정 계층의 소비문화로 자리 잡고 있다.

[그림19] 지루한 원숭이들의 요트클럽(Bored Ape Yacht Club)
(출처 : http://wiki.hash.kr/index.php/BAYC)

3) NFT 아트의 특징

이와 같은 NFT 아트의 특징으로는 어떤 것이 있을까? 그것은 블록체인 기반 기술의 특성을 바탕으로 다음과 같이 정리할 수 있다.

(1) 유일무이함

'대체불가토큰'(NFT)이라는 말에서도 확인할 수 있듯이 NFT 아트의 첫 번째 특징은 세상에서 하나밖에 없다는 '유일성'이라는 특징이 있다. NFT는 부동산등기권리증과 같이 '디지털등기권리증'이라고도 할 수 있기 때문이다.

(2) 복사나 위·변조의 불가능

NFT 아트는 디지털 가상자산으로 블록체인 기술을 적용하고 있기 때문에 '복사나 위·변조, 무한 복제가 불가능'하다.

(3) 원본과 소유자 확인 가능

부동산등기권리증에는 그 건물의 소유자가 누구인지 상세설명에 구체적으로 기록돼 있다. 이와 같이 NFT 아트에도 그 작품의 소유자가 누구인지, 그 작품이 진품인지의 여부를 확인할 수 있는 정보가 그 안에 기록돼 있다. NFT 아트 이전에 있었던 온라인상의 디지털 작품들은 수많은 복사본이 있고, 그것들은 거의 같아 보이기 때문에 어느 것이 진품이고 가품인지, 어느 것이 원본이고, 어느 것이 누구의 소유인지 구별할 수 없었다. 그러나 NFT 아트는 이런 것에 대한 구별이 가능하다. NFT는 가상세계 안에서 '이것은 당신의 것이다'라는 '소유권을 인정하고 확인'시켜 주는 기술이다.

(4) 정품인증서

NFT 아트의 세부 구조는 NFT 미디어 데이터, NFT 메타데이터, NFT 스마트콘트랙트 3개 부분으로 돼 있다. 여기에는 원작자의 이름과 작품명, 작품 스토리, 작품의 판매이력, 작품이 보관된 주소 등이 기록돼 있어서 그것이 '유일의 정품인 것을 인증'해 준다.

(5) 대중화

전통적인 예술과 예술품의 세계는 일반인들이 진입하기에 어려움이 많다. 예술 분야의 전문성이 요구되고, 이름 있는 갤러리의 전시경력이 요구된다. 지금까지는 제도권의 규율과 엄격한 심사과정이나 관습 등을 통과해야만 했다. 해서 예술은 전문가들이나 특권층의 독점영역이라고 해도 과언이 아니었다. 아티스트(Artist), 갤러리스트(Gallerist), 오디언스(Audience) 등이 대부분 특정인들이었다. 그들의 전문 혹은 독점영역이었다.

그러나 NFT 아트 세계에는 누구나 진입할 수 있다. 사람에게는 누구에게나 나름의 예술성이 있다. 누구나 자신이 원하는 그림을 그려 사람들에게 알릴 수 있게 됐다. 새로운 세상이 열린 것이다. NFT는 예술의 장을 넓혀주고 예술의 다변화, 다양화, 다양성이 가능하도록 한 것이라고 볼 수 있다. 이렇게 NFT 기술은 예술 분야의 높은 문턱을 낮춰 놓았다.

그동안 전문가들에 의해 작품들이 평가되고 어느 정도의 경제력이 있는 사람들에 의해 구매됐다. 전문가나 일부 부유층의 전유물로 인식되던 예술품들이 이제는 날개를 달고 누구에게나 날아갈 수 있게 됐다. 과거에는 특정 전시공간에서만 전시됐으나 이제는 온라인 공간에서 보여주고 있다. 누구나 세계 최고 예술가들의 그림을 감상할 수 있게 됐다. 소유권이나 사용권은 제한돼 있으나 '감상권은 누구에게나 열려' 있다.

(6) 로얄티

전통적인 미술시장에서는 작품이 한 번 팔리면 원작자에게는 더 이상의 수익이 없었다. 그러나 NFT 아트에서는 스마트콘트랙트에 의해 작품이 되 팔릴 때마다 기본적으로 작품가의 10%의 수익이 '로열티'로 원작자에게 돌아가게 했다. 그렇게 해서 작가들이 작품에만 열중할 수 있도록 하는 환경이 만들어진 것이다.

(7) 새로운 예술 장르

NFT 아트에 대한 전문가들의 평가가 갈라진다. 온라인 기반의 예술이 아직은 비주류로 취급되는 경향이 있다. 그러나 상당수 예술인들은 NFT 아트야말로 '예술의 새로운 장르'라는 평가를 내리고 있다.

(8) 소통의 확대

NFT 아트로 인해 이제는 세계 어느 곳에서도 인터넷 공간만 열리면 세계적인 거장들의 미술품을 누구나 감상할 수 있게 됐다. NFT 아트에는 작품에 대한 설명, 스토리, 작품의 세계관, 작품의 화법 등 그 그림에 관한 거의 모든 내용이 다 담겨 있다. 심지어 작품의 제작과정, 때로는 영상으로 제작된 작품들을 통해 '대중들은 작가와 소통 공간'을 좁히고 있다.

(9) 예술의 민주화

역사적으로 인간의 의식과 가치관은 변화되고 발전돼 왔다. 경제와 과학기술의 발전을 이뤄왔고 정치도 고상한 민주주의로 향상돼왔다. 정치와 세상을 바라보는 시민들의 정치의식이 점점 높아져 왔다. 그리고 이제는 문화 및 예술 분야에 대한 대중들의 발전된 의식이다. 예술을 바라보는 시민들의 문화 및 가치관의 의식도 높아졌다. NFT 기술과 NFT 아트는 '예술 분야의 대중화 및 민주화에 크게 기여'한 것이다.

(10) 희소성

블록체인 기술이 적용된 NFT 작품은 세상에서 유일무이한 정품인 것을 인증 받을 수 있어서 '희소성의 가치'가 있다. 지금 NFT에 거품이 끼어있을 수는 있으나 세상에 단 하나밖에 없다는 희소성의 가치는 사라질 수 없다. '모나리자' 그림은 인터넷 공간 어디에서도 볼 수 있으나 루브르 박물관에 있는 그 그림은 세상에 단 하나밖에 없는 것과 같은 이치다. NFT의 희소성의 가치를 근본적으로 받쳐주는 것은 블록체인 기술이다. 이렇게 NFT 아트는 이미지를 가진 데이터의 형태이면서 유일무이한 자산의 가치를 가지기 때문에 새로운 장르의 예술품으로써의 가치가 매우 높다.

4) NFT 아트의 다양한 플랫폼

(1) 국내외 주요 NFT 플랫폼(마켓플레이스)

[표3]에서 볼 수 있는 대로 국내 NFT플랫폼(마켓플레이스)으로는 카카오에서 만든 클립드롭스, 효성계열사인 갤럭시아메타버스가 만든 메타갤럭시아, 삼성에서 만든 에덴루프, 블록체인 전문기업인 코인플러그가 만든 메타파이, NFT전문 스타트 업으로 출발한 미르니가 있다.

해외 NFT-플랫폼	국내 NFT-플랫폼
오픈씨(opensea) : https://opensea.io/	클립드롭스(Kiipdrops) : https://klipdrops.com/
슈퍼레어(SuperRare) : https://superrare.com/	메타갤럭시아(Metagalaxia) : https://metagalaxia.com/
라리블(Rarible) : https://rarible.com/	에덴루프(Edenloop) : https://edenloop.net/
니프트게이트웨이(Niftygateway) : https://niftygateway.com/	메타파이(Metapie) : https://metapie.io/
파운데이션(Foundation) : https://foundation.app/	미르니(Mirny) : https://www.mirny.io/

[표3] 국내외 주요 NFT플랫폼 5개

(2) 특성화된 플랫폼

[표4]에서 보듯이 NFT의 플랫폼들은 저마다 나름의 특화된 내용들이 있다. 오픈씨는 세계 최대 규모 NFT 마켓플레이스로써 누구나 발매(민팅) 및 판매(리스팅)이 가능하다. 심사나 검증이 없다. 슈퍼레어와 니프트게이트웨이는 심사기준이 까다롭다. 그러나 라리블은 자체 심사기준이 없고 메타마스크와 연동 돼 있다. 나머지 플렛폼들의 특징은 표에서 보는 바와 같다.

특성화된 국내외 NFT 플랫폼들	
해외 NFT-플랫폼	**국내 NFT-플랫폼**
오픈씨(opensea) : https://opensea.io/ 특성 : 세계최대 규모 NFT거래소, 누구나 발매, 판매가능(심사, 검증 없음)	**클립드롭스(Kiipdrops)** : https://klipdrops.com/ 특성 : 회화, 조각, 미디어 아트 등 다양한 분야의 대표작가들의 작품 소개하는 큐레이션 갤러리
슈퍼레어(SuperRare) : https://superrare.com/ 특성 : 지원 후 내부심사 통과해야, 양질의 작가와 작품 전시, 거래량 세계5위	**메타갤럭시아(Metagalaxia)** : https://metagalaxia.com/ 특성 : 큐레이션 기반 NFT마켓 플랫폼, 미술품과 디지털 아트를 넘어 스포츠, 엔터, 럭셔리 등 다양한 분야 작품
라리블(Rarible) : https://rarible.com/ 특성 : 분산 NFT 마켓플레이스이자 디지털 예술가와 수용자를 연결하는 민팅 플랫폼	**에덴루프(Edenloop)** : https://edenloop.net/ 특성 : 3D기술의 NFT구현, 패션 아이템의 NFT로 M-커머스(가상과 현실세계의 연결)를 실현
니프트게이트웨이(Niftygateway) : https://niftygateway.com/ 특성 : 슈퍼레어처럼 내부심사, 양질의 작품과 작가	**메타파이(Metapie)** : https://metapie.io/ 특성 : 누구나 가질 수 있는 그림 작품, 사진 한 장을 NFT 파일로 민팅, 일상 속 특이함을 NFT로 표현하게 함
파운데이션(Foundation) : https://foundation.app/ 특성 : 창작자 초대기반의 플랫폼, 24시간 경매방식, 창작자는 초대필요, 수집가는 24시간 자유롭게 플랫폼 방문, 경매에 참여 가능	**미르니(Mirny)** : https://www.mirny.io/ 특성 : 수수료 0% NFT거래소, 신규조각투자상품, 우량 NFT의 조각지분, 클레이로 거래, 더 샌드박스와 업무협약

[표4] 특성화된 국내외 NFT 플랫폼들 (참조 : 김일동, NFT는 처음입니다. p.163-172)

3. NFT 아트의 가치

그렇다면 NFT 아트의 가치는 무엇이고 근본적으로 그 가치는 어디에 있는가? NFT 아트의 1차적이고 표면적인 가치는 '경제적'인 것이다. 이 가치를 근본적으로 받쳐주는 것은 블록체인 기반의 '기술적 가치'이다. 경제적-기술적 가치로 인해 예술적-사회적 가치가 파생되며, 결과적으로 인문학적 가치를 성찰하게 한다.

1) 경제적 가치

세계 최초의 NFT 아트 작품은 뉴욕 대학교 아티스트 케빈 맥코이(Kevin McCoy) 교수가 2014년에 제작한 '퀀텀(Quantum, 표 81번)'이다[그림20].

[그림20] 퀀텀Quantum, #81 (출처 : https://opensea.io/assets?search[query]=Quantum%20%23%2081%20by%20Kevin%20McCoy)

동영상으로 제작됐으며 여러 색상과 다양한 디자인으로 움직인다. 그 이후 수많은 NFT 작품들이 제작되고 고액으로 판매됐다. 블록체인 투데이(blockchaintoday)에는 글로벌 NFT 주요 판매 작 100개를 소개해 놓았다(참조 1, 2).

최고가($69,300,000)로 거래된 비플(Beeple)의 '첫 5000일'(THE First 5000days), 최저가($800,000)로 판매된 미랜더스(Mirandus)의 '태양의 성채'(Citadel of the Sun)가 있다. 도대체 NFT 아트의 가치가 어디에 있고, 무엇이기에 주요 100선 중 최하의 가격이 약 9억 6,000만 원이나 되는가?(참조1 : https://www.blockchaintoday.co.kr/news/articleView.

html?idxno=21580)(참조2 : https://www.blockchaintoday.co.kr/news/articleView.html?idxno=21584)

그래서 그런지 NFT시장 규모는 어마어마하다. 라인의 블록체인 전문 자회사 라인테크플러스는 전 세계 대체불가능한토큰(NFT) 시장의 규모가 지난해 20조원에서 2025년 230조원 규모로 성장할 것이라고 전망했다(출처 : https://biz.chosun.com/it-science/ict/2022/01/20/5SOKRUUAGVASDIPM2OH47GNMEI/).

그러나 지난 3월 21일자 동아일보 인터넷 판 신문에서는 스태티스타 제퍼리 투자은행의 자료를 근거로 2025년 글로벌 NFT 시장 규모를 800억 원으로 추산했다(출처 : https://www.donga.com/news/It/article/all/20220320/112440958/1).

시장 규모의 예상 치에 이렇게 큰 차이가 나도록 하락하게 된 것은 아마도 NFT 시장의 거품이 가라앉고 시장조정기에 들어가면서 좀 더 냉철하게 분석한 결과일 것이다. 그럼에도 불구하고 NFT 작품들의 실제적인 거래가격이나 전문가들의 시장규모 액을 그렇게 전망한 것은 NFT 아트에는 경제적인 가치가 있다는 것을 분명하게 보여주는 지표이다.

2) 기술적 가치

NFT 작품에 경제적인 가치가 생기는 근본 이유가 무엇일까? 거기에는 IT기술, 즉 블록체인 기술 기반이 적용돼 만들어지기 때문이다. NFT 작품들이 고가로 매겨지는 근본적인 근거이다. 레오나르도 다빈치의 '모나리자' [표5]를 예로 들어 보자.

	모나리자-NFT 아트	모나리자-복사품
작품 이미지	누구나 복사하고 소유할 수 있음	누구나 복사하고 소유할 수 있음
작품 소유권	창작자나 구매자만 소유 가능	소유의 의미 없음
원본	원본임을 입증할 수 있음	원본입증의 의미 없음
인증서	세상 유일의 원본임을 인증하는 인증서 있음	원본인증서 없음
진위여부	진품-가품을 증명할 수 있음	진품-가품의 증명 의미 없음
불변성	블록체인상에 있는 NFT는 조작하거나 임의로 변경 불가	얼마든지 변경 조작가능

희소성	세상 유일의 작품으로 희소성의 가치가 있음	희소성의 가치 없음
경제적 가치	경제적 가치가 있어 판매 및 구매 가능	판매나 구매의 의미 없음
대체불가	다른 어떤 작품과 대체나 교환이 불가 (NFT 작품은 하나하나의 가치가 다름)	다른 것과 얼마든지 교환, 대체 가능
세부구조	NFT작품에는 다음의 3구조로 돼 있음. ① NFT 미디어 데이터(NFT Media DATA)=이미지, ②NFT 메타데이터(NFT Metadata)=창작자, 소유주 정보 ③NFT 스마트콘트랙트(NFT Smart Contract)=거래규약	없음
주소	메타 미디어 데이터와 메타데이터는 IPFS(InterPlanetary File System)주소에 저장됨(이는 파일을 분산 저장하는 탈 중앙화기술)	이런 주소와 상관없음
영구성	블록체인에 기록된 NFT는 영구보존	언제든지 폐기-소멸가능
로얄티	NFT작품이 재판매될 때마다 10% 로얄티가 원작자에게 돌아감	없음

[표5] 모나리자 NFT와 모나리자 복사 품과의 특성 비교

세계 유일의 '모나리자' 그림은 인터넷상에서 얼마든지 볼 수 있다. 아마도 수천, 수십 억장의 복사 품이 있을 것이다. 그 복사 품들이 겉으로 보기에는 큰 차이가 없다. 그런데 루브르 박물관에서 모나리자 원작으로 단 한 장의 NFT 아트(이미지)를 만든다면 이것과 나머지 수십 억장의 복사 품과는 어떻게 구별될까? 나머지들과 완전 달라 이 세상에서 단 하나뿐인 유일한 모나리자 NFT 아트가 될 것이다. 그 가치 차이가 어떤 것일지 [표5]를 통해 확인해 볼 수 있다.

3) 예술적 가치

NFT 아트의 경제적·기술적 가치를 넘어 그것의 예술적 가치는 무엇일까? 1917년 프랑스의 예술가 마르쉘 뒤샹(Marcet Duchamp)의 '샘'[그림21]이 예술 작품을 바라보는 관점을 완전히 바꿔놓았듯이 블록체인 기반의 NFT 아트는 예술의 새로운 장르, 새로운 세계를 완전 새롭게 열어줬다. 미디어 아티스트인 김일동 작가는 자신의 책, 「NFT는 처음입니다」(pp.11-12)에

서 NFT에 가치를 매기는 것은 그 작품의 의미를 바라보는 인간의 인식이라고 했다. 김 작가는 NFT 작품에 가치가 매겨지는 두 가지 중요한 요소를 언급했다. 하나는 블록체인 상에 표식을 새기는 IT기술이고, 또 하나는 사람들이 어떤 의미를 담아 NFT 작품을 바라보는가 하는 그 사람의 인식에 좌우된다는 것이다.

뒤샹의 변기는 관점을 바꾸면 무엇이든 예술이 될 수 있다는 사람들의 인식을 바꿔 '개념미술'의 새로운 장르를 탄생시키는 변곡점이 됐다. 이처럼 NFT는 예술을 바라보는 사람들의 인식에 새로운 대전환점이 됐다. 그렇다면 NFT 아트의 예술적 가치는 어디에 있는가? 김일동 작가는 NFT 아트가 예술품으로써의 가치를 갖는 3가지 중요한 요소를 언급했는데 '고유성, 공감성, 레어성'이다(김일동, 「NFT는 처음입니다」, pp.68-93참조).

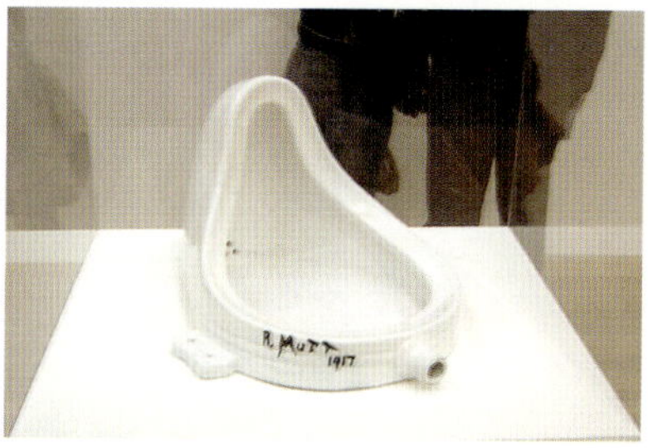

[그림21] 마르쉘 뒤샹의 '샘'(출처 : 나무위키 https://namu.wiki/w/%EC%83%98(%EB%A7%88%EB%A5%B4%EC%85%80%20%EB%92%A4%EC%83%B9)

(1) 고유성

뒤샹은 어디에서나 구할 수 있는 남성용 소변기를 가져다 놓고 거기에 '샘(fountain)'이라는 작품명[그림21]을 적었다. 그리고 'R. 머트Mutt 1917'이라는 거짓 서명을 해 그의 고유한 작품이 되게 했다. 이 작품은 82년이 지난 1999년에 뉴욕 소더비 경매에서 1,700만 달러(약 200억 원)에 낙찰됐다. 왜 이 작품이 그렇게 비싼 가격으로 팔렸을까?

거기에는 개념미술이라는 미술사적 가치가 담겨서 그 작품의 '고유성 혹은 특별성'을 갖게 했기 때문이다. 이 작품이 처음 전시된 1917년 4월 미국 뉴욕 그랜드 센트럴 팰리스 전시회에서는 회원들로부터 '이게 무슨 예술이야'라는 악평과 조롱을 받았다. 그러나 세월이 흘러 엄청난 고가의 작품으로 팔렸다. 그동안 무슨 일이 있었던 것일까? 그것은 예술품을 바라보는 사람들의 시선 혹은 인식에 변화가 생기게 된 것이다. 예술품을 바라보는 관점이나 가치관이 바뀐 것이다.

뒤샹이 그의 작품 '샘'에 'R.Mutt, 1917'라 표식 한 것처럼 NFT 아트에는 그 이상의 확실한 표식을 블록체인에 할 수 있게 됐다. 그리해 NFT는 그 작품을 세상에 단 하나밖에 없는 유일의 작품, 고유한 작품이 되게 한 것이다. 이 세상 그 누구나 어떤 작품(그림, 사진, 동영상, 텍스트, 졸업증서, 신분증 등등)이든 거기에 NFT로 세상의 유일한 작품이 되게 할 수 있다.

(2) 공감성

예술품 가치의 또 하나의 중요성은 대중들로부터 나오는 호응이 있는 '공감성'이다. 김일동 작가는 공감적 요소로 네 가지를 언급한다. 첫째는 권위로부터 나오는 공신력, 둘째는 마니아적 공감대, 셋째는 유명 브랜드와의 콜라보레이션, 마지막 넷째는 시대적 변화이다.

공신력은 소더비[그림22]나 크리스티 같은 검증된 경매소, 권위 있는 미술관과 갤러리, 유명 언론매체와 저널들, 영향력 있는 평론가들을 통해 인정받을 때에 미술품의 가치는 상승된다는 점이다. 아무리 권위 있는 기관이나 사람들부터 인정받는다 하더라도 그 작품을 좋아하는 사람들이 없거나 그 수가 적으면 예술품의 가치는 떨어진다. 즉 마니아층의 형성이 매우 중요하다. 뿐만 아니라 작가들이 국내외 유명 브랜드와 콜라보레이션이 일어날 때에 작품의 가치는 고가로 치솟는다. 마지막으로 중요한 것은 시대의 변화, 즉 사람들의 인식의 변화이다.

[그림22] 소더비

(출처 : https://ko.wikipedia.org/wiki/%EC%86%8C%EB%8D%94%EB%B9%84%EC%8A%A4)

뒤샹의 작품도 그러하지만 반 고흐(Vincent Willem van Gogh, 1853-1890)의 작품[그림23]도 그 당대에는 좋은 평가를 받지 못했다. 그의 작품은 잘 팔리지 않았고 그는 가난하게 살았다. 그러나 그가 죽은 지 거의 100년이 지난 미국 뉴욕 소더비 경매[그림22]에서 5,390만 달러에 팔렸다.

[그림23] 반고흐의 별이 빛나는 밤 (출처 : https://ko.wikipedia.org/wiki/%EB%B3%84%EC%9D%B4_%EB%B9%9B%EB%82%98%EB%8A%94_%EB%B0%A4)

왜 그렇게 됐을까? 그동안 사람들의 인식과 관점이 변화됐기 때문에 그로 인해 대중의 공감도가 형성됐기 때문이다. 지금 NFT 아트는 대중의 공감을 얻을 수 있게 됐다. 이전 시대에는 예술품과 예술 세계에 진입하기에는 장벽이 매우 높았다. 까다로운 심사과정이나 기준을 통과해야 권위 있는 미술관이나 전시회에 참가할 수 있었고 전문가들에 의해서 주로 평가됐다. 그러나 이제는 인터넷 공간만 열리면 세계 어디에서나 세계적으로 유명한 어떤 작품이든 감상할 수 있게 됐다. 뿐만 아니라 내가 만든 작품을 NFT로 만들어 가상 갤러리에 올릴 수도 있게 됐다. 그만큼 블록체인 기반 기술의 NFT는 대중화에 크게 기여했고 대중적인 인지도나 공감대를 크게 넓힐 수 있게 됐다.

(3) 레어성

고흐가 살아있을 때, 그의 작품에는 '고유성(특별성)' 밖에 없었다. 고흐는 생활고를 견디어가며 그리는 그의 상황이나 깊은 고뇌, 고통 속에 귀를 자른 일화, 그의 독특한 붓 터치와 그림 형식 그리고 그의 색채 등은 세상에 하나밖에 없는 고유한 작품이 되게 했다. 그러나 그의 탁월한 작품이 그 당시에는 외면 받았다. 심지어 폴 세잔은 그의 그림을 두고 '미치광이의 그림'이라고

까지 혹평했다. 세잔도 '과거'의 그림을 참조하면서 자신만의 '차이' 나는 작품을 만들었는데, 대표적인 것이 '유혹녀 포즈'이다(전영백, 세잔의 사과, 121).

그러나 고흐가 죽고 난 후 대중의 엄청난 지지와 공감이 있었다. 그림에 대한 사람들의 인식 혹은 관점의 변화가 생겼기 때문이다. 그 시대에는 사진처럼 사실적인 그림을 높게 평가했다. 고흐의 그림처럼 작가 자신의 내면적인 감정이나 생각을 화판에 표현하는 그림은 주목받지 못했다. 그러나 사진기술이 발달하면서 사실적으로 그리는 그림은 가치나 별 의미가 없게 됐다. 작가 내면의 감정이나 사상을 담는 인상주의 그림이 대중적인 공감 혹은 인기를 얻게 됐다.

그렇다면 '레어성'은 무엇일까? 레어성은 김일동 작가 자신이 만든 용어이다. '레어(rare)'는 사전적으로 '드문', '보기 힘든', '진기한', '희귀한'의 뜻이 있다. '성(性)'은 사물의 고유한 특성을 말한다. [그림24]에서 보듯이 예술 작품의 고유성과 대중적 공감 사이에서 발생하는 독특한 성질을 '레어성'이라고 말한다.

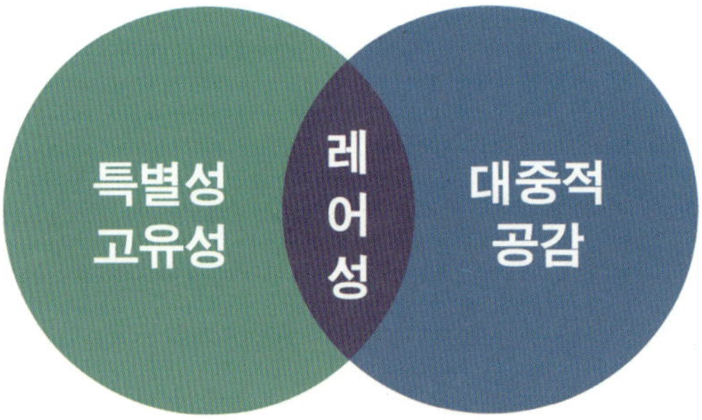

[그림24] 레어성(출처 : 김일동, NFT는 처음입니다. p.79)

작가 작품의 고유성이 탁월하고 대중적 공감대가 넓으면 넓을수록 레어성은 더욱더 커진다. 예컨대 비플의 작품 '첫 5,000일'을 비롯해 NFT의 주요한 작품들은(크립토펑크 #5822, 크립토펑크 #7523, 크립토키티 등) 모두 이러한 세 요소를 모두 갖췄다고 볼 수 있다. 핵심은 작품의 고유성과 더불어 '대중의 공감'이다. 공감이라는 것은 콘텐츠의 보편성이나 새로운 장르로써의 가치를 갖는 것이다.

4) 사회적 가치

NFT의 '사회적 가치' 또한 무시할 수 없다. '사회적 가치'란 무슨 말인지 부터 그 개념을 설명하는 것이 좋을 것이다. 이 말뜻은 기본적으로 광범위하다. '사회적'이라는 말이 아주 넓기 때문이다. 여기에서 언급되는 NFT의 '사회적 가치'의 의미는 크게 두 방향이다. 첫째는 NFT가 사회적으로 기여할 수 있는 '공헌'으로써의 의미이다. 또 하나는 어느 특정 NFT를 함께 소지하는 사람들만이 가지는 '멤버십'(membership)으로써의 표지이다. 이 두 방향에서 NFT는 어떤 의미와 가치가 있는지를 알아보자.

(1) 사회적 '공헌'의 가치

먼저, NFT가 사회적으로 어떤 기여를 할 수 있을까? 물론 NFT가 스스로 어떤 공헌을 할 수 있는 것은 아니다. 사람들이 사회적으로 뭔가 의미 있는 일을 하려고 할 때에 NFT를 효과적으로 활용할 수 있다는 뜻이다.

예를 들면 이런 이야기이다. NFTSTAR는 축구선수 손흥민의 NFT 컬렉션 '메타 손흥민'을 출시했고, 5월 4일부터 NFTSTAR 홈페이지에서 판매하고, 퍼블릭 세일은 2022년 5월 5일 오후 9시부터 '오픈씨(OpenSea)'를 통해 개당 0.09이더리움(ETH)에 판매했다(참조1: www.sisamagazine.co.kr)(참조2: https://www.nftstar.com/star/buy-son-football-nft-art-collection/collections).

싱가포르 기반의 NFT 기획운영사 NFT스타가 손흥민 소속 구단인 토트넘으로부터 NFT 발행 권한을 확보했고, NFT 스타는 손흥민 NFT를 한국에서 유통할 협력사로 퍼블리시를 낙점했다고 한다. 퍼블리시는 NFT스타에 세 가지를 제안했다. 첫째 가격, 둘째 기부, 셋째는 전통 미디어다(참조 : https://biz.chosun.com/industry/company/2022/04/10/BNUEXDC7FFALPOKUA7YUFDE2QQ/).

퍼블리시는 NFT에 익숙하지 않거나 일종의 거품이라고 생각하는 사람들에게 사회적인 기부 행위와 연결하면, 더 좋은 결과가 있을 것이라고 조언했다는 것이다. 이렇게 NFT는 사회적 공헌으로서의 기부의 가치로 활용할 수 있다.

이더리움 블록체인 시스템을 창업한 비탈릭 부테린(Vitalik Buterin)은 다음과 같은 주장을 했다. "NFT가 지금과 같은 초기 상황에서는 예술품이나 수집품 경매, 스포츠 관련 상품의 수단으로 활용되고 있지만, NFT 시장이 발전할수록 사회적 기능으로 발전할 것이다"라고 전망했다.

그는 이렇게도 언급했다. "NFT가 일런 머스크 같은 부유한 사람들에게 더 많은 돈을 벌어주게 하는 차원에서는 큰 의미가 없지만 자선 단체 및 공공자금 조달과 같은 사회 및 지구적 차원의 이익을 위한 목적으로 사용될 때 비로소 그 가치와 의미가 있을 것이다. 즉 NFT는 전 세계적 빈곤이나 기후 문제, 과학연구, 예술 창작, 지역 저널리즘 등 거대 담론 문제 해결에 기여할 수 있도록 활용할 수 있을 것이다"라고.

[그림25] 크립토펑크(출처 : https://opensea.io/assets?search[query]=CryptoPunks)

(2) 커뮤니티의 '멤버십' 가치

NFT의 또 하나의 사회적 가치는 어느 특정 NFT를 소지한 사람들이 그들만이 함께 가질 수 있는 '멤버십'(membership)으로써의 표식이다. 특정 NFT를 보유하고 있으면 그들만의 그룹, 멤버십, 커뮤니티에 참여할 수 있는 권한이 있다. 희소하고 초기에 나온 NFT 보유자들은 디지털 세상에서의 신분 상승의 의미를 갖게 됐다.

대표적인 예로 크립토펑크(CryptoPunk, 그림26), 지루한 원숭이들의 요트클럽(BAYC, 그림27) 등이 있다. 크립토 펑크(CryptoPunks)는 이더리움(ETH) 블록체인에서 처음으로 탄생한

NFT이다. 캐나다 출신 개발자, 매트 홀과 존 왓킨슨이 미국에서 설립한 라바 랩스(BAYC를 제작한 유가랩스가 크립토펑크를 인수함)가 만들었다. 세상에서 가장 비싼 NFT 중 하나이다.

[그림26] BAYC (출처 : https://opensea.io/collection/boredapeyachtclub)

크립토펑크의 24×24 픽셀의 조금은 유치해 보이는 이미지의 유인원, 좀비, 외계인과 같이 기괴한 캐릭터들의 모든 소유권은 이더리움 블록체인에 기록된다. 그런데 왜 크립토펑크가 그렇게 비싸게 팔렸을까? 거기에는 3가지 중요한 요소가 있기 때문이다. 첫째는 크립토펑크가 최초의 NFT내러티브를 가졌다는 점, 둘째는 희소성, 셋째는 커뮤니티 내의 화폐로써의 역할이다. NFT는 제한된 수량으로서 희소성의 가치가 있지만 이것을 구매한 자는 획기적이고 플렉스한 멤버십도 동시에 갖게 된다. 크립토펑크는 트위터, 오픈씨, 라레이블 등에서는 프로필 아트(PFP)로도 사용되고 있다.

(참조 : https://www.ceopartners.co.kr/news/articleView.html?idxno=12698)

2021년 4월 출시된 지루한 원숭이들의 요트클럽(BAYC)은 원숭이 아바타가 그려진 1만 개의 NFT 컬렉션이다. 크립토펑크가 NFT 및 PFP의 '원조'라고 한다면, BAYC는 가장 흥행한 NFT로 언급할 수 있다. 전문가들은 NFT를 커뮤니티의 멤버십 표식으로 사용할 때, '찐팬' 회원권으로 사용할 필요가 있다고 조언한다.

브랜드 마케팅에서 즉 기업에서 NFT는 어떻게 활용해야 할까? 한양대학교 이장우 교수는 이렇게 말한다. "NFT 커뮤니티는 크게 두 가지 형태로 등장하고 있다. 2021년 디지털 아트나, PFP, 콜렉터블 NFT들은 '투자 커뮤니티'의 성격이 강했다. NFT를 보유하고 있는 컬렉터들은 작가와의 이익공동체가 돼 자산의 성격인 NFT의 가치를 올리기 위해 공동체 의식을 발휘하며 커뮤니티를 키웠다. 하지만 기업이 브랜드 마케팅으로 NFT를 풀어갈 때 집중해야 할 커뮤니티는 '팬덤 커뮤니티'이다. 팬덤 커뮤니티에서는 NFT를 투자자산으로 보는 것이 아니라 말 그대로 NFT를 발행한 제품, 회사, 사람에 대한 팬덤의 성격이 강하다"는 것이다.

그는 계속해서 이렇게 주장한다. "NFT에 멤버십으로의 기능을 담으면서 특별한 혜택을 주는 것이다. NFT 소유자는 해당 제품이나 서비스의 특별한 가치를 경험하게 되고 그러면서 브랜드에 대한 로열티가 상승할 것이다. 그 특별한 경험의 크기에 따라 NFT는 투자자산으로의 가치 또한 형성될 수 있다. 그렇게 된다면 NFT 가치의 선순환 고리가 만들어 질 것이다"라고 말이다(참조 : 이장우, NFT 전문가가 짚어주는 NFT 가치, ㈜업루트컴퍼니, CEO & 한양대 겸임교수, https://magazine.cheil.com/50660).

NFT와 커뮤니티의 관계는 어떠할까? 한재선 그라운드X 대표는 NFT의 가치는 커뮤니티가 만들어내기 때문에 커뮤니티의 중요성을 강조한다. 그는 NFT가 크리에이터와 팬의 관계를 완전히 바꿨다며 커뮤니티의 역할이 그만큼 중요해졌다는 것이다. 그는 "NFT 작품을 보유하는 순간부터 크리에이터의 팬이 된다"라며 "크리에이터의 성장이 작품의 가치와 직결되기 때문에 단순한 팬에서 이익공동체가 된다"라고 말했다. NFT 보유자, 크리에이터, 커뮤니티의 선순환 관계가 형성되는 것이다(참조 : 이성우 기자, https://www.techm.kr/news/articleView.html?idxno=92472).

권성민 퍼블리시 대표는 훈민정음 NFT 발행에서 배운 교훈 중 한 가지만 꼽으라면 '멤버십'이라고 말했다. NFT는 디지털 저작물의 유일의 소유권자임을 증명하기도 하지만 어느 특정 커뮤니티의 회원임을 증명해 주기도 한다(참조 : https://biz.chosun.com/industry/company/2022/04/10/BNUEXDC7FFALPOKUA7YUFDE2QQ/).

5) 인문학적 가치

메타버스 및 NFT에는 세계관이 있어야 하고, 그 중심에는 스토리텔링이 있다. 현대자동차는 업계 최초 커뮤니티를 기반으로 하는 NFT 세계관인 '메타모빌리티 유니버스(Metamobility Universe)'를 소개하는 영상을 18일 공개했다. 불과 54초 분량의 영상인데 게임 속에 살고 있던 메타콩즈가 포니를 만나 유저들을 새로운 세계 즉 'Metamobility universe'로 안내한다는 스토리이다. 짤막한 영상이나 거기에 메타버스의 스토리가 있다(참조 : https://www.youtube.com/watch?v=sQBSp0wqQyc).

현대자동차와 콜라보한 메타콩즈[그림27]에도 다음 4가지 주제의 세계관 스토리가 있다.

① 휴일마다 서커스 장에 모이는 사람들

② 진짜로 그런 곳이 있다고?

③ 가운 차림의 고글 쓴 고릴라를 본 적 있나요?

④ 서커스 장을 띄우는 데 소시지가 필요할까요? 그럼 바나나는요?

[그림27] 메타콩즈 (출처 : http://wiki.hash.kr/index.php/%EB%A9%94%ED%83%80%EC%BD%A9%EC%A6%88)

메타버스는 이미 전 세계적 트렌드로 자리매김했다. 메타버스와 NFT의 후발주자인 LG유플러스는 처음부터 메타버스 생태계와 NFT 세계관 확장을 염두에 뒀다. 메타버스 플랫폼에 ① U+가상오피스 ② U+키즈동물원 그리고 ③ 무너NFT 등 3가지 서비스를 제공하면서, NFT 코인(SK코인)을 발행해 하나의 가상 경제시스템을 만들겠다는 구상이다(참조 : http://m.ddaily.co.kr/m/m_article/?no=237918).

메타버스 세계관 작가들은 하나의 메타버스 플랫폼 세계가 그 자체로 완결된 세계로 기능할 수 있게 스토리를 만들어낸다. 이시한 교수는 메타버스 및 NFT 세계관 스토리를 창조하는 것은 '인문학적 · 기술적 · 경제적' 세 차원이 필요하다고 했다. 사람들이 모여서 커뮤니티를 형성하는 곳이니 무엇보다 인문학적인 이해가 필요하고, 아바타들의 행동들이 시스템적으로 실현 가능한지 기술적인 관점이 있어야 하며, 무엇보다 그들의 행위가 경제적 행위로 연결돼 하나의 완결된 시스템으로써 작동이 필요하다는 것이다(참조 : https://www.newspim.com/news/view/20220427000296).

김동은* 메타버스 세계관 작가는 메타버스 세계관-스토리를 설정하는데 다음과 같은 중요한 요소가 있다고 한다. 즉 설정, 월드, 물리법칙, 월드뷰 등 4단계이다.

STEP 1. 설정

설정은 스토리를 쓰기 위해 필요한 부분을 정리한 단계를 말한다. 즉 자료를 수집해 소설의 기반 설정을 만드는 것을 말한다. 슈퍼맨이 뉴욕에 등장해서 어떤 건물을 부수려면 갖춰야 할 건물 내부의 설정이 이에 해당한다.

STEP 2. 월드

월드는 특정 공간과 그 공간을 기반으로 활동하는 사람(들)을 말한다. 비밀집단일 수도 있고 혹은 국가일 수도 있다.

STEP 3. 물리법칙

메타버스는 현세와 다른 특별한 물리법칙이 있다. 그러나 나름의 통일된 기준이 필요하다. 이를테면 슈퍼히어로의 초능력이 작동한다든가, 사회에서 어떤 특별한 신분계급을 갖고 있다든지 하는 것이다.

STEP 4. 월드뷰

월드뷰는 세계를 해석하는 시각, 즉 새로운 유니버스에 메시지와 철학을 담는 단계이다. 현실 세상에 기독교적 세계관, 이슬람 세계관 등이 있다면, 가상 세계에는 스타트렉 세계관이나 반지의 제왕 세계관이 있다.

(참조: https://magazine.cheil.com/50897)

*김동은 : 현) 세계관 NFT 작가 '하얀용WhtDrgon', 'NFT 현명한 투자자' 저자
전) (주)하이브 세계관 라이브러리 파트장, <BTS WORLD> 총괄 제작 본부장

4. 인간의 관점과 가치관의 변화

1) 서양 미술사조의 큰 흐름과 변화

서양의 미술사조는 르네상스 이후 지속적으로 변화 발전돼 왔다. 인문주의 초상화, 해부학적인 바른 조각, 조화롭고 균형 잡힌 건축물 등으로 특징되는 '르네상스 예술', 사실주의와 풍부한 색채감, 화려함과 빛의 움직임을 묘사하는 '바로크 양식', 프랑스혁명(1848년) 이후 낭만주의에 대한 거부감으로 등장한 '리얼리즘'(사실주의 사조), 이후 출현하는 '인상주의' 및 '후기 인상주의' 사조들, 그다음 '상징주의'를 지나 '야수주의'와 더불어 전개되는 20세기의 '현대미술들'이 등장한다. 이를테면 '입체주의'(파블로 피카소, 조르주 브라크), '표현주의', '초현실주의'(르네 마그리트, 막스 에른스트), '추상주의'(잭슨 폴락), '팝아트'(앤디워홀), '설치미술', '키네틱아트', '광학주의' 그리고 지금 이 시대의 '디지털아트'까지.

이처럼 미술사조가 시대에 따라 다르게 생기는 이유가 무엇일까? 같은 사물을 그리더라도 작가들에 따라서 그림들이 왜 다르게 표현될까? 이러한 현상을 한두 가지 요인으로 설명하기는 부족할 것이다. 그러나 한 가지 분명한 것은 화가들이 같은 대상을 보더라도 그것을 바라보는 방식이나 관점이 다르기 때문일 것이다. 사물을 어떻게 보고, 어떻게 생각하느냐에 따라 차이나게 묘사할 것이다. 즉 작가들의 가치관 및 세계관에 따라 그림은 달라진다는 뜻이다.

사실주의 그림은 사물을 있는 그대로, 자연 그대로 그렸다. 그러나 사진기술이 발전함에 따라 작가들은 사진, 그림을 따라 갈 수 없었다. 그래서 등장한 예술이 인상주의 및 후기인상주의 그림들이다. 그런 그림은 이미 반고흐[그림23]에게서 나타났고, 이후 폴 세잔의 그림에서도 잘 표현[그림28]됐다. 그들의 그림에는 대상들이 있는 그대로의 모습이 아니었다. 나무나 집, 산이나 하늘의 별들이 변형되어 휘어지거나 뒤틀어져 있다. 작가들의 내면을 그림에 반영한 것이다. 특히 고흐는 자신의 복잡하고 고통스럽고 힘들었던 감정을 그림에 담은 것이다. 즉 대상을 어떻게 보느냐에 따라 그려지는 그림이 달라지는 것이기 때문에 그림이란 작가 자신의 관점이나 가치관 그리고 그의 세계관의 표현이라고 할 수 있다.

[그림28] 출처 : 전영백, 세잔의 사과, p.75 (생빅투아르산, 캔버스에 유채, 82*142, 1904-1906, 개인소장)

2) 현대미술

앞서 확인한 것처럼 현대미술로 들어오면 많은 변화가 생기는데 특히 주목할 부분은 공간 및 기술에 의한 미술사조의 변화이다. 전통 예술은 물리적으로 어느 한 공간 안에서의 활동이다. 그러나 현대 IT기술의 발달로 새로운 공간이 생겼다. 사이버 공간(cyber-space)이다. 서울 대학교 미술대학 디자인학부 권영걸 교수는 사이버 공간의 등장으로 사람들의 인식과 관점, 예술 활동의 내용이나 방향에 큰 변화가 생겼다는 것이다(권영걸, 사이버스페이스의 공간개념과 구축공간의 상관관계 고찰, 2005, https://s-space.snu.ac.kr/handle/10371/78640).

1970년대 이후 컴퓨터 아트와 미디어아트가 등장해 다양한 예술작품과 작업들이 인터넷 및 사이버 공간에서 이뤄지고 있다. 디지털 기술을 창작활동의 핵심도구로 사용하는 예술활동을 통칭해서 디지털 아트(digital art)라 부른다. 디지털 기술은 회화, 조각, 설치 등 기존 미술 작업의 방식에 큰 변화를 가져왔다(참조 : https://ko.wikipedia.org/wiki/%EB%94%94%EC%A7%80%ED%84%B8_%EC%95%84%ED%8A%B8).

특히 여기에서 주목할 것은 NFT 아트이다. 웹 3.0(web3.0)이라 불리는 새로운 인터넷 혁명의 전망에 따라 NFT 아트의 영역은 더욱 발전될 것이고 확대될 것이다. 백남준과 같은 천재 아티스트가 처음으로 미디어 아트를 선보였던 시기만 해도 디지털 아트는 전문가들의 영역이었다. 그러나 이제는 누구나 NFT 아트를 만들어 가상공간에 올릴 수 있는 시대가 됐다. 1917년

마르셀 뒤샹의 〈샘, Fountain〉이 예술 작품의 정의를 전혀 다른 관점으로 변형시켜 놓았듯이 NFT라는 기술기반이 우리 각자의 작품들을 고유하고 특별한 것으로 바꿔놓았다.

전통 미디어 아트와 NFT 아트의 차이점이 바로 이 부분이다. 나의 NFT 아트를 세상에서 단 하나 밖에 없는 유일한 작품이 되게 하는 것이다. NFT 아트는 블록체인 기술을 활용해 세상에서 유일한 원본임을 증명할 수 있게 됐다. 기본의 미디어아트에서는 무한복제가 가능해 작품의 희소성도, 작품의 원본도, 작품의 주인도 확인할 수 없었다. 이제는 그 모든 골치 아픈 문제들이 다 해결됐다. 미술만이 아니라 음악, 동영상, 텍스트 등 디지털 형태로 존재하는 모든 것은 NFT로 만들 수 있게 된 것이다.

그렇다면 NFT 아트의 가치, 그 본질적인 가치는 어디에 있을까? 앞서 언급한 대로 NFT 아트에는 경제적·기술적·예술적·사회적·인문학적 가치가 있는 것은 사실이다. 그러나 NFT 아트의 더 근본적이고 근원적인 가치는 그 작품을 바라보는 그 사람의 관점과 가치관이다. 비플의 NFT 작품이 수백억 원에 거래됐다는 것은 그만큼의 경제적·기술적·예술적·사회적·인문학적 가치가 반영됐다는 의미이다. 그렇다고 그 작품이 세상 모든 사람들에게 그만큼의 가치가 있을까? 아무리 생각해도 그렇지는 않을 것이다.

어차피 관점과 가치관은 주관적이다. 사람에 따라 생각이 다 다르고, 사람에 따라 무엇을 더 소중히 여기느냐 하는 가치관은 다르다. 김일동 작가는 NFT에 가치를 매기는 것은 그 표식에 담긴 의미를 바라보는 인간의 인식이라고 했다. 인간이 어떠한 관점으로 NFT 아트를 바라보는가에 따라 NFT 아트의 가치는 달라진다는 뜻이다. 요컨대 인간의 인식, 관점, 가치관 혹은 그의 세계관이 NFT 아트의 가치를 결정하는 것이다.

NFT 아트에 가치를 매긴다는 것은 인간 인식의 틀이나 가치관 변화에 전환점이 생겼다는 뜻이다(김일동, NFT는 처음입니다. pp.11,80, 세종서적). 반 고흐나 폴 세잔의 작품 가치는 당시 사람들에게 거부되고 조롱받았다(전영백, 현대미술의 결정적 순간들, 2019, pp.19, 37, 한길사). 가치나 의미가 없었다. 그러나 세월이 흐르고 시대가 변화하자 그 가치를 인정받았다. 왜 그럴까? 무엇이 그들의 작품을 가치 있게 만들어줬는가? 그것은 사람들의 인식, 관점, 가치관 그리고 세계관에 무슨 변화가 생겼다는 것이다. 아울러 빼놓을 수 없는 것은 현대의 기술 문명의 발달이다. 이 모든 것들이 NFT 작품들의 가치를 다르게 만들어주고 있다.

5. 4차 산업과 NFT-아트

1) 4차 산업의 핵심 키워드, 초 연결

코로나19로 인해 4차 산업혁명의 물결은 전 세계의 산업 전반에 더 빨리 스며들었다. 인공지능(AI), 로봇과 드론, NFT 등 4차 산업혁명의 핵심 기술들은 우리들의 일상으로까지 파고들고 있다.

4차 산업혁명의 핵심키워드는 '사물인터넷(IoT)'이다. 사물인터넷(Internet of Things)은 유무선 인터넷을 기반으로 모든 사물을 연결하되 사람과 사물(human to machine), 사물과 사물(machine to machine) 간에 정보를 주고받는 상호소통의 지능형 정보기술(IT) 및 서비스를 말한다. 사물인터넷은 고도의 편재성(ubiquity)과 상호연결성을 기반으로 사람이 직접 개입하지 않아도 상호 간에 다양한 정보를 주고받는다. 사람과 사물이 거대 네트워크 속에서 언제나 접속 가능하고 상호작용하는 초 연결망 또는 초 연결사회(Hyper Connected Society)이다. 따라서 핵심키워드는 '(초)연결'이다.

2) NFT 아트

NFT는 2017년경부터 시작됐지만 2021년 3월 미국 디지털 아티스트 비플(Mike Winkelmann, Beeple)의 NFT 작품 'Everydays : The First 5000 Days'[그림1]가 크리스티 경매소에서 무려 6,930만 달러에 낙찰되면서 전 세계적으로 급속히 주목을 받았다. NFT는 블록체인 기술로 컴퓨터 파일에 창작자, 구매자, 작품의 정보 등의 고유한 인식 값을 입력해 소유권과 원본임을 보증하는 디지털 권리증서(증표)이다. NFT 아트는 블록체인 기술과 연결된다. 블록체인 기반 기술과 연동돼 NFT 아트가 탄생됐다.

NFT는 [그림29]에서 보듯이 세 가지 구조로 구성돼 있다. 첫째는 미디어 데이터이다. 이것은 이미지 즉 디지털 원본 자체를 의미한다. 블록체인에도 저장될 수 있는데, 수수료가 비싸기 때문에 IPFS(InterPlanetary File System) 같은 분산형 외부저장 매체에 보관된다.

둘째는 메타데이터인데 등기권리증의 역할을 하는 것으로 NFT 미디어 데이터의 제목, 이 작품에 대한 간략한 설명, 소유주, 작가에 대한 정보 그리고 이러한 원본 데이터가 저장돼 있는 인터넷 주소 등이 기록돼 있다. 이것 또한 일반적으로 IPFS 같은 외부 분산저장 매체에 보관된다.

셋째는 NFT스마트 콘트랙트인데 소유권 확인, 개인 간의 NFT 소유권 양도, 로열티 지급 등의 기능, NFT 메타데이터가 보관돼 있는 곳의 인터넷 주소 등이 코딩돼 있는 컴퓨터 프로그램으로 블록체인에 직접 저장된다. 이처럼 NFT 아트는 블록체인 기술과 직접 연결돼 있다.

이처럼 블록체인 기술기반의 NFT 아트는 4차 산업혁명의 핵심 키워드인 '연결'(혹은 네트워크)로 이뤄져 있다.

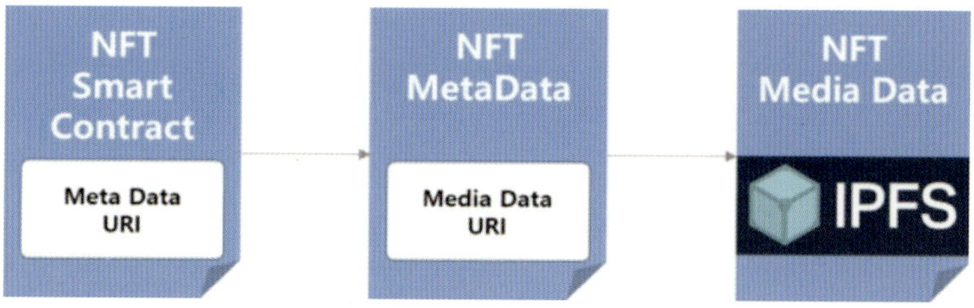

[그림29] NFT의 세 구조(출처 : 김승주 교수의 NFT의 세부구조, TOP50, 98)

Epilogue

지금까지 NFT 아트의 가치가 무엇이고, 근본적으로 그 가치가 어디에 있는지를 추적해 왔다. NFT 아트의 가치는 크게 경제적·기술적·사회적·예술적·인문학적 측면에서 바라봐야 한다는 것을 확인했다. 그것의 더 근본적이고 근원적인 근거는 사람들의 관점·인식의 변화라는 것도 알아보았다. 사람들의 관점과 인식의 변화는 생각의 변화요, 더 크게 말하면 세계관의 변화이다. 그림을 그리는 작가들이나 그림을 바라보는 대중들은 각각 나름의 관점과 세계관이 있다. 그것으로 인해 가치관이 결정되는 것이다. 이를테면 세상이나 작품들을 어떻게 보고, 어떻게 해석하느냐에 따라 작품의 가치가 달라지는 것이다.

세계관은 스토리다. 스토리는 전체 그림을 지향하는 주제 혹은 점들의 연결이다. 점이 선이 되고, 선이 면이 되고, 면들이 모여 입체적인 공간이 되듯이 세계관은 다양한 주제들의 총합이다. 게임 NFT를 만든다고 하면 플랫폼들마다의 다양한 캐릭터, 다양한 게임의 룰, 다양한 NFT 토큰들이 있다. 이를테면 NFT를 사용하는 플랫폼들마다 전부 각각 스토리가 다른 다양한 세계관이 있다는 것이다.

세계관은 익숙함과 새로움의 조합이다. 좀비는 익숙한 인간의 새로움이고, 재난 영화는 익숙한 장소의 새로운 사건이다. 우리는 지금 코로나19로 10여년이나 앞 당겨온 미래세계에 이미 살고 있다. 어쩌면 익숙함이고, 어쩌면 새로움이다. NFT를 기반으로 이뤄지는 메타버스 세상의 아트, 동영상, 웹툰, 웹소설, 웹디자인, 웹플랫폼 등의 어떤 부분은 이미 물리적 세계에서 있었던 것이나 어쩌면 전혀 새로운 것이다. 메타버스와 NFT는 익숙함을 바탕으로 하는 새로운 것들이니까.

새롭게 열린 메타버스와 NFT의 세계, 피할 수만은 없을 것이다. 우리는 그것의 가치가 어디에 있는지 다시 확인하고 그것과 함께 살아야 하는 세상이 이미 도래한 것이 아닐까?

[참고문헌]

1. 도서

- 김승주, 'NFT 초보자가 가장 알고 싶은 최다질문 TOP50' (앰앤원콘텐츠그룹, 2022)
- 김승주, '암호화폐와 NFT 무엇이 문제일까?' (동아앰앤비, 2022)
- 김일동, 'NFT는 처음입니다' (세종서적, 2022)
- 전영백, '현대미술의 결정적 순간들' (한길사, 2021)
- 전영백, '세잔의 사과' (한길사, 2021)

2. 인터넷 자료

- https://opensea.io/collection/everyday-the-biggest-challenge-5000
- https://opensea.io/collection/warnymph-collection
- 인터넷 조선일보 Chosun Biz, 2022.4.15.일자
- http://www.coindeskkorea.com/news/articleView.html?idxno=75305
- https://www.youtube.com/watch?v=zlvhtHcCLsE
- https://www.youtube.com/watch?v=r58S9TkkLPw
- https://www.youtube.com/watch?v=r58S9TkkLPw&t=374s
- https://www.youtube.com/watch?v=MDRF4PMWdsg&t=2005s

- https://namu.wiki/w/%ED%81%AC%EB%A6%BD%ED%86%A0%ED%8E%91%ED%81%AC
- http://wiki.hash.kr/index.php/BAYC
- https://opensea.io/assets?search[query]=Quantum%20%23%2081%20by%20Kevin%20McCoy
- https://www.blockchaintoday.co.kr/news/articleView.html?idxno=21580
- https://www.blockchaintoday.co.kr/news/articleView.html?idxno=21584
- https://biz.chosun.com/it-science/ict/2022/01/20/5SOKRUUAGVASDIPM2OH47GNMEI/
- https://www.donga.com/news/It/article/all/20220320/112440958/1
- 나무위키 https://namu.wiki/w/%EC%83%98(%EB%A7%88%EB%A5%B4%EC%85%80%20%EB%92%A4%EC%83%B9
- https://ko.wikipedia.org/wiki/%EB%B3%84%EC%9D%B4_%EB%B9%9B%EB%82%98%EB%8A%94_%EB%B0%A4
- https://ko.wikipedia.org/wiki/%EC%86%8C%EB%8D%94%EB%B9%84%EC%8A%A4
- www.sisamagazine.co.kr
- https://www.nftstar.com/star/buy-son-football-nft-art-collection/collections
- https://biz.chosun.com/industry/company/2022/04/10/BNUEXDC7FFALPOKUA7YUFDE2QQ/
- https://opensea.io/assets?search[query]=CryptoPunks
- https://opensea.io/collection/boredapeyachtclub
- https://www.ceopartners.co.kr/news/articleView.html?idxno=12698
- 이장우, 'NFT 전문가가 짚어주는 NFT 가치', https://magazine.cheil.com/50660
- https://www.techm.kr/news/articleView.html?idxno=92472
- https://biz.chosun.com/industry/company/2022/04/10/BNUEXDC7FFALPOKUA7YUFDE2QQ/
- https://www.youtube.com/watch?v=sQBSp0wqQyc
- http://wiki.hash.kr/index.php/%EB%A9%94%ED%83%80%EC%BD%A9%EC%A6%88
- http://m.ddaily.co.kr/m/m_article/?no=237918
- https://www.newspim.com/news/view/20220427000296
- https://magazine.cheil.com/50897
- https://ko.wikipedia.org/wiki/%EB%B3%84%EC%9D%B4_%EB%B9%9B%EB%82%98%EB%8A%94_%EB%B0%A4
- 권영걸, '사이버스페이스의 공간개념과 구축공간의 상관관계 고찰', 2005, https://s-space.snu.ac.kr/handle/10371/78640
- https://ko.wikipedia.org/wiki/%EB%94%94%EC%A7%80%ED%84%B8_%EC%95%84%ED%8A%B8

PART

02 실전

PART

02

실 전

Chapter

01

세상에서 제일 쉬운 이프랜드

길경자

Chapter
01
세상에서 제일 쉬운 이프랜드

Prologue

코로나19라는 긴 터널을 지나 우리의 일상이 차츰 회복돼가고 있다. 반면 우리의 삶의 방식은 과거에 비해 꽤나 많이 달라졌음을 느낄 것이다. 메타버스는 팬데믹 상황에서 여러 문제를 해결하기 위한 방법 중 하나로 급부상했다. 실제와 같은 현실감을 반영해 원격수업, 재택근무 등에서 적극 활용됐다.

나아가 메타버스는 일상을 살아가는 새로운 방식으로 자리 잡고 있다. 현실의 사회, 경제, 문화적 활동을 디지털 세상으로 옮겨 경험할 수 있게 되고, 새로운 커뮤니티를 형성해 사람들과 소통하고 자신의 경험을 교류하는 것이 보편화되고 있다. 원하든 원하지 않든 디지털 세상은 또 다른 나의 현실이 되고 있다.

이 책에서는 2021년 SK텔레콤에서 출시한 모바일 전용 메타버스 플랫폼 '이프랜드'를 소개하며 입문을 돕고자 한다. '이프랜드'에서는 최대 131명의 사람들이 자신의 아바타를 꾸며 자기 정체성을 표현하고, 다른 아바타들과 감정을 교류하며, 친구를 초대해 서로 소통하고 시공간을 초월한 새로운 네트워크를 형성한다.

현실과 같은 다양한 활동을 구현하는데 단지 휴대폰 하나만 있으면 충분하다. 회원가입부터 다양한 기능에 관한 기본적 사용법을 구체적이고 명료한 설명과 함께 실었다. 설명을 따라 하나

하나 만지다보면 어느새 금방 친숙해질 것이다. 또한 이 책을 통한 경험이 다른 메타버스 플랫폼을 알아가는 데에도 도움이 될 것이다. 여전히 4차 산업혁명이라는 높은 벽을 느끼며 주저하고 고민하는 독자들에게 쉽게 메타버스의 세계에 들어갈 수 있기를 바라는 마음을 담았다. 이제 함께 메타버스라는 새로운 세상을 향해 과감한 노크를 해보자.

1. 이프랜드란?

이프랜드는 SK텔레콤에서 모바일 전용으로 만든 메타버스플랫폼을 말한다. 2013년부터 이미 AR, VR 기술을 개발하기 시작했고, 2021년 7월에 이프랜드라는 플랫폼 서비스를 시작으로 메타버스라는 새로운 소통의 패러다임을 제시하고 있다.

이프랜드와 타 메타버스 플랫폼과의 차이는 '모바일 전용'이라는 점이다. 국내 런칭 이후 폭발적으로 성장했고 적극적인 해외 진출을 이야기 하고 있다. PC버전은 아직 없어서 사용자들의 개성에 맞는 커스터마이징을 할 수 없다는 것이 아쉬운 점이긴 하지만, 이동통신업계 최초로 발 빠르게 모바일 전용 플랫폼을 구축하고 있다.

'누구든 될 수 있고, 무엇이든 할 수 있고, 언제든 만날 수 있고, 어디든 갈 수 있는 곳!' 이프랜드는 모든 'if'가 '현실'이 되는 새로운 세상이라는 의미에서 탄생했다. 오직 핸드폰 하나로 다양한 서비스를 기획하고 개발하며, 창의적인 콘텐츠에 사용자들을 끌어 모으고 있다. 이프랜드의 성장 동력 중 하나는 분명히 가상세계에 첫 관문처럼 여겨질 정도로 차별화된 '접근성과 편이성'이 강점으로 작용하고 있다.

SK텔레콤은 올해 이프랜드에 '게이미피케이션' 요소 도입과 '커뮤니티 기능'을 강화하겠다고 했다. 또한 기존에 없던 '크리에이터 활동'을 도입할 예정이다. 그리고 플랫폼의 해외 진출에 박차를 가하고 있다. 독일 통신사 도이치텔레콤과 '유럽판 이프랜드'를 구축할 계획이다.

1) 아바타 꾸미기

이프랜드 내에서는 이프미(아바타)를 멋지게 꾸밀 수 있다. 다양한 얼굴형과 헤어스타일, 그리고 의상과 액세서리까지 평소 자신의 모습과 전혀 다른 모습으로 변신할 수 있다. 주 사용자들이 MZ 세대인 만큼 랜드 안에서 아바타 스타일만 보더라도 연령대가 파악된다. 조금은 과하고 개성 있는 아바타를 만들어 보자.

[그림1] 이프랜드 안 다양한 아바타들

2) 쉽고 편한 랜드 개설과 참여로 소통

이프랜드에는 다양한 주제의 콘텐츠와 프로그램의 랜드가 개설돼 있다. 제목만 입력하고 바로 모임 만들기가 완료되는 간단한 방법으로 이프랜드에서 제공하는 모임방들을 잘 활용하면서 자신에게 맞는 모임에 활용해 보자. 모임 중에 다른 모임방으로 이동도 가능하다. 이처럼 이프랜드는 자유로운 참여와 소통이 가능한 곳으로 성장하고 있다.

[그림2] 이프랜드 안에서 제공되는 랜드

3) 다양한 이프미의 감정표현

다양한 감정을 이프미가 표현 할 수 있는 100여개 '이모지'와 '모션리스트'로 생동감 있는 커뮤니케이션이 가능하다. 랜드 안에서 뮤직비디오나 드라마 영화까지 촬영하고 작품을 만들기도 한다.

[그림3] 이프랜드 안 감정표현 이모지와 모션리스트

4) 주제에 따른 랜드 제공과 공유기능

이렇게 이벤트나 콘퍼런스, 강연, 세미나. 배틀, 경연, 챌린지, 팬 미팅 이외에 다양한 주제에 맞는 모임을 쉽게, 누구나, 무료로 이용할 수 있다. 참여자의 랜드 개설 목적에 따라 다양한 자료를 커다란 전광판에 공유할 수 있다.

최근 플랫폼에는 PDF 문서, mp4 동영상, JPG 이미지와 베타버전 화면공유 기능이 추가됐다. 때문에 기업은 신입사원 채용박람회나 시무식 등을 열고, 대학캠퍼스에서는 신입생 환영회와 입학식을 치루기도 했다. 선거방송, 인기 연예인 팬 미팅, 기자간담회까지 각처의 필요에 따라 다양한 모임으로 활용하고 있다.

[그림4] 이프랜드 안 자료공유 기능

2. 이프랜드의 홍보 마케팅전략

1) 인플루언서 양성

또한 이프랜드 활용에 앞장서며 홍보하는 인플루언서 제도를 통해 사용자가 이프랜드에서 자신이 체험한 이야기와 콘텐츠 사용 후기를 홍보하도록 참여의 장을 활짝 열어 놓고 있다. 또한 늘 새로운 서비스 기획, 개발, 콘텐츠 제작을 위해 다양한 분야에서 새로운 창작자를 찾고 있는데 새로운 메타버스 직업군으로 부상하고 있다.

[그림5] 이프랜드 인플루엔서 공개모집 포스터

2) 다양한 메타버스 크리에이터 챌린지 개최

이프랜드는 사용자가 자발적 크리에이터로 제작에 참여할 수 있는 이프랜드 메타버스 크리에이터 챌리지를 지난해 말 개최하기도 했는데 뜨거운 관심과 참여로 성황리에 치러졌다. 풍부한 상상력과 재미를 두루 갖춘 다양한 장르의 작품들이 이프랜드 플랫폼의 더욱 풍성한 콘텐츠로 유입되고 있으며 자발적이고 급속도로 확장되는 효과를 보고 있다.

엔터테인먼트 분야의 콘텐츠를 이프랜드 안에서 보자. 아바타로 시청하는 재미도 쏠쏠하다.

[그림6] 이프랜드 안 메타버스 크리에이터 챌린지

[그림7] 이프랜드 안 메타버스 크리에이터 챌린지 수상작

[그림8] 이프랜드 안 랜드(무한도전)

3. 이프랜드 시작하기

누구나 모바일 하나로 접속할 수 있는 쉽고 간단한 메타버스 플랫폼 이프랜드를 시작해 보자. 현재까지(22년 7월) 국내 모바일에서만 이용할 수 있고 PC에서는 사용할 수 없다. 먼저 모바일 구글 플레이스토어 앱에서 이프랜드를 다운 받아 설치해 보자.

1) 이프랜드 회원가입하기

이프랜드 홈페이지 하단에 ①, ② 둘 중 하나인 ifland 앱 다운로드를 클릭하면 ③ QR코드가 생성되고 ④ 모바일에서 큐알 코드를 인식 후 실행하면 앱 설치 화면이 열린다.

[그림9] 이프랜드 시작하기

모바일에서 직접 설치하려면 ① 구글플레이 스토어 검색 창에 ② '이프랜드'라고 검색하고 이프랜드 로고가 나오면 클릭한다. ③ '설치' 클릭 후 ④ '열기'를 클릭한다.

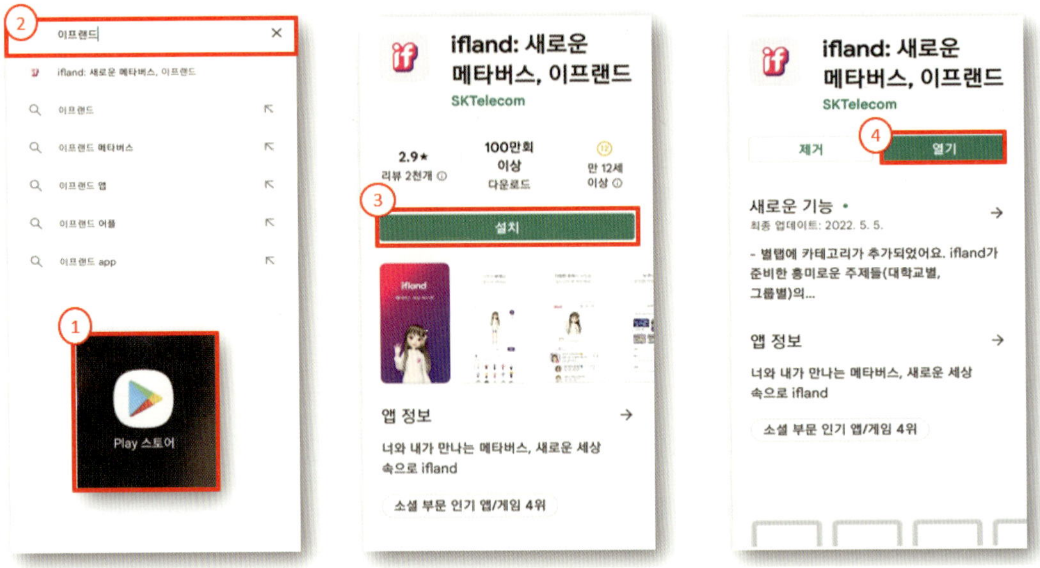

[그림10] 이프랜드 설치하기

④ '이프랜드 앱 접근권한' 확인 후 ⑤ 기기 간 상대적 위치확인 허용 ⑥ 전화를 걸고 관리하는 것 허용 ⑦ 오디오를 녹음하도록 허용 ⑧ 기기의 사진 및 미디어에 엑세스하도록 허용을 선택한다.

[그림11] 이프랜드 설치권한 허용

회원가입을 하기 위해서 ⑨ T아이디 로그인 혹은 페이스북 로그인 아니면 '구글로 로그인'(3가지 방식)을 할 수 있다. 구글 계정은 이미 모바일 상에 연동돼 있기 때문에 가장 쉽게 이용할 수 있다. ⑩ '자신의 계정'을 터치하고 ⑪ '동의하고 시작하기'를 터치하면 완료된다.

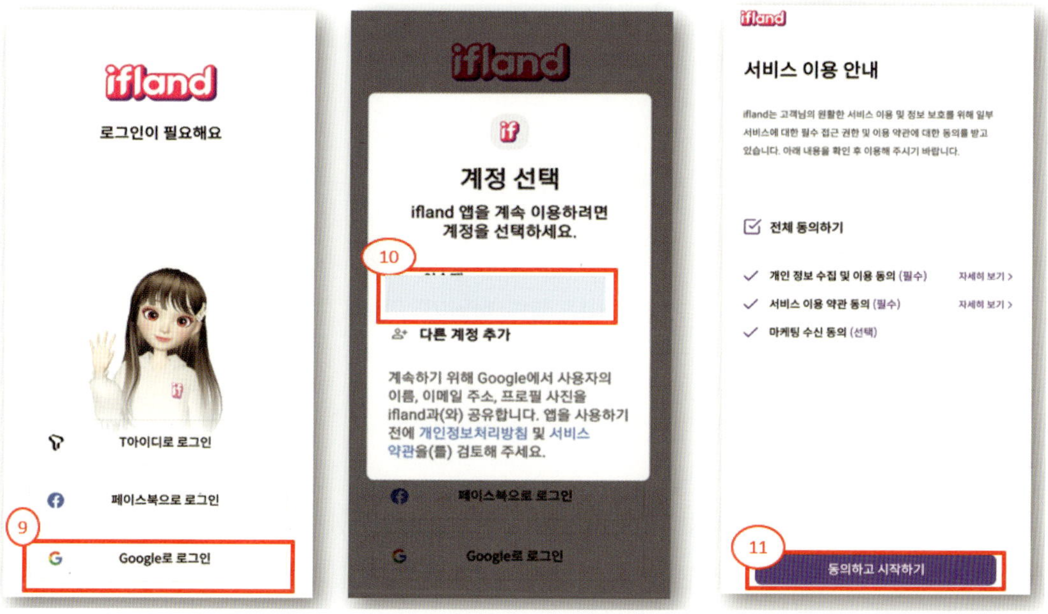

[그림12] 이프랜드 계정 로그인 방법

⑫ 'ifland 시작하기' 터치하고 ⑬ 여러 가지 아바타 중에서 자신의 성별에 맞는 아바타를 선택한다. 필자는 이프랜드 초보 남편의 회원가입을 위해 남성으로 선택했고, 아래 개설된 방의 목록이 보이게 된다. ⑭ '이름' 또한 처음에는 랜덤으로 적혀있으나 이름 부분을 터치해 본인 취향에 맞게 '닉네임'으로 바꿀 수 있고, 자기소개와 태그를 입력할 수 있으며 사용하는 SNS계정도 등록할 수 있다. 드디어 이프랜드 홈 화면이 나타난다.

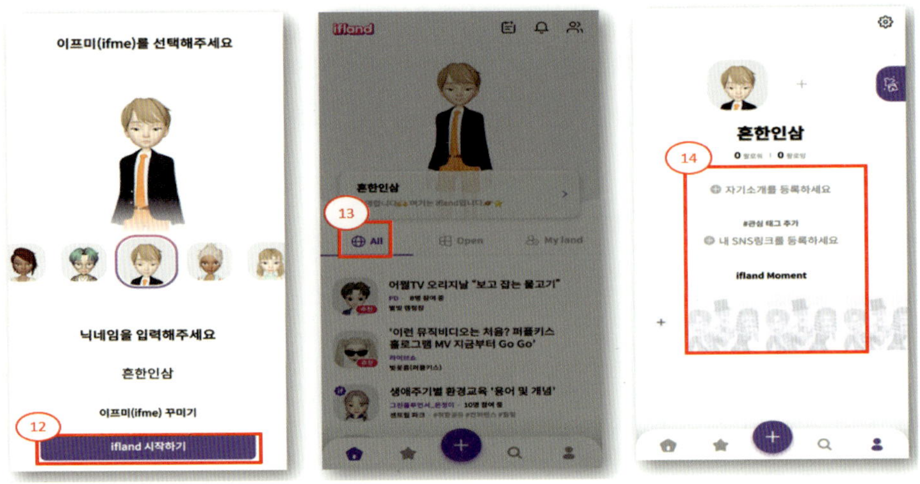

[그림13] 이프랜드 회원가입 완료

2) 프로필 바꾸기

프로필은 내가 사용하고자 하는 이름으로 수정할 수 있다. 가능하다. 프로필 관리를 순서대로 따라 해보자. 홈 화면에서 ①, ② 둘(같은 기능) 중 하나를 터치하면 내 프로필 창이 나타난다. ③ 내 프로필에서 톱니바퀴 모양의 '환경설정'을 터치하면 ④ 계정에 관련된 다양한 정보들이 나타나고 알림설정을 활성화 또는 비활성화 해 사용을 최적화 시킬 수 있다.

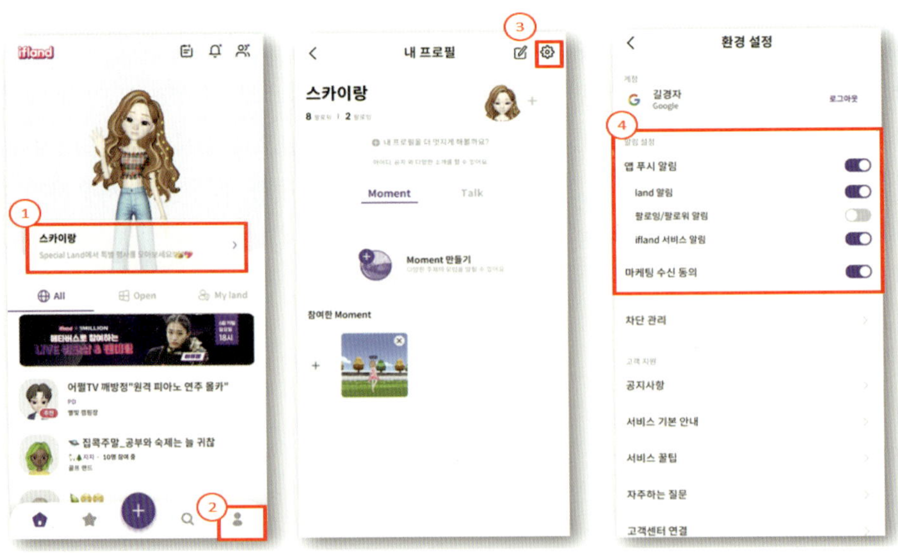

[그림14] 이프랜드 내 프로필 수정하기

프로필에서 ① 본인 아바타 '사진'을 터치하면 ② '사진등록'도 할 수 있고 ③, ④ 둘 중 하나를 터치하면 '프로필 설정'으로 넘어간다. ⑥ '아이디'나 ⑦ '닉네임 변경'이 가능하고 ⑧ '공지사항'을 활성화 또는 비활성화 선택할 수 있다. ⑨ 자기를 나타내는 '소개 글'을 작성한 후 ⑩ SNS 상에 자신을 알릴 수 있는 '링크를 입력'하면 연동돼 모바일상이나 구글 드라이브에 저장된 프로필에 필요한 사진을 가져 올 수 있다. ⑪ 마지막 최대 3개까지 '관심사 태그'도 선택한다.

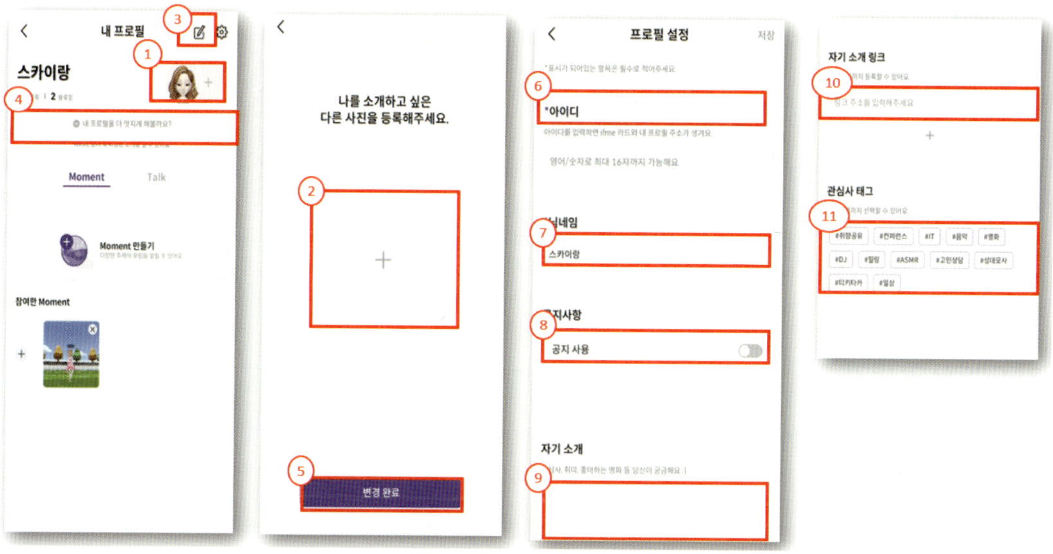

[그림15] 프로필 변경 화면

①, ② 'Moment'를 터치해서 개성 만점 모임을 직접 만들어 보자. ③ '+ 추가하기' 버튼을 터치해서 모임 방 현황을 기록할 수 있다. ④ 'Tolk' 기능을 사용해서 ⑤ '메시지'도 주고받으며 소통할 수 있다.

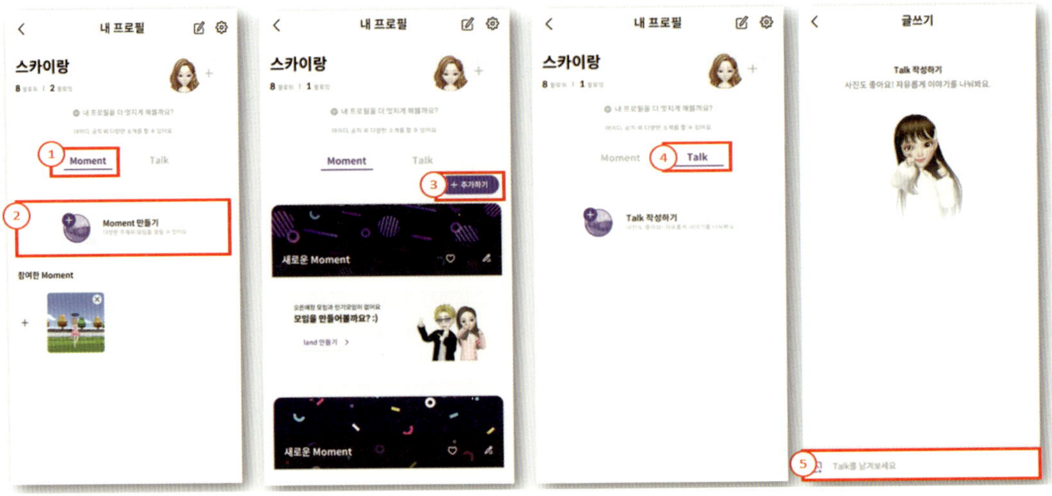

[그림16] 이프랜드 내 프로필 관리

3) 아바타 꾸미기

이프랜드 안에서 또 하나의 나! 나의 아바타를 개성 있게 꾸며 보자.

① '얼굴'을 터치하면 이프랜드에서 무료로 제공해 주는 '의상 및 액세서리'로 나의 아바타를 꾸밀 수 있다. ②~⑤ 다양한 '의상'을 돌아보고 취향에 맞는 의상을 선택한다. ⑥ '저장'을 누르면 나의 아바타가 선택한 의상을 입게 된다. ⑦ '홈'으로 돌아가는 버튼이다.

[그림17] 아바타 의상 꾸미기

① '얼굴'을 선택하고 ②, ③, ④ '입술 색, 눈 모양, 헤어스타일'을 바꿀 수 있다.

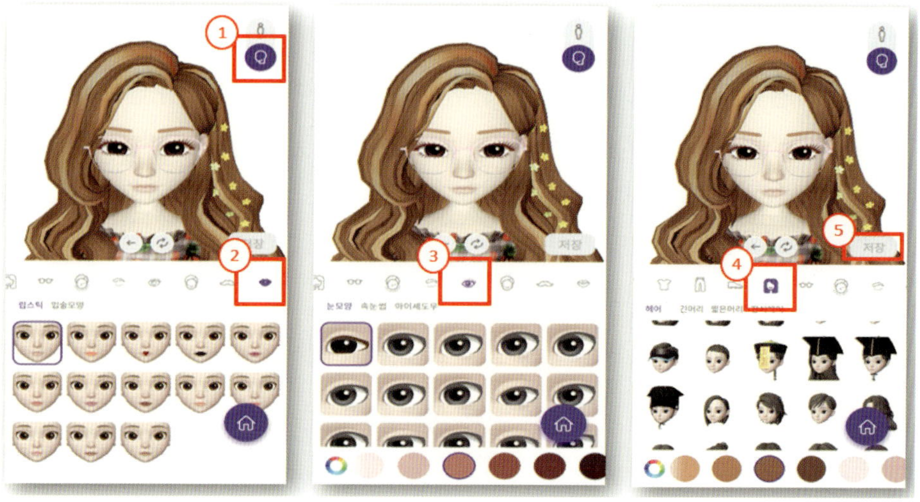

[그림18] 아바타 입술 색, 눈 모양, 헤어스타일 꾸미기

⑥, ⑦, ⑧처럼 눈썹모양, 두상과 갸름한 턱선, 안경과 같은 액세서리 등을 바꿔 줄 수 있다. 그 외에 화장, 피부색 등도 개성 있게 변경이 가능하다. 즐거운 인형놀이처럼 누구나 무한 변신과 성형이 가능한 가상세계를 경험해 보자.

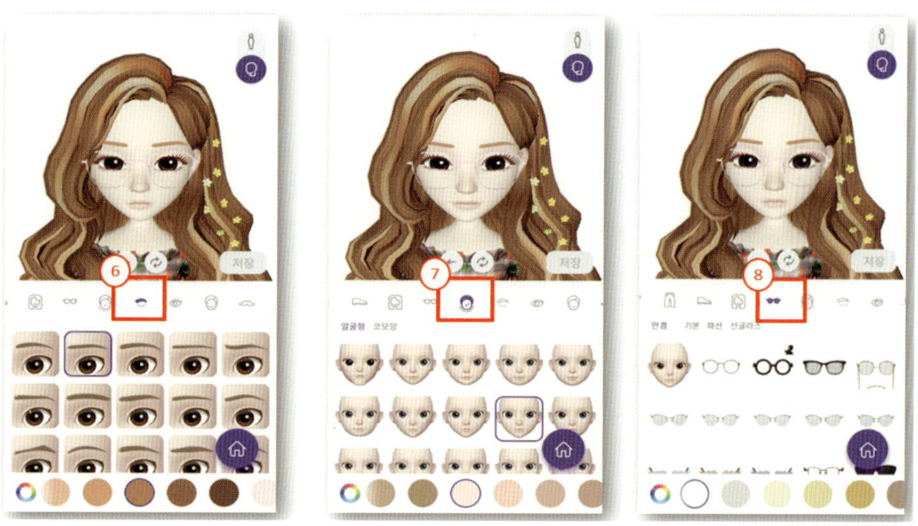

[그림19] 아바타 눈썹, 얼굴형태, 안경 꾸미기

4. 이프랜드 참여하기

1) 홈 화면과 구성들

홈 화면에서 보면 수많은 이프랜드 사용자들이 만들어 놓은 다양한 모임 랜드들이 있는데 저마다 자신의 특색에 맞게 또는 모임의 특성을 고려한 랜드를 찾아 볼 수 있다. 홈 화면의 중간에 있는 ① 모든 랜드들의 현황이 나타난다. 개설돼 있는 모든 랜드 리스트를 보여준다. ② 현재 오픈돼 참가 가능한 랜드를 보여준다. ③ 나의 랜드를 나타낸다.

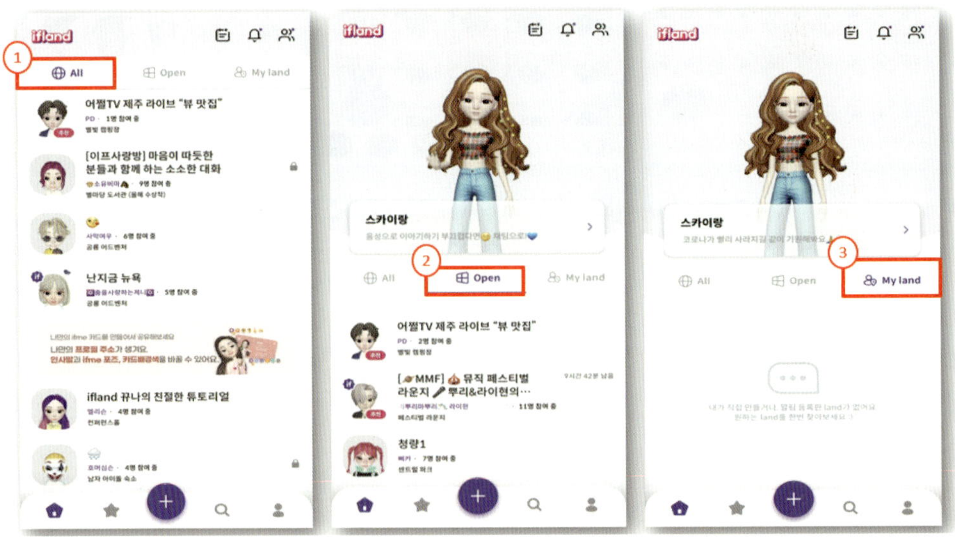

[그림20] 이프랜드 랜드 보기

홈 화면 ④ 우측 상단의 ⑤ '나의 일정을 관리'를 할 수 있고 ⑥, ⑦ 이프랜드에 관련된 최신 공지사항을 '알림'으로 확인 할 수 있다. ⑧ 나의 '팔로워와 팔로잉 현황'을 알 수 있다.

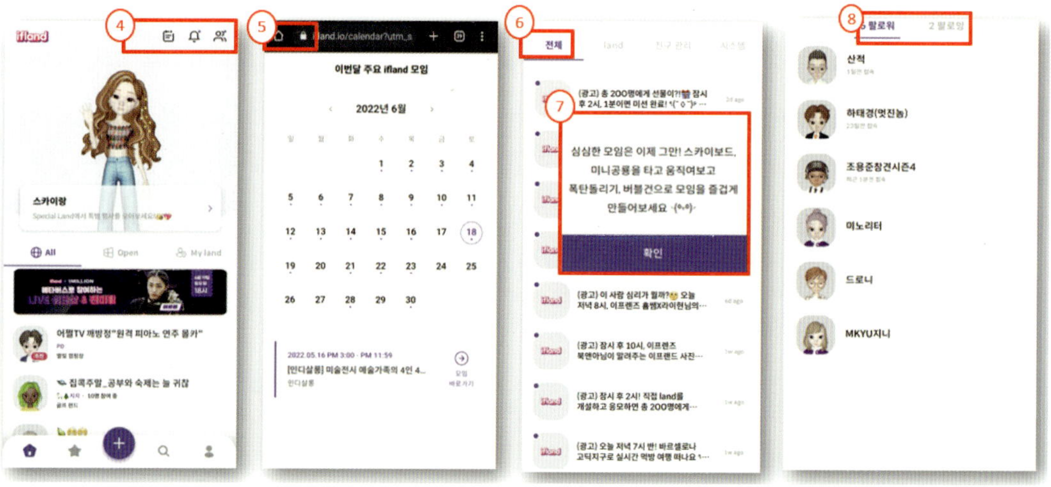

[그림21] 이프랜드 메뉴

2) 공지사항과 다양한 서비스 업데이트

이프랜드에서는 사용자들의 니즈를 파악하고 새로운 기능과 다양한 서비스를 지속적으로 업데이트를 하고 있다. ① '신규 기능 알림'을 터치하면 ② 이프랜드 2.6.0 버전의 신규기능 소개가 나타난다. 새롭게 추가된 다양한 아이템과 기능들을 활용하면 더 멋진 메타버스 가상세계로의 여행이 될 것이다. ③ '메타버스 신나는 놀거리' 플레이아이템 탄생 이벤트 알림을 확인 후 참가해 보자. 뜻밖의 행운의 주인공이 될 수도 있다.

[그림22] 이프랜드 공지사항

3) 이프미 카드 만들기

'이프미 카드'를 만들기 위해 먼저 '내 프로필'에서 ①을 터치하면 ② '아이디'를 영문으로 입력하고 ③ '닉네임'도 넣어준다. ④ '공지사항' 활성화를 할 것인지 선택하고, '일정표시'도 직접 입력해 줄 수 있다. ⑤ 자기를 나타내는 '소개글'을 작성하고 ⑥ 자기소개 링크는 2개까지, '+ 버튼'을 누르면 입력이 가능하다. ⑦ '관심사 태그'는 3개까지 선택하고 ⑧ '이프미 카드가 생겼어요'라는 '말풍선'이 나타나면 카드 발급이 완료된 상태다.

[그림23] 이프랜드 내 프로필 설정

이프미 카드를 만든 후 ① '카드 배경색'을 선택해서 바꿀 수 있다. ② '이프미(아바타)의 포즈'를 마음에 드는 것으로 교체하고 ③ '카드 저장'을 누르면 ④ 이프랜드에 다시 접속했을 때 나의 이프미 카드가 바뀐 것을 알 수 있다.

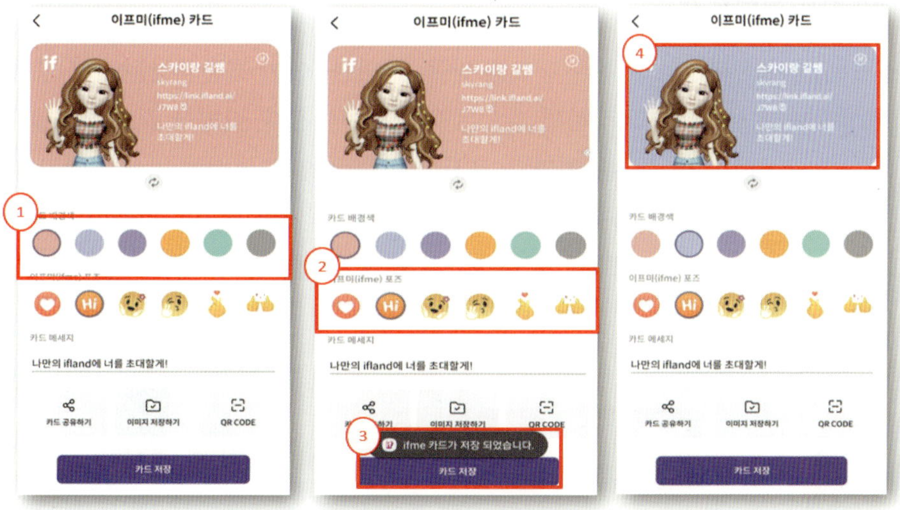

[그림24] 이프미 카드 꾸미기

이프미 카드 ① '공유하기'를 누르면 ② 친구에게 '초대 링크'가 보내진다. ③ '카드 이미지'를 저장하면 ④ 모바일 '갤러리'에 '이프랜드 폴더'가 생기고 그 안에 이미지가 저장된 것을 확인 할 수 있다. ⑤ 'QR코드'를 스캔하면 친구의 프로필에 방문할 수 있다. 개성 만점 자신만의 이프미 카드를 바로 만들어 보자.

[그림25] 이프미 카드 공유

4) 다양한 랜드 둘러보기

이프랜드는 간편한 절차로 누구나 랜드를 만들 수 있다. 이미 제공돼있는 랜드 중에서 사용 취지와 목적에 맞게 선택해서 저장하면 랜드는 뚝딱 만들어진다. 다양한 랜드 종류를 둘러보고 나만의 랜드를 개설해 보자. ① '홈 화면'을 표시한다. ② 모임의 특성에 맞게 카테고리 별로 캠퍼스, 즐길거리, 다양한 놀거리들을 랜드 목록별로 보여준다. 자신이 좋아하는 인기 연예인이나 방송 또는 정보를 얻을 수 있는 곳 등 어디든 갈 수 있는 가상의 랜드에 일단 한번 빠져 보자.

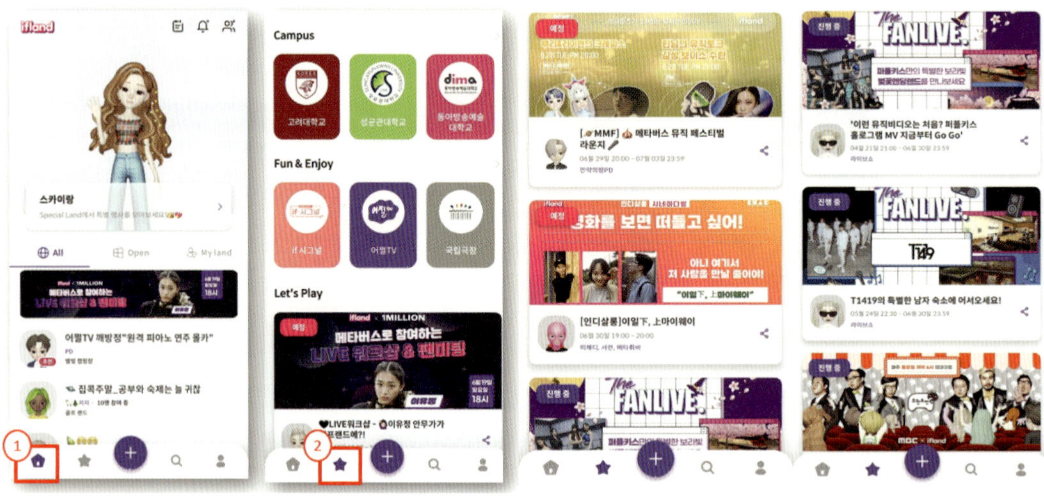

[그림26] 다양한 랜드

랜드에 참가하기 위해 ①을 터치하면 선택한 랜드의 ② '남은 입장시간'이 표시된다. 랜드 입장시간 알림을 등록하면 놓치지 않고 참여 할 수 있다. 메타버스 입스 뮤직 페스티벌 라운지에 입장해 보니 광고가 한참이다. 아직 페스티벌 시작 시간이 남았기 때문이다. 다른 아바타들의 참여 모습도 보인다. 처음 참여한 아바타들의 특징은 움직임이 거의 없이 어떻게 해야 할지 몰라 그냥 서 있는 모습을 많이 보게 된다. 금방 익숙해지니 염려하지 않아도 된다.

[그림27] 랜드 입장 시간 표시

①을 터치하고 ② 여러 종류의 랜드를 보고 마음에 드는 곳을 터치 후 ③ 자신이 알아 볼 수 있는 '이름'을 만들고, 누구나 참여할 수 있도록 하려면 '공개'를 터치하고 ⑤ '저장'을 한다. 만약 소수의 정해진 사람들만 초대하는 방을 만들고 싶다면 ⑥ '공개'를 '비활성화'하면 랜드에 초대받은 사람만 비밀번호를 입력 후 참가 할 수 있다. 참여자는 ⑦을 누르면 ⑧ '랜드 제목' 또는 '닉네임'을 입력하고 검색해서 참가할 수도 있다.

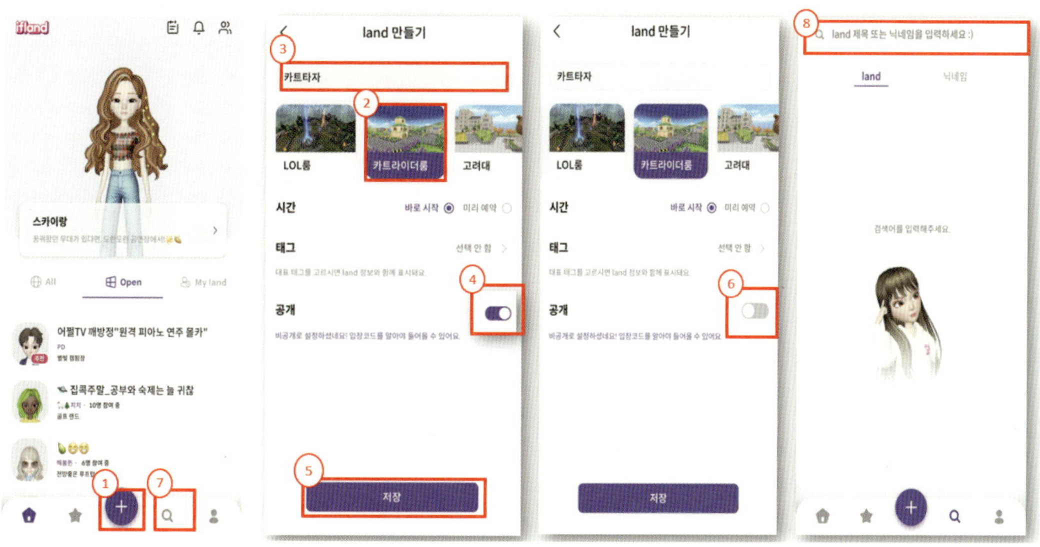

[그림28] 랜드 만들기/랜드 검색

5) 랜드 만들기와 공유하기

① 다양한 랜드들 중에 모임의 특성에 맞는 것을 찾아보자. 특기 인기가 많은 랜드들도 있는데 센트럴파크, 모여라교실, 넓은 운동장 등 계속 재밌는 랜드들이 늘어나고 있다. ② 별 좋은 카페나 넓은 운동장등은 ③ 시간대 별로 달라지는 햇빛이나 조명으로 같은 장소, 다른 느낌의 장소를 각각 제공하고 있다.

디테일한 부분까지 실감나지 않을 수 없다. 요즘처럼 더운 날은 대낮의 운동장 보다는 야경이 좋은 카페도 괜찮은 것 같다. ④ 특별 공모 수상작도 눈에 띄는데 특별한 주제에 따라 얼마든지 만들 수 있는 가상의 공간, 특히 이프랜드의 쉬운 접근성을 많은 사용자들이 즐겨보길 바란다.

[그림29] 다양한 랜드 정보

특별한 모임이나 행사를 기획했다면 이번에는 특정 날짜와 시간에 맞춰 예약해서 방을 만들어 보자. ① '날짜와 시간'을 체크하고 '미리예약'을 하면 초대 링크가 생성되고 ② '공유'를 터치하면 ③내 모바일 안에 다양한 방법으로 '공유 링크'를 보낼 수 있다. ⑥ 초대 받은 사람의 핸드폰에 '랜드의 예약정보와 방 비빌번호'가 함께 전달되는 것을 알 수 있다.

바쁘고 분주할 때 중요한 행사를 잊지 않고 잘 치룰 수 있는 유익한 기능이다. 참고로 예약된 랜드의 경우 10분 전에 입장하지 않으면 랜드가 사라진다.

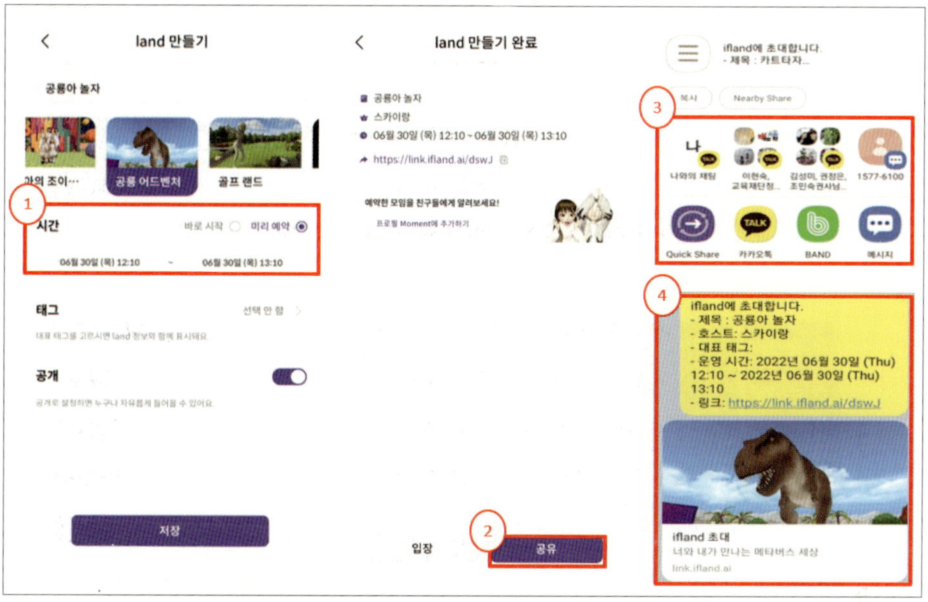

[그림30] 랜드 만들기에서 친구 초대하기

5. 랜드에서 활동하기

랜드 개설이 완료됐다면 이제 정말 랜드 속으로 들어가 보자. 나의 랜드에 접속 할 때 보이는 화면으로 참여자가 많을 경우나 사용자의 모바일 환경에 따라 로딩 시간이 길어질 수 있다.

[그림31] 로딩 중 대기 화면

1) 랜드 화면구성과 기능

많은 랜드들이 있지만 저자는 '카즈라이더룸'과 '공룡 어드벤처'에 참여해 보고자 한다. 메타버스 사용자들이 주로 MZ 세대들임을 감안한다면 유치원생부터 30대까지 주로 어린이와 청소년들이 좋아하는 랜드에서 놀아보자. [그림32]는 '카즈라이더룸'으로 이프랜드에서 업데이트해서 신규아이템이 가득한 공간이다. 이곳의 다양한 새로운 즐거움을 경험해 보자.

[그림32] 랜드 입장 화면

로그인과 동시에 아름다운 랜드가 눈앞에 펼쳐지고 또 다른 내가 아바타로 서 있게 된다.

랜드에서 필요한 기능들을 알아보자. ① 메뉴 창에는 다양한 기능 아이콘이 보인다. ②는 랜드에 총 참여중인 멤버를 보여준다. 전체 131명이 참여할 수 있고 31명까지는 아바타 모습이 보이지만, 32번째부터 131번째 까지는 오디오로 참여하게 된다.

③ 랜드를 개설한 호스트는 ④ 전체 마이크를 켜고 끌 수 있는 권한을 갖는다. 랜드의 참여자들이 많은 경우 미리 마이크 끄기를 지정하면 원활한 진행에 도움이 될 수 있다. ⑤ 다른 참여자들과 소통을 원한다면 팔로우 할 수 있다. ⑥ 채팅할 수 있는 채팅창으로 내용을 적고 비행기를 날리면 메시지가 채팅창에 나타난다. ⑦ 나의 랜드 정보를 나타내고 초대 링크가 생성돼서 공유할 수 있다. ⑧ 다른 랜드를 볼 수 있는 탐색창이다. 랜드에서 놀다가 바로 다른 랜드로 이동 할 수 있다.

[그림33] 랜드 메뉴 설명

나만의 공간에서 함께 할 친구들을 초대하는 방법으로 ①을 클릭하면 랜드 정보가 나타나고 ② 공유를 누르거나 ③을 누르면 ④ 랜드 주소를 복사하거나 ⑤ 바로 다양한 방법으로 링크를 공유하면 된다. ⑥ 초대 받은 친구의 톡에 나의 랜드 초대 링크가 생성된 것을 알 수 있다. 지금 당장 함께 하고 싶은 친구를 초대해 보자. 함께여서 더 즐거운 시간이 될 것이다.

[그림34] 랜드 안에서 친구초대 방법

본격적으로 랜드에서 움직여 보자 ① '둥근 모양'의 원이 나타나고 가운데 흰색의 작은 원이 보인다. 이곳에 휴대폰을 잡은 상태에서 엄지손가락을 대고 앞, 뒤, 좌, 우 움직이면 아바타가 걷거나 뛰게 되고 방향을 바꾸게 된다. ② '+'를 터치하면 의자에 앉게 된다. ③ 아바타가 제자리에서 '점프'를 한다. 점프 맵이나 게임, 이동에 많이 필요한 제자리 점프가 아닌 앞으로 나가면서 뛰는 동작은 ①, ③을 동시에 조작해야 한다. 특이한 건 운동장이나 센트럴파크 등에서 놀다가 의자가 보이면 나도 모르게 앉게 된다는 것이다. 가상에서도 많이 걸으니 다리가 아프고 힘들다는 느낌이 드는 것이 정말 신기했는데 독자들도 함께 느껴보길 바란다.

[그림35] 아바타 움직이기

아바타가 움직이게 하는 유일 한 도구화면 왼쪽 하단에 '조그셔틀'이라고 불리는 동그란 원이 있다. 가운데 조그셔틀 흰색 원을 빨간 화살표 방향으로 밀면 아바타가 그 방향으로 움직이게 된다. 가운데에서 밖으로 갈수록 아바타 걸음의 속도가 빨라진다.

오른쪽 이미지는 아바타가 바라보는 '방향'을 나타내며 앞, 뒤, 좌, 우 작은 흰색 점의 위치로 터치하면 아바타의 얼굴 방향을 조절할 수 있다. 처음 조작은 익숙지 않으니 여러 번 반복해서 움직임을 연습해 보자. 걷기만 하면 그 넓은 랜드를 다 돌아볼 수 없다는 것을 기억하길 바란다.

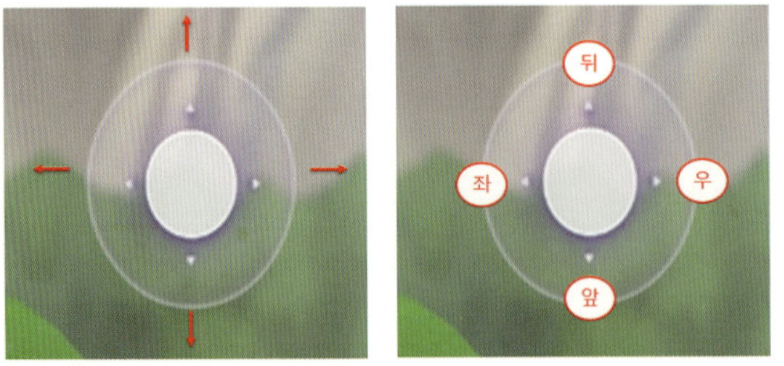

[그림36] 아바타의 움직임을 조종하는 조그셔틀 사용법

이프랜드에서는 다양한 4가지 카테고리의 '이모지'들이 제공되고 있다. 더구나 '섬세한 감정 표현'부터 '몸동작'을 자연스럽게 자유자재로 나타낸다. 멋진 댄스실력을 뽐낼 수 있는 이프미 모션까지 현실 속에 나는 몸치일지 몰라도 가상 속에서는 최고의 댄서가 될 수 있다. 여러 가지 이모지를 활용해서 나를 표현해 보자. 상상 이상의 즐거움이 있다.

[그림37] 이프미 모션 종류

2) 화면에 자료공유하기와 사진촬영하기

오른쪽 윗 상단에 여러 가지 메뉴들 중에서 ① '공유하기'를 먼저 살펴보기로 하자.

[그림38] 이프미 화면 공유

② 이프랜드 안에 설치된 대형 전광판 안에는 다양한 '자료 공유'를 할 수 있다.

[그림39] 이프미 자료 공유

③ 자신의 화면을 공유하거나 'PDF 파일, MP4 영상, PNG 사진' 등을 공유하면서 강연이나 모임, 콘서트나 영화감상 등 여러 가지 모임 특성에 맞게 아주 유용하게 사용되고 있다. 모바일 내에 저장된 자료는 공유가 가능하며 동기화 돼 있는 드라이브의 파일도 공유할 수 있다. 화면 공유 기능은 현재 베타버전으로 단말기 메모리가 부족하거나 저사양의 단말기는 앱 사용이 원활하지 않을 수도 있다.

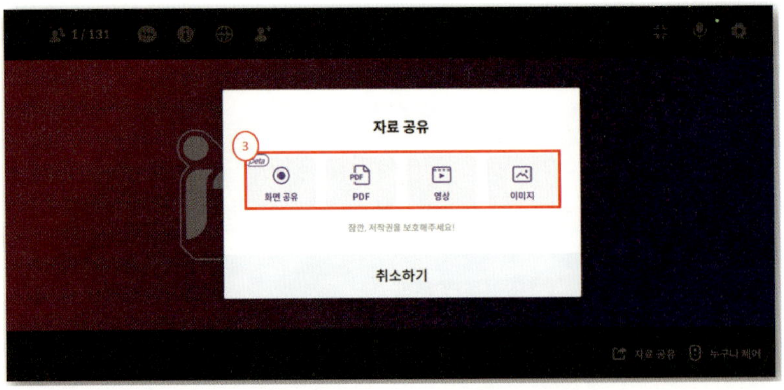

[그림40] 이프미 자료 공유 형식

④ 공유된 화면이 랜드 안 대형스크린에 나타난 모습이다.

[그림41] 이프미 공유 스크린 화면

공유된 화면 안에서 ⑤는 공유화면과 이프랜드 화면을 오가는 기능과 '마이크'를 켜고, 끌 수 있는 기능으로 음소거 시 참여자뿐만 아니라 호스트도 마이크가 꺼지게 되므로 주의가 필요하다. '환경설정'을 통해 랜드의 상황을 제어 할 수 있다. ⑥ '누구나 제어'는 참여자들이 자료를 공유할 수 있도록 해주는 것이다. 터치를 한 번 더 하면 '내가 제어'로 바뀐다.

[그림42] 공유화면 메뉴

① 랜드 안에서 멋진 풍경과 소중한 친구들과의 추억을 간직하고 싶다면 '인증 샷'은 필수! 찰칵 '사진 찍기' 기능도 좋다. 한 가지 아쉬운 점은 아직 랜드 안에서 동영상 촬영기능이 없다는 것이다. 사진보다 동영상을 더 많이 사용하는 현 시점에 아쉬움이 더 크게 느껴지는 이유다.

[그림43] 이프미 사진촬영 기능

3) 마이크 제어와 신규 아이템 추가하기

② 랜드 안에서 마이크를 제어할 수 있다. 랜드 참여자가 많을 때는 반드시 호스트가 '마이크'를 제어하도록 한다.

[그림44] 이프미 음소거

③ '아이템 추가하기' 기능으로 현재(2022. 06) 이프랜드에서 신규로 업데이트된 기능이다. 점점 다양한 볼거리, 탈거리, 놀거리를 추가하며 확대해 나가는 모습이다.

[그림45] 이프미 신규 아이템 추가하기

새로운 아이템을 추가해 보자 ④ 폭탄, 버블건, 주사위, 실로폰 등을 활성화 시키면 랜드 안에 아이템이 짜잔 하고 나타난다.

[그림46] 이프미 아이템 종류

추가된 아이템 4가지는 ①을 이용해서 앞, 뒤, 좌, 우로 '이동'할 수 있고 ② '회전'하게 하고 ③ '종료' ④ '선택'하기 기능이다. 먼저 폭탄 아이템을 가져다 놓고 ④를 누르면 '모자 모양'이 나타나고 ⑤ 모자 모양을 누르면 아바타가 '폭탄'을 쓰게 된다.

[그림47] 폭탄 아이템

아바타가 쓰게 된 폭탄을 터트리며 친구들과 즐거운 게임을 즐겨보자.

[그림48] 폭탄 아이템 터트리기

새로운 아이템 추가 '버블건'은 ⑥ 손바닥 모양을 터치하면 버블건에서 아름다운 물방울들이 쏟아진다. 더운 여름과 더 잘 어울리는 버블놀이 아이들끼리, 가족과 친구들 누구와도 즐겁게 놀 수 있는 아이템이다.

[그림49] 버블건 아이템

다음은 '주사위' 아이템으로 ⑦ 화살표 방향을 누르게 되면 주사위가 던져지게 된다. 여러 게임 중 주사위 던지기 게임으로 술래를 정하거나 게임 순서를 결정할 때, 혹은 벌칙을 줄 때 사용하면 한 층 더 재미는 시간이 될 것이다.

[그림50] 주사위 아이템

마지막 추가 아이템 '실로폰'은 설치 후 아바타가 올라가면 음계에 따라 실로폰 음악이 연주된다. 아바타의 경쾌한 걸음과 실로폰의 아름다운 소리로 친구와 함께 즐겁게 놀아보자.

[그림51] 실로폰 아이템

4) 랜드 환경설정하기와 나가기

마지막으로 '랜드 설정'을 통해 '소리 듣기 활성화'를 제어할 수 있다. ④ '설정'을 살펴보자. ⑤ '호스트를 변경'할 수 있는데 만약 변경한다면 '공지등록'과 '마이크 설정권한을 상실'하게 되고, 지정된 호스트에게로 권한이 넘어간다. ⑥ 마이크의 권한을 호스트만 가질 수도 있고 참여자에게 줄 수도 있다.

'랜드의 시간을 조절'할 수 있으며, 오픈랜드를 '비공개'로 전환 할 수 있다. ⑦ '채팅 권한'을 호스트만 가질 수도 있고 전체에 줄 수도 있다. ⑧ '랜드 수정'을 하는 것으로 '오픈시간'과 '공개여부'를 체크해야 한다. ⑨ 참여자의 참여방식을 '이프미'(아바타가 보이는)와 '오디오'(아바타가 보이지 않고 음성과 채팅만 가능)로 선택할 수 있다. ⑩ '공지 글'을 작성해서 랜드에 올릴 수 있다.

[그림52] 랜드의 설정1

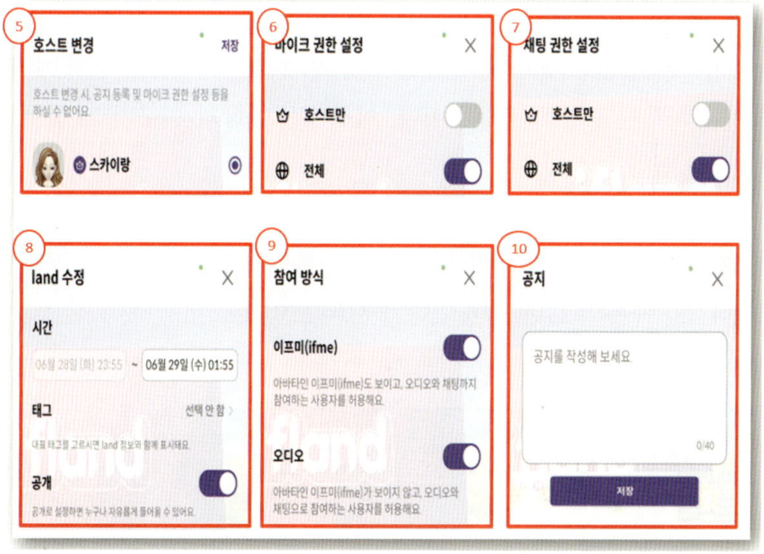

[그림53] 랜드의 설정2

① 호스트가 랜드에서 나가게 될 경우 ② 랜드에 다른 참여자가 있다면 다른 참여자에게 호스트 권한을 넘겨주고 나와야 한다. 그렇지 않을 경우 랜드가 없어진다.

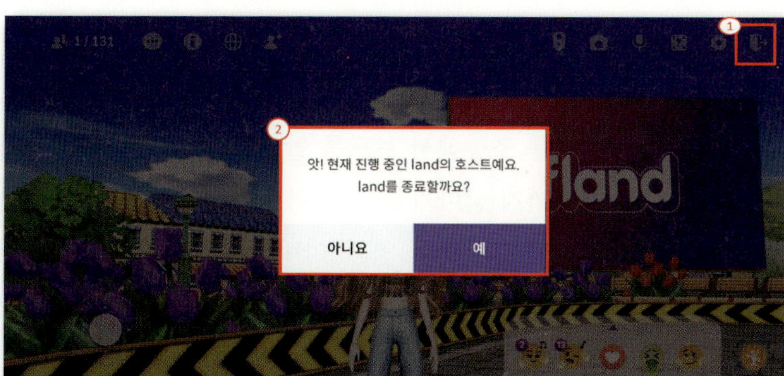

[그림54] 랜드 나가기

5) 신규 아이템 랜드에서 체험해보기

따끈따끈한 신규 아이템을 이용하고 싶다면 추가로 개설된 '공룡어드벤처'에 방문해 보자. 특히 어린아이들이 좋아하는 공룡이 주인공이다. 이곳에선 공용과 친구가 돼 등에 올라타고 함께 산책도 하고 놀 수도 있다.

① '+'를 누르면 ② 공룡 위에 앉게 된다. 혹시 무서워 내리고 싶다면 조그셔틀을 움직이면 바로 내려올 수 있다. ③ '–'를 누르면 앉아 있다가 서는 모양으로 바뀐다.

[그림55] 동물원 랜드 (공룡타기)

이번엔 스카이보드를 타코 화산 분화구 꼭대기까지 날아가 보도록 하자. ① 누르면 아바타가 스카이보드 위에 타게 된다. ③을 조종해서 보드를 탈수 있는데 ③, ④를 동시에 밀면 하늘로 날아 오를수 있다. 화산 꼭대기까지 날아가 보자. 현실에서 가까이 갈 수 없는 위험하고 높은 곳을 눈 깜짝할 사이에 도착하게 된다. 마치 영화 '아바타'의 주인공이 된 것 같은 느낌을 받을 수 있다.

[그림56] 스카이 보드 타기

높은 산에서 다시 아래로 내려가는 재미있고 쉬운 방법으로 '집 라인'이 이프랜드에 생겼다. ① '+'를 터치하면 집 라인을 탈 수 있다. 순간 짜릿하게 ② 도착지점에 바로 착륙하게 된다. 아쉽게도 다시 화산 꼭대기에 올라가려면 스카이보드를 찾아서 타고가야 한다. 아니면 뛰어서 가야 하는데 다리가 아프다. 이프랜드에서 케이블카를 만들어 주면 좋겠다는 생각을 해 본다.

[그림57] 집 라인 타기

Epilogue

이프랜드에 새로운 기능들이 계속 생기고 있다. 폭탄, 버블건, 주사위, 실로폰 아이템을 추가하고 집 라인과 스카이보드처럼 랜드 안에서 타고 즐길 거리들을 꾸준히 만들어가고 있다. 하루가 다르게 콘텐츠 업데이트가 이뤄지는 만큼 자주 들러 이용해 보자.

그럼에도 아쉬운 점이 있다면 역시 다양한 놀 거리들이 아직 부족하다는 점이다. MZ 세대들 특히 어린 초·중 학생들을 타깃으로 하기 보다는 성인들의 눈높이에 더 맞는 플랫폼인 듯하다. 타 메타버스 플랫폼과 비교할 때 랜드 안에서 영상을 찍을 수 없다는 건 아쉬움으로 남는다. 또한 아바타의 의상이나 아이템을 직접 제작해서 사용하거나 판매하는 크리에티터 활동이 없는 것도 사용자 입장에서는 빠르게 개선돼야 할 사항이다.

이프랜드의 가장 큰 장점 중 하나는 커다란 전광판을 이용해서 호스트가 정보를 전달할 수 있다는 것이다. 그래서 이곳에서는 강연을 하거나 대형행사, 사업설명회, 독서모임, 콘서트, 학교 입학식 등이 꾸준히 열리고 있다.

그리고 누구나 쉽게 접근할 수 있는 모바일 전용 서비스로 언제 어디서나 사용자들의 랜드 유입이 가능하다는 점은 강점으로 작용하고 있다. 최근 SK텔레콤에서 1주일 동안 오후 8시에 볼류메트릭(Volumetric) 기술을 활용한 '메타버스 뮤직 페스티벌'을 개최했다. 100여대의 카메라를 이용해서 인물을 360도 전방위로 동시에 촬영하는 기술로 환상적인 음악 공연무대를 선보여서 큰 호응을 이끌어 냈다. 사용자가 직접 랜드를 커스터마이징 할 수 없다는 랜드 운영의 한계점을 더 다양한 콘텐츠 제공으로 만회하며 활발한 사용자의 참여를 이끌어내려는 노력이 엿보인다.

지금까지 우리는 이프랜드에 대해 알아보았다. 회원가입도 하고 아바타를 꾸며보기도 했다. 이제 랜드 안에서 나의 친구들을 초대해서 가상 속에서 새로운 형태의 소통을 경험하게 됐다. 커다란 전광판을 이용해 전달하고 싶은 주제를 많은 사람들과 함께 공유하는 방법을 알았으니 각자의 필요에 따라 개성 있는 모임을 우선 만들어 보자.

2D 인터넷 시대를 대체할 웹 3.0시대, 3D 가상세계 메타버스 시대가 오고 있다. 앞으로 우리는 대부분의 시간을 메타버스 안에서 보내게 될 것이다. 아직 메타버스 플랫폼들의 활용은 시작 단계이다. 하지만 그 성장 가능성은 무궁무진하기에 이 커다란 시장을 선점하기 위한 전 세계 기업들의 노력은 계속 될 수밖에 없다. 기업뿐 아니라 개인에게도 메타버스는 무한한 수익창출이 가능한 시장을 제공하게 될 것이다.

바라기는 이 책이 메타버스 세계로 들어가고자 하는 첫걸음의 역할을 하면 좋겠다. 앞으로 다가올 수많은 기회들을 영리하게 활용하길 바란다.

[참고자료]

- 망상K, https://blog.naver.com/todshrck/222791733404
- SK텔레콤 홈페이지, https://www.ifland.io/
- https://blog.naver.com/platcon/222591854134
- https://post.naver.com/viewer/postView.naver?volumeNo=33921387&memberNo=27908841&vType=VERTICAL
- https://blog.naver.com/seongwoo1551/222789609703
- https://blog.naver.com/smbizkhnet/222766631693
- '이것이 메타버스다', 미디어북, 최재용 외
- '메타버스', 플랜비디자인, 김상균
- '나의 첫 메타버스 수업', 메이트북스, 이재원

Chapter 02

초보자도 따라하기 쉬운 젭(ZEP)

천성희

Chapter

02

초보자도 따라하기 쉬운 젭(ZEP)

Prologue

어느 날 갑자기 찾아온 역병으로 이전의 삶과 다른 삶을 살게 되었다. 집합체는 운영할 수 없는 체제로 들어갔었다. 필자 또한 갤러리를 운영해온 일상적인 삶이 영위할 수 없었고, 작품 을 전시도 할 수 도 없었고, 전시를 한다고 해도 방문자는 단 한명도 없었다.

오프라인에서 했던 모든 작품 활동을 온라인상에서 할 수 있는 것이 무엇이 있을까? 어떤 플랫폼이 있을까? 고민 하고 있을 때 메타버스를 만나게 되면서 필자의 가상갤러리는 급물살을 타게 됐다.

많은 플랫폼 중 젭(ZEP)에서 먼저 공간을 구축하고 오프라인 갤러리에서 진행했던 작품을 전시를 가상세계에서 진행하게 됐다. 신기해하는 것과 동시에 접근하기 어려워하는 이들도 있었다. 가상세계에서는 경제활동, 크리에이터, 세미나, 소통, 비즈니스, 교육 등 현실세계에서 할 수 있는 모든 활동이 가능하다.

1인 크리에이터라는 직업군도 얻게 됐다. 이제는 메타버스세계로 가야 되기에 SNS 익숙하지 않은 세대들도 쉽게 접근할 수 있도록 필자는 어려운 단어를 줄이고 처음 접하는 초심자들에게 유용한 필독서가 돼 젭 마스터가 되기를 바란다.

1. 즐거운 '젭(ZEP)'을 아시나요?

'젭(ZEP)'은 제페토를 서비스하고 있는 글로벌 국내 메타버스 기업 네이버제트와 RPG 개발력과 유니크한 도트그래픽을 인정받은 슈퍼캣이 함께 만들어가는 기업이다.

http://zep.us 또는 스마트폰의 애플리케이션을 통해 제공하는 화상미팅시스템과 네트워크서비스, 웹 사이트, 기타서비스 등을 제공하고 있는 메타버스 플랫폼이다. 14세 이상 이용자에게 서비스를 제공하고 있고, 미성년자일 경우 법정대리인의 동의하에 이용할 수 있다.

자신에 맞는 가상공간을 무료로 5만 명까지 이용할 수 있고 손쉽게 취향대로 만들 수 있으며 현실에서 소통하는 방식 그대로 사람과 소통할 수 있는 장점을 갖고 있는 메타버스 공간이다. 오브젝트는 직접 만들어 사용할 수 있고 자신이 만든 오브젝트를 유로로 판매 가능해 경제활동도 할 수 있다.

다양한 오브젝트를 에셋스토어에서 무료·유로로 구입할 수 있다. NFT 기능 활용과 네이버가 만든 제페토처럼 크리에이터의 기회도 주어진다. 다양한 콘텐츠를 갖고 있으며 무한한 가능성이 보이는 메타버스 플랫폼이다.

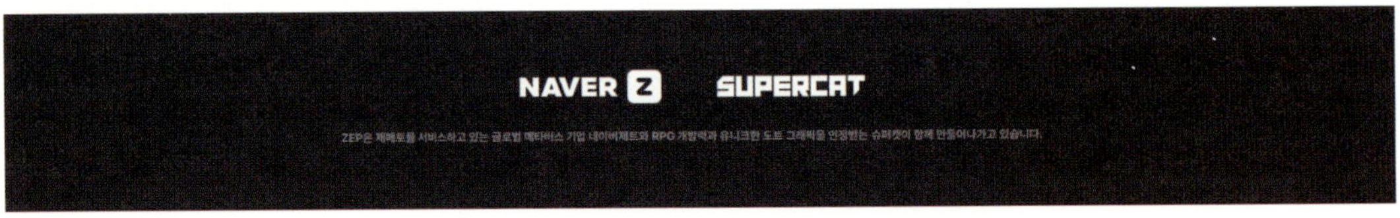

[그림1] 네이버제트와 슈퍼캣의 엠블렘

[그림2] 젭 첫 화면

2. 젭 시작하기

먼저 젭에 가입해보자. PC에서 크롬 웹브라우저를 열고 네이버 검색 창에 '젭'을 입력하면 [그림3]과 같은 화면이 나온다(사이트 http://zep.us). 여기서 젭 홈페이지를 클릭하고 [그림4]와 같이 ❶ '로그인'을 클릭 한다.

[그림3] 네이버 검색 창에서 젭 검색

[그림4] 로그인 화면

❷ '구글 계정'이 있다면 쉽게 로그인 할 수 있고 ❸ 네이버 계정이 있다면 '네이버로 로그인' 해 ❹는 인증코드 6자리를 입력하는 곳이며 [그림7]처럼 이메일로 들어온 인증코드 6자리를 이 곳에 적어 넣는다.

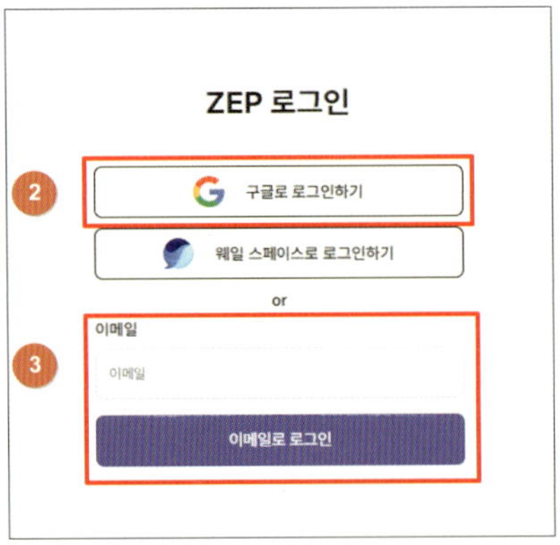

[그림5] 구글로 로그인하기

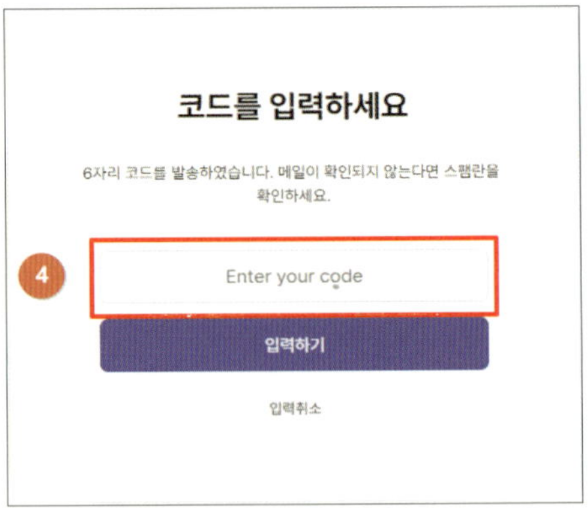

[그림6] 코드 입력요청 페이지

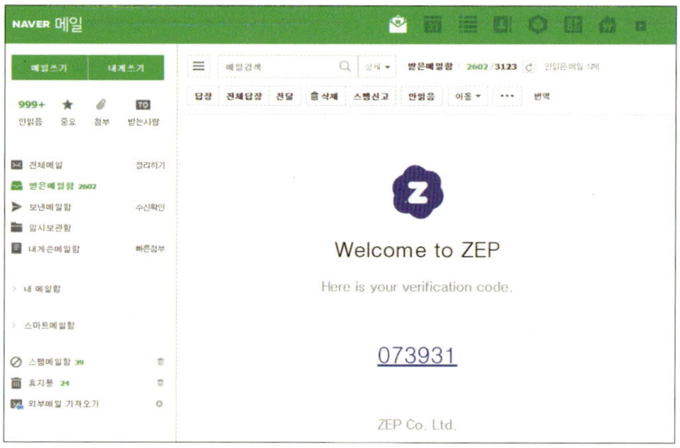

[그림7] 메일로 들어온 6자리 코드

3. 젭 공간 사용방법

구글 계정이나 네이버 계정으로 코드를 입력 후 로그인이 완료되면 첫 화면 젭에서 제공하는 템플릿을 바로 사용해 친구들을 초대해도 된다. ❶ '스페이스 만들기'를 클릭해서 맵 제작을 시작한다.

1) 공간선택 및 스페이스 만들기

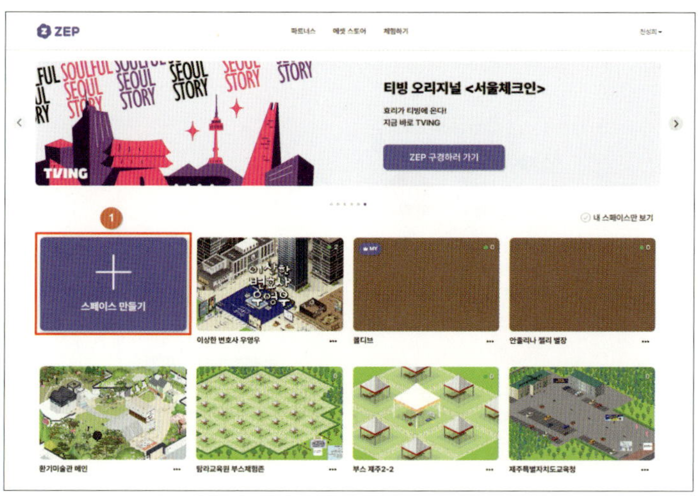

[그림8] 스페이스 만들기

❷ '빈 맵에서 시작하기'나 맨 아래에 ❷ '빈 공간'을 클릭한다.

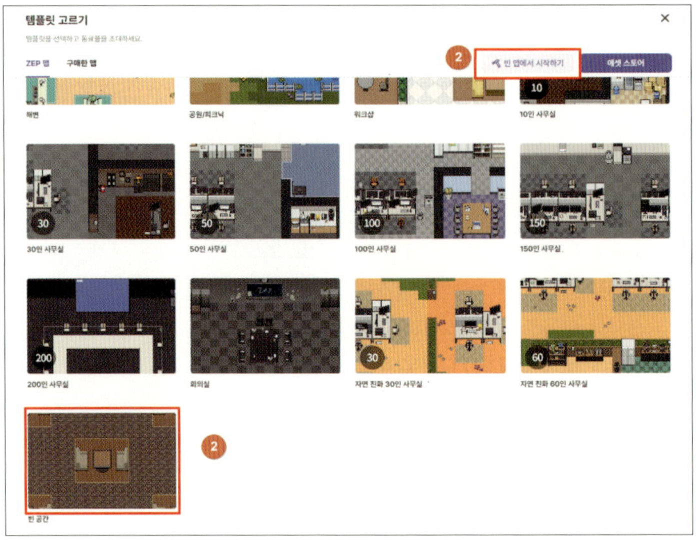

[그림9] 빈 맵이나 빈 공간으로 시작하기

❸ '공간(스페이스)의 이름'을 적고 ❹ '비밀번호'를 설정한다. 프라이빗한 공간을 이용하고자 할 때는 비밀번호를 설정한다.

참고로 공간 안에서 아바타의 이동은 키보드의 '화살표' 또는 'W, A, S, D 키'를 이용한다. '스페이스 바'는 아바타의 점프를, 마우스를 원하는 지점에 갖다 놓고 '더블클릭'하면 아바타가 더블클릭한 그 자리로 바로 이동한다.

[그림10] 스페이스와 비밀번호 설정

2) 내 프로필 설정하고 아바타 꾸미기

맵 중간에 있는 자신의 아바타를 바로 클릭하거나 ❶ 가장 우측상단에 있는 동그라미 안에 있는 '아바타'를 클릭한다.

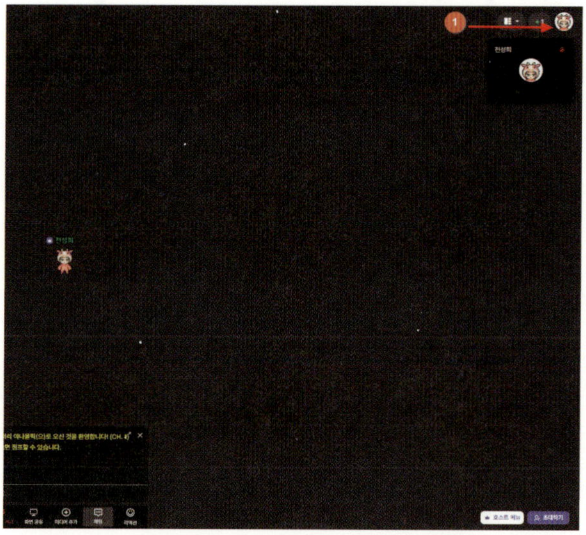

[그림11] 프로필 설정하기

[그림12]의 화면에서 팝업으로 올라온 프로필 영역에서 ❷ '아바타 꾸미기'를 클릭한다.

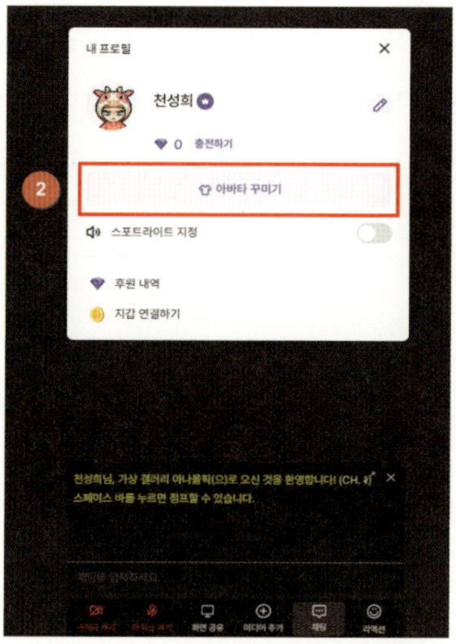

[그림12] 아바타 꾸미기

아바타를 랜덤으로 설정할 수도 있지만 ❸ 프로필 설정 박스 안에서 피부색과 의류, 헤어, 얼굴 등을 원하는 대로 꾸밀 수 있다.

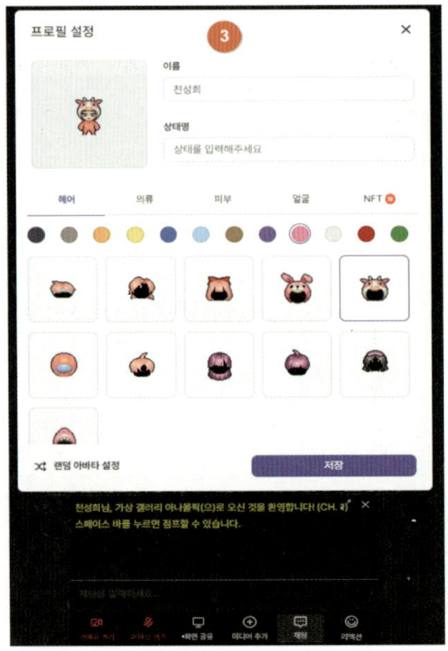

[그림13] 아바타 꾸미기

3) 리액션, 채팅

❶ '리액션'을 클릭하면 ❷ '이모지'를 이용해서 아바타의 행동 반응을 나타낼 수 있다. 채팅창으로 인해 아래로 내려온 아바타의 움직임이 보이지 않을 때 ❸ '채팅'을 클릭하면 채팅창이 없어지고 더 많은 참가자와 채팅을 원할 때는 사선으로 된 작은 화살표를 클릭하면 채팅창이 커진다. ❹ '메시지'를 입력하면 채팅창과 아바타 위에 메시지가 말풍선처럼 보인다.

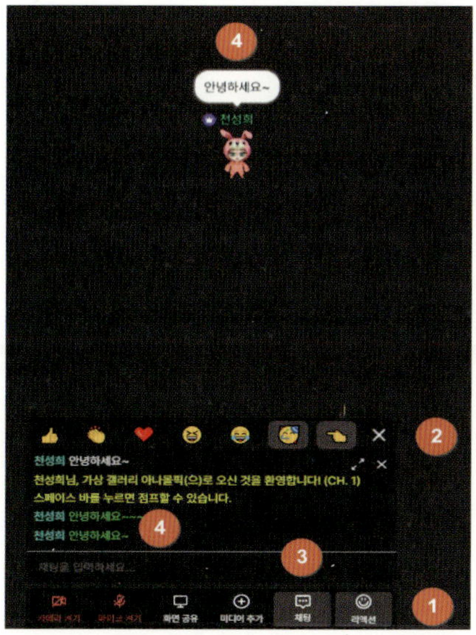

[그림14] 리액션, 이모지, 채팅 등 사용하기

4) 미디어추가

맵 에디터를 사용하지 않고 포털 기능과 콘텐츠를 공유할 수 있는 기능들이 있다. 하단의 ❶ '미디어 추가'를 클릭하면 [그림15]와 같이 ❷~❽까지의 미디어 추가 박스가 생겨난다.

[그림15] 미디어 추가 기능

두 번째 '유튜브'를 클릭하면 유튜브 주소를 넣을 수 있는 박스가 생겨난다. 주소를 붙여넣기해서 스페이스 안에서 영상을 시청할 수 있다.

즉 [그림16]과 같이 ❷ '유튜브 임베드하기' 박스에 유튜브 주소를 붙여넣기하면 된다. 키보드의 스페이스 바를 누르면 사라진다.

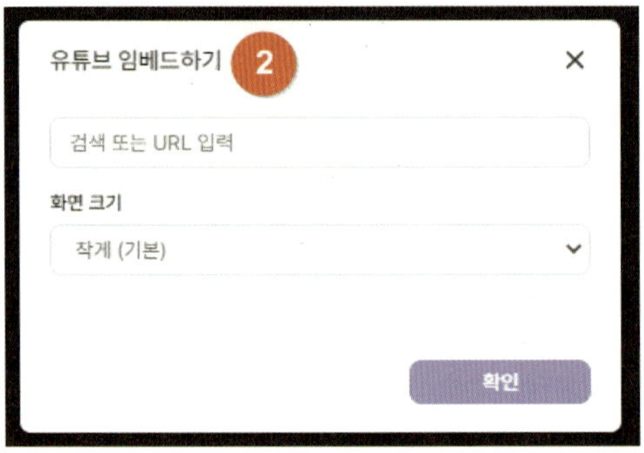

[그림16] 유튜브 임베드하기

미디어추가 박스에서 두 번째 '이미지'를 클릭하면 컴퓨터 안 폴더에 저장된 ❸ 이미지를 선택해 사용할 수 있고, 스페이스 바를 누르면 아바타가 점프하면서 이미지는 사라진다.

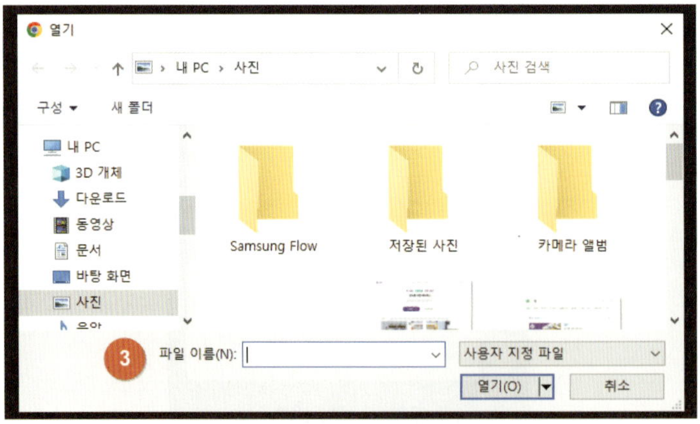

[그림17] 이미지 추가하기

미디어추가 박스의 세 번째 '파일추가'를 클릭하면 컴퓨터 안에 저장된 ❹ 파일을 찾아 올릴 수 있다. 원하는 파일을 찾아 열기를 하면 파일이 다운로드 돼 사용할 수 있다. 팝업 박스 오른쪽 상단의 'x'를 클릭하면 다운로드 파일박스는 사라진다.

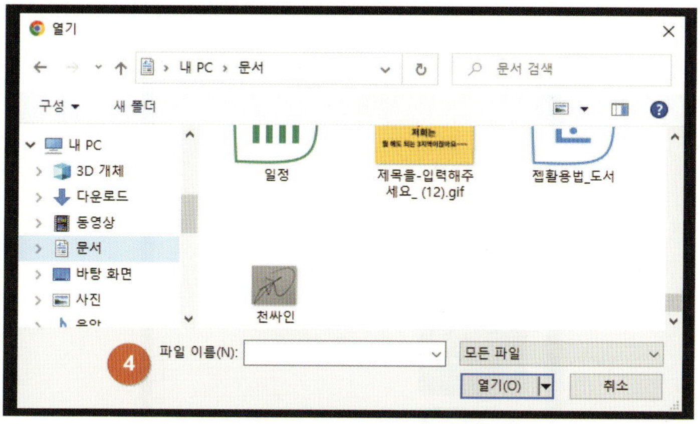

[그림18] 파일 추가하기

미디어추가 박스의 네 번째 '화이트보드'를 클릭하면 텍스트와 도형, 그림을 그릴 수 있는 ❺ 빈 공간이 생겨난다. 화이트보드를 통해 상대방과 정보를 공유하거나 설명하면서 회의를 진행할 수 있다.

[그림19] 화이트보드 활용하기

미디어추가 박스의 다섯 번째 '포털'을 클릭하면 자신이 이동하고 싶은 가상공간이 있는 ❻ '포털 선택하기' 박스가 나타난다. 이동할 스페이스를 선택하면 붉은색 포털이 아바타 등 뒤에 생성되며 가상공간으로 이동했다가 다시 돌아오면 된다. 포털이 생성되고 잠시 후 포털은 자동으로 없어진다.

[그림20] 포털 활용하기

미디어추가 박스의 여섯 번째 '미니게임'을 클릭하면 가상공간에 있는 참가자들에게 간단하게 게임을 할 수 있는 ❼ 미니게임 박스가 나타난다. 초성 퀴즈, 똥 피하기 등을 함께 즐길 수 있다.

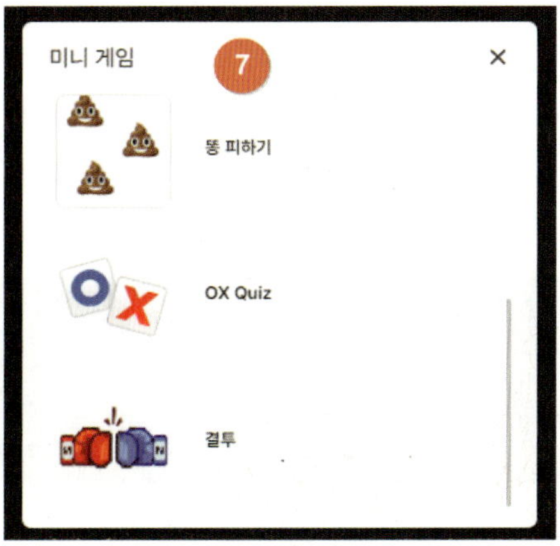

[그림21] 미니게임 즐기기

마지막으로 미디어추가 박스의 '스크린 샷' 기능이다. ❽ 가상공간에 있는 아바타와 함께 공간을 찍을 수 있는 기능이다. 가상현실에서 현장의 기록을 남기고 공유하고 싶을 때 사용하기도 한다.

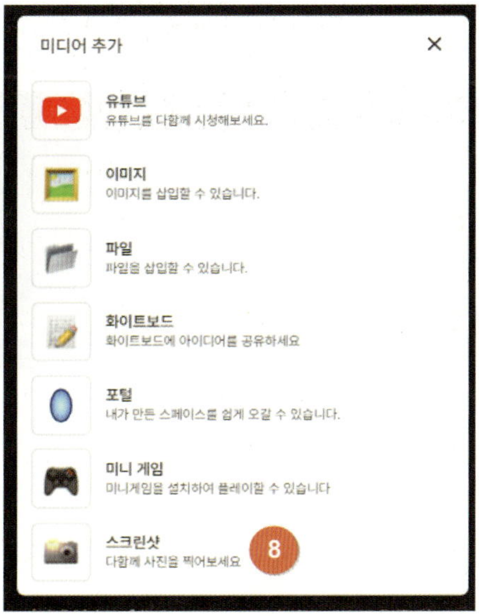

[그림22] 스크린 샷 활용하기

5) 화면 공유

공간 맨 아래의 ❶ '화면 공유'를 클릭하면 '화면 공유하기'와 '화면/오디오 공유하기'가 보인다. 발표와 강의할 때 동영상과 화면을 공유할 때 사용한다.

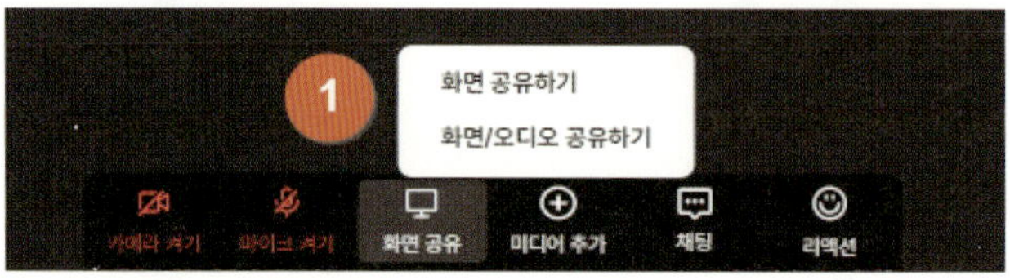

[그림23] 화면 공유하기

6) 기타기능

(1) 카메라·마이크 켜기

'카메라 켜기'와 '마이크 켜기'는 화면 왼쪽 아래의 ❶ '카메라 켜기'와 '마이크 켜기'로 활용하며 회의를 진행할 때 화면, 목소리를 켜고 끄기 할 때 필요한 기능이다.

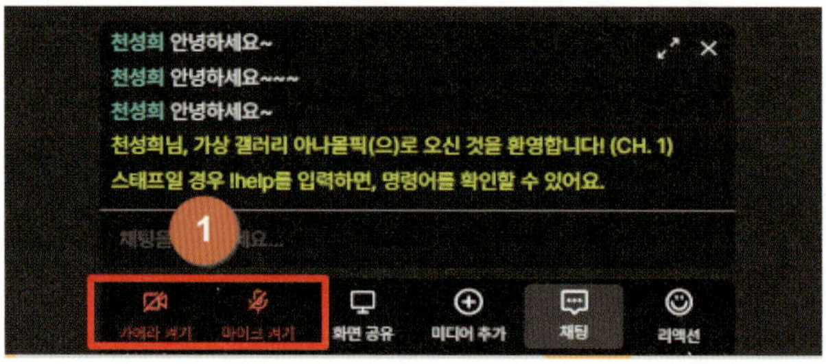

[그림24] 카메라, 마이크 켜기

(2) 친구 초대하기

'친구 초대하기'는 화면 오른쪽 아래의 ❶ '친구 초대하기'의 링크를 복사해 텔레그램이나 카카오톡 등에 붙여넣기하면 공유된다. 링크에 비밀번호가 설정돼 있다면 주소와 함께 알려준다.

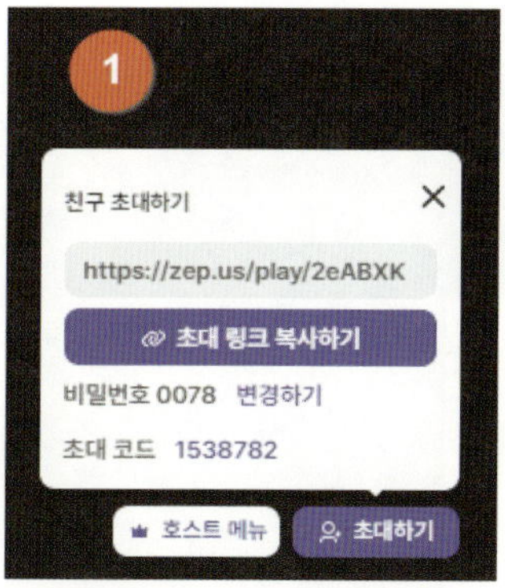

[그림25] 친구 초대하기

(3) 화면 정렬하기

'화면 정렬하기'는 화면 상단 오른쪽의 ❶을 클릭해 참가자의 모습을 위로정렬이나 우측정렬을 사용해 화면을 공간에 맞게 배치해서 사용한다.

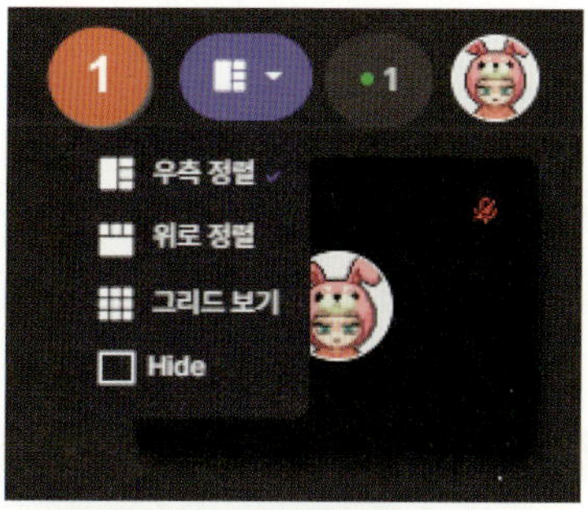

[그림26] 화면 정렬하기

(4) 참가자와 소통하기

화면 상단 오른쪽의 '참가자 수'를 나타내는 ❶을 클릭하면 참가자들이 보이는 박스가 나타난다. ❷ 소통을 원하는 참가자를 선정해 클릭하면 ❸ 상대의 프로필 메뉴가 보인다. 알림주기, 메시지 보내기, 옷 따라 입기, 따라가기 등의 기능을 활용할 수 있다.

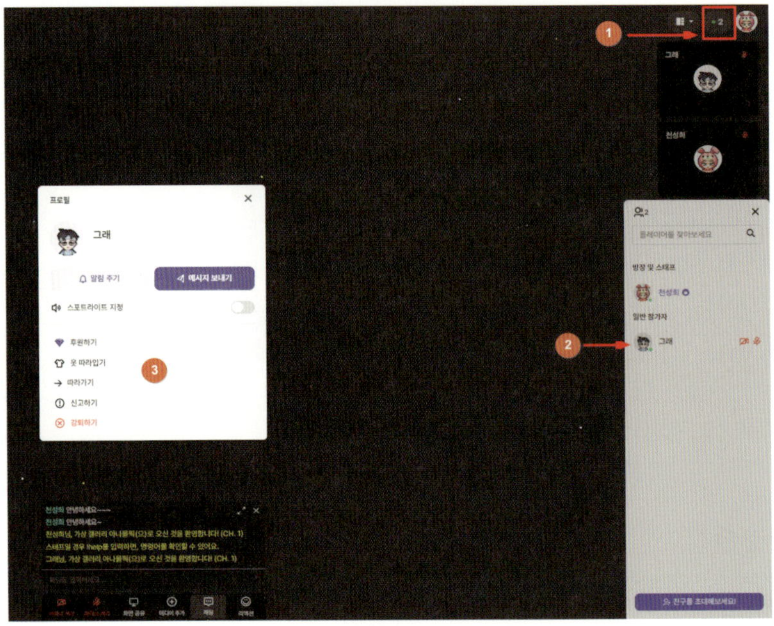

[그림27] 참가자와 소통하기

(5) 호스트 메뉴

화면 우측 아래의 ❶ '호스트 메뉴'를 클릭하면 ❷ 설정 박스가 나타난다. 회의나 강의를 할 때 방해받지 않도록 채팅금지부터 설정 안에 있는 모든 기능을 참석자들이 사용하지 못하게 할 수 있다.

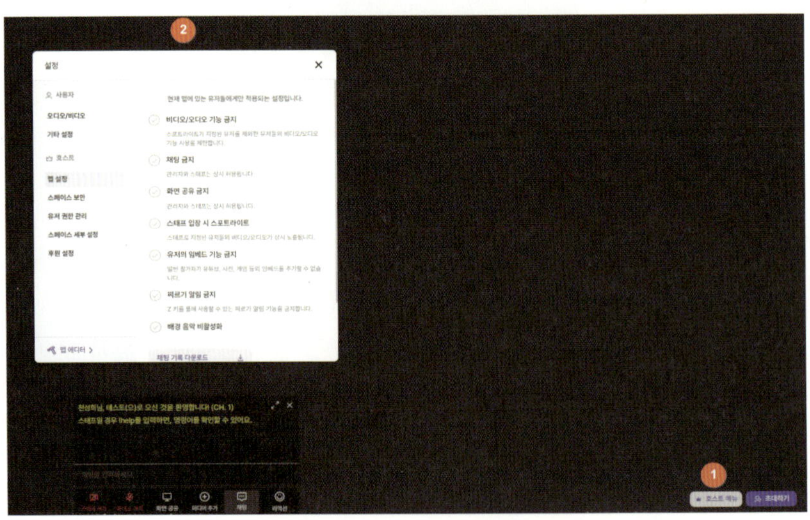

[그림28] 호스트 메뉴 활용하기

(6) 스페이스 세부 설정하기

'스페이스의 세부 설정'은 화면 좌측 상단의 메뉴 바 중에서 ❶ '톱니바퀴 모양'의 '설정'을 클릭하면 ❷ '설정' 박스가 나타나며 여기서 '오디오/비디오'를 설정할 수 있다. 스페이스 세부설정을 클릭하면 [그림30]과 같이 자신의 스페이스 환경에 맞게 구체적으로 설정할 수 있다.

[그림29] 스페이스의 오디오/비디오 설정하기

[그림30] 스페이스 세부 설정하기

4. 공간 만들기

공간을 만들기 전에 공간을 채울 '오브젝트'를 먼저 다운로드 받아야 한다. [그림31]에서 ❶ '에셋 스토어'를 클릭하면 100여개 정도 되는 맵과 오브젝트가 나온다. 무료와 유료버전이 있으며, 무료 맵과 오브젝트를 전부 다운로드한다.

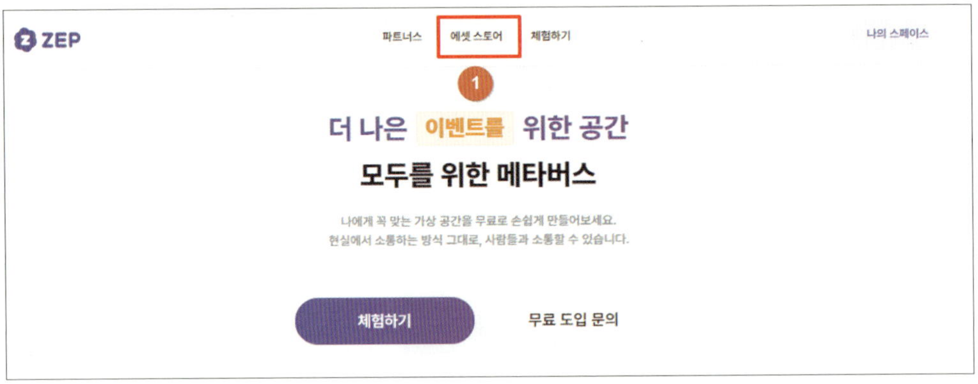

[그림31] 에셋 스토어 활용하기

에셋 스토어 안에서 '전체'를 선택하면 맵과 오브젝트를 한 번에 다 볼 수 있다. 현재도 계속 맵과 오브젝트가 생겨나고 있다.

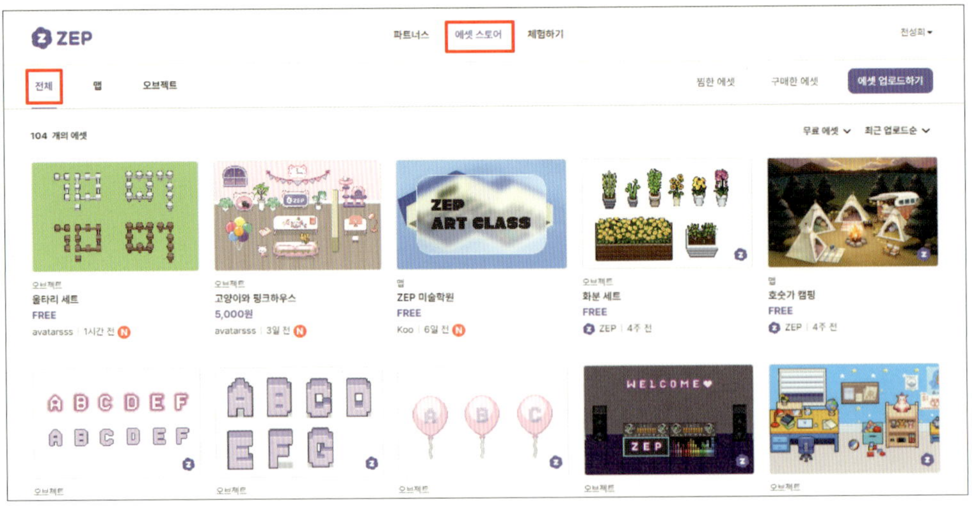

[그림32] 에셋 스토어에서 전체 선택 시 화면

젭에서 제공하는 ❶ 맵과 ❷ 오브젝트를 다운받아 보자.

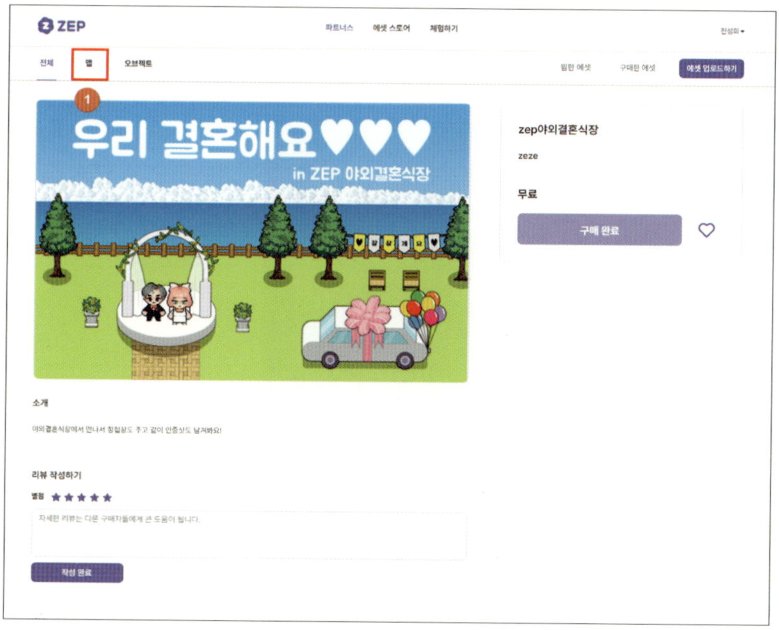

[그림33] 맵 다운로드 화면

[그림34] 오브젝트 다운로드 화면

1) 메뉴 알아가기

빈 맵에서 시작하기 또는 빈 공간, 스페이스 만들기에서 스페이스 이름을 설정하면 [그림35]와 같은 화면이 나타난다. ❶ '망치모양'의 '맵 에디터'를 클릭한다.

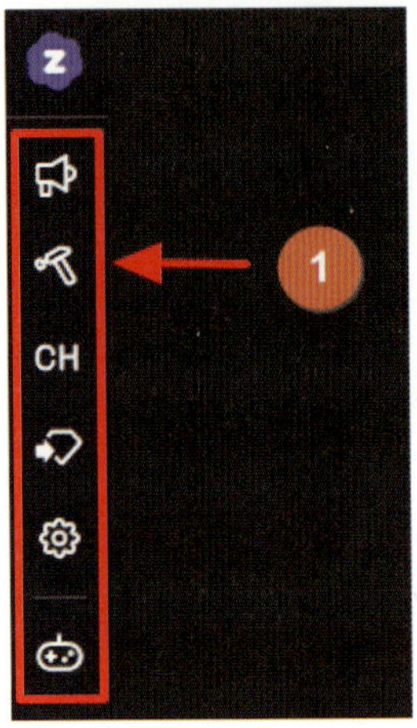

[그림35] 맵 에디터 클릭하기

❶ ~ ❼까지 기본 메뉴들을 알아보자. ❶ 맵 안에 '바닥, 타일, 오브젝트'를 삽입하기 위한 메뉴이다. ❷ 바닥을 나타낼 때 필요한 '바닥 디자인'들이다. 메뉴의 바닥을 선택한 후 ❸ '도장'모양은 바닥의 넓은 면적을 디자인할 때 도장의 최대 사이즈 4X 크기로 빠르게 진행할 수 있다.

메뉴의 '벽'에는 아바타가 벽을 지나다니지 못하도록 기능이 설계돼 있다. 벽 옆에 있는 2가지 오브젝트 중 상단 오브젝트는 아바타가 오브젝트 밑으로 지나다닐 수 있게 돼 있다. 나무 뒤나 숲에서 아바타가 지나다닐 때 표현하면 좋다.

'타일효과'는 맵 공간 안에서 좀 더 효과적으로 사용할 수 있는 메뉴인데 아바타가 나타나고 이동하는 기능들이 있다. 통과불가, 스폰, 포털 등이 있다. '도장'은 오브젝트를 선택한 후 맵 공간에 하나씩 채워 넣을 때 필요한 메뉴이다. 오브젝트나 바닥, 벽을 지울 때도 사용한다. 화살표는 오브젝트를 선택하면 작업이 끝난 후에도 계속 따라 다닐 때 사라지게 하는 메뉴이다.

'스포이드'는 일러스트레이터에 있는 기능처럼 같은 오브젝트를 한꺼번에 많이 맵 공간에 넣고 싶을 때 사용하고 되돌리기, 다시 하기는 이전, 이후 작업으로 앞뒤 이동할 때 사용한다. '맵 크기 조정'은 맵을 수정할 때 사용하는 메뉴이다.

❹ '배경음악, 배경화면, 앞 배경화면 설정하기'는 음원, 사진, 일러스트로 작업한 파일을 맵 안에 삽입하는 기능이다. 배경화면을 갖고 올 때는 맵 사이즈에 맞게 배경이미지를 미리 계산을 한 후 갖고 온다. 맵 한 칸의 크기는 32px * 32px이다. 우리가 맵에서 작업할 외부에서 가지고 올 사이즈는 가로32, 세로32이므로 가로32x32=1,024px, 세로32x32=1,024px이 된다. (미리 캔버스에 있는 사진이미지를 만들어서 갖고 온다.)

❺ 작업을 하는 동안 맵은 자동으로 저장되기도 하지만 수시로 '저장'을 눌러준다. ❼ 메뉴를 삽입하고 처리한 후 확인하고 싶을 때나 마지막 작업 후 '플레이'를 한다. 아바타가 움직이는 화면으로 이동한다.

❻ '맵 관리자' 메뉴는 '새 맵 추가하기'를 선택하면 아바타가 이동할 또 하나의 맵이 생성된다.

[그림36] 맵 에디터의 다양한 기능

2) 맵 기초 스케치하기

클라이언트로부터 제작의뢰가 들어온 후 맵 제작 전에 수기로 기초 스케치를 하고 프로젝트를 진행하면 계산 착오와 실수를 줄여주므로 시간단축과 고 퀄리티 작품성을 얻어낼 수 있다. 이 방법은 꼭 추천한다.

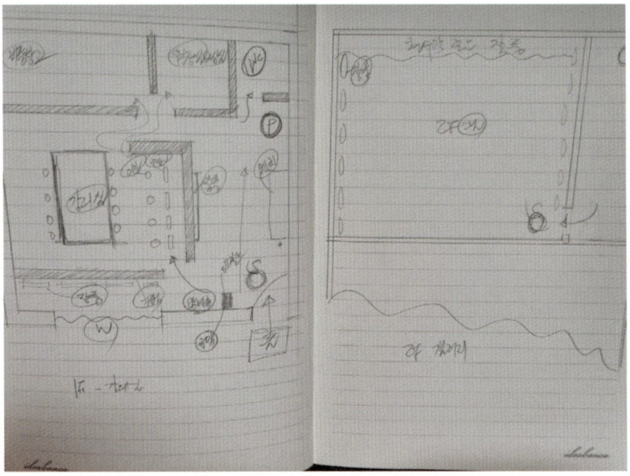

[그림37] 맵 제작 전 기초 스케치

3) 바닥과 벽 설치하기

먼저 '맵 크기조정'을 클릭한다.

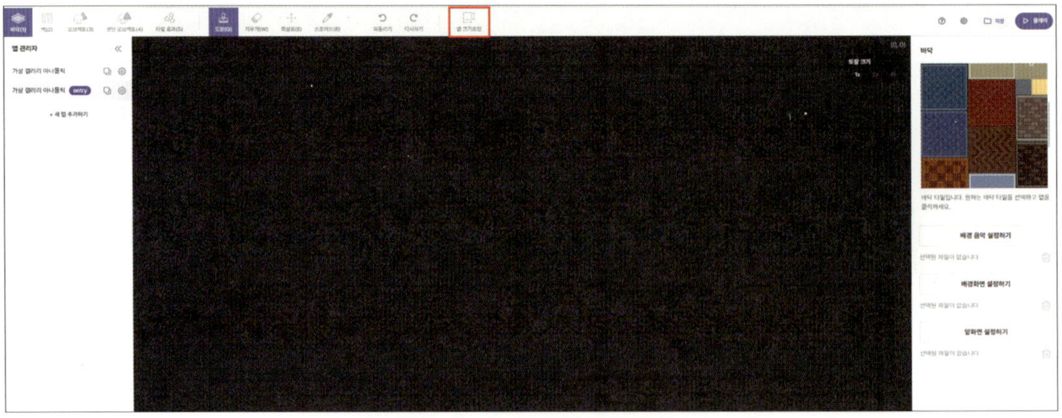

[그림38] 맵 크기조정 클릭하기

작업할 맵 크기를 수정(설정)하는 박스가 뜬다. 가로32, 세로32를 입력 후 저장한다.

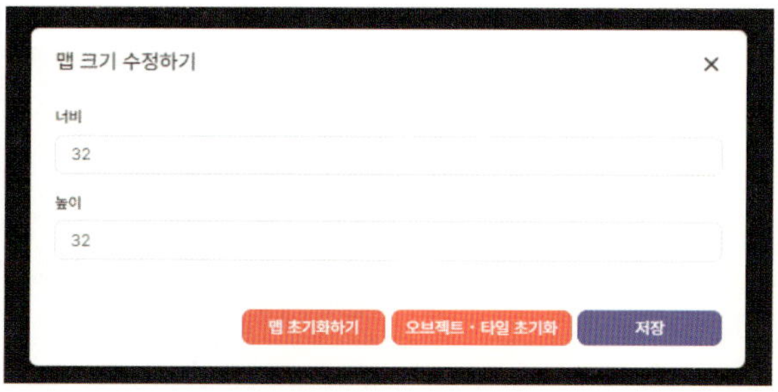

[그림39] 맵 크기 설정하기

맵 크기를 설정하면 [그림40]의 화면이 뜬다. ❶ '바닥'을 클릭하고 ❷ '도형'을 선택한다. ❸ 원하는 '바닥 디자인'을 선택한 후 ❹ 도장의 사이즈를 '4X'로 선택한다. ❺ 맵의 빈 공간에 찍는다. ❻ 원하지 않은 곳에 바닥 디자인을 잘못 찍었을 경우 ❼ '화살표'를 클릭 후 따라다니는 바닥디자인을 사라지게 한 후 ❽ '되돌리기'를 사용하거나 '지우개'를 사용해 삭제한다.

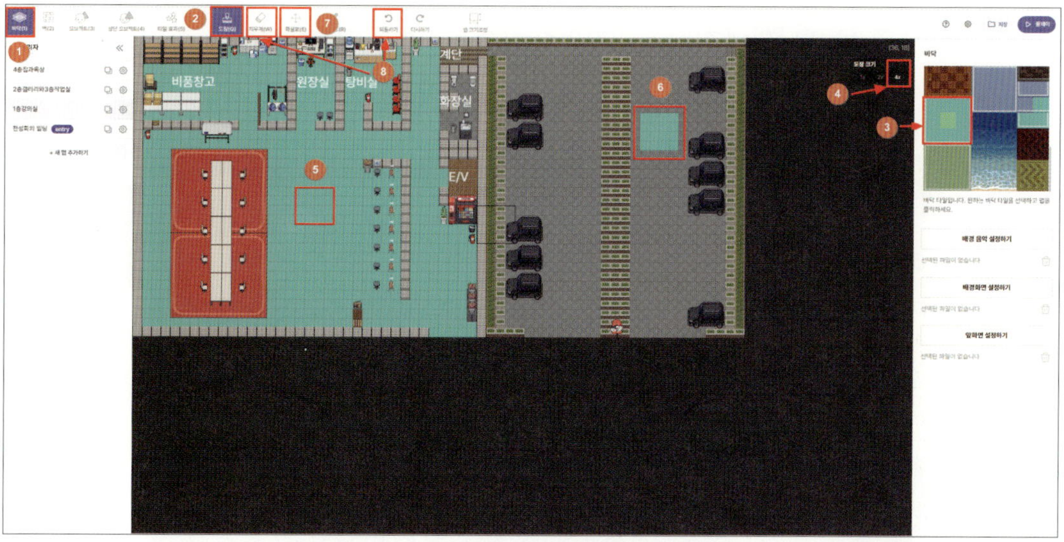

[그림40] 맵 바닥 만들기

❶ 설정한 바닥 사이즈까지만 바닥이 만들어진다. ❷ 원하는 '바닥 디자인'으로 채운다.

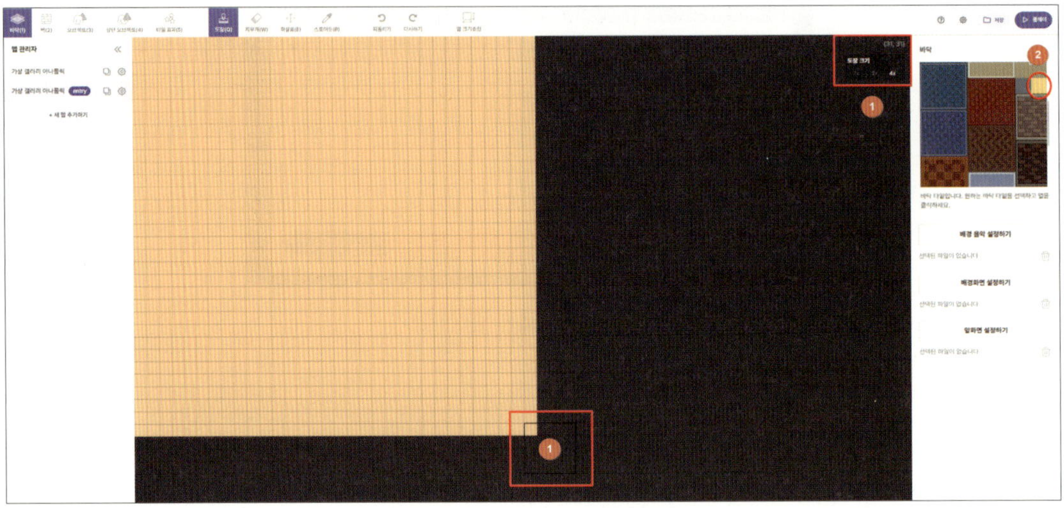

[그림41] 바닥 디자인 만들기

앞서 말한 것과 같이 벽은 아바타가 지나다니지 못하도록 돼 있다. ❶ '바닥메뉴' 선택 ❷ '벽 디자인'을 선택 후 ❸ 바닥위에 자신이 디자인한 콘셉트로 벽을 그려낸다.

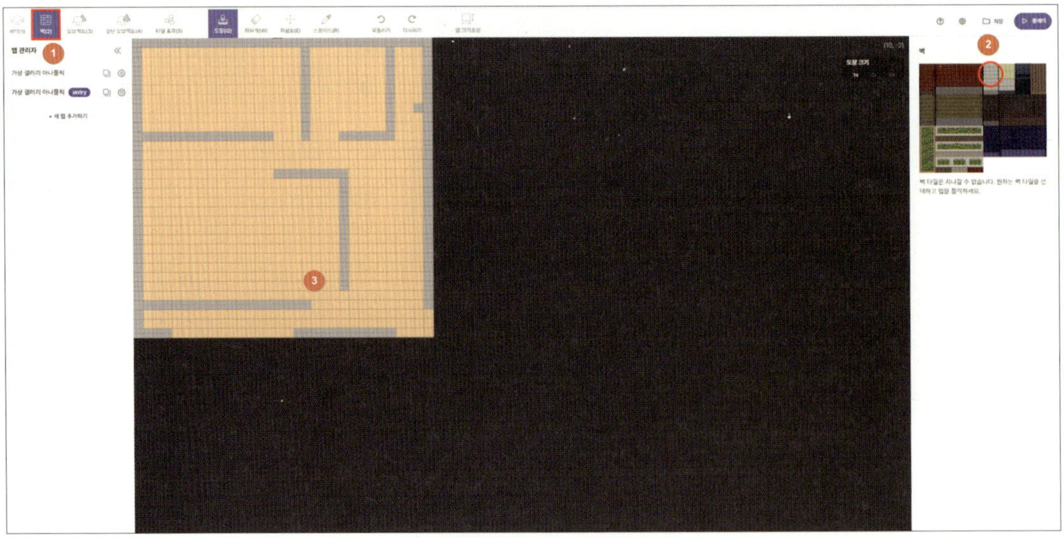

[그림42] 벽 그리기

4) 오브젝트와 상단 오브젝트

❶ 상단 '오브젝트'를 클릭 후 에셋 스토어에서 미리 다운로드 해놓은 ❷ '오브젝트 카테고리'를 선택한다. ❸ 원하는 오브젝트를 선택 후 ❹ '사이즈 조절'이 가능하므로 가로 세로 400% 설정 후 ❺ 맵 공간에 삽입한다.

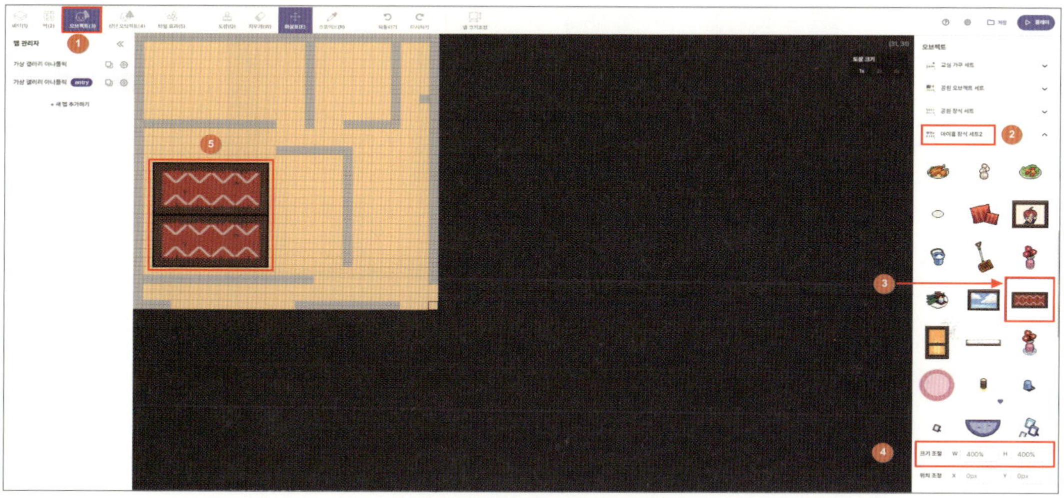

[그림43] 오브젝트 설치하기

❶ 상단 '오브젝트'를 클릭하고 ❷ 오브젝트 카테고리를 선택한 후 ❸ 맵 공간에 설치한다.

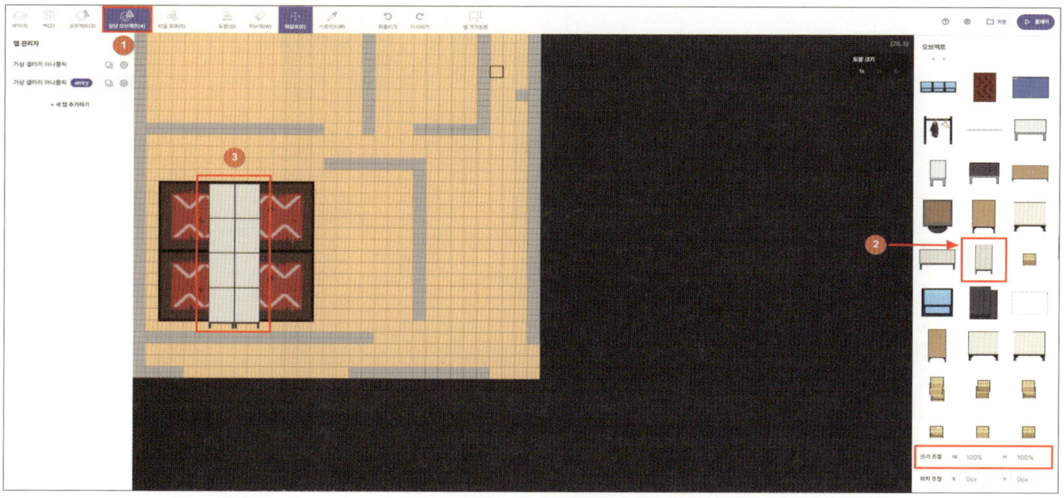

[그림44] 다른 오브젝트 설치하기

아바타가 오브젝트 밑으로 이동하는지 확인해보면 ❶과 같이 맵 공간의 아바타가 오브젝트 밑에 위치하고 있음을 알 수 있다.

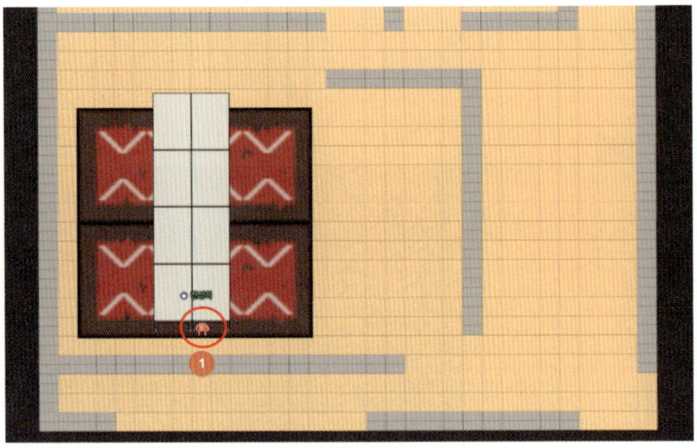

[그림45] 아바타 오브젝트 밑으로 이동

상단 오브젝트를 클릭하면 오브젝트에 ❶의 '톱니바퀴'가 나타난다. 톱니바퀴를 누르면 ❷와 같은 상단 오브젝트 기능들이 있는 박스가 나타난다. 여러 기능 중 '말풍선 표시'를 해보려고 한다.

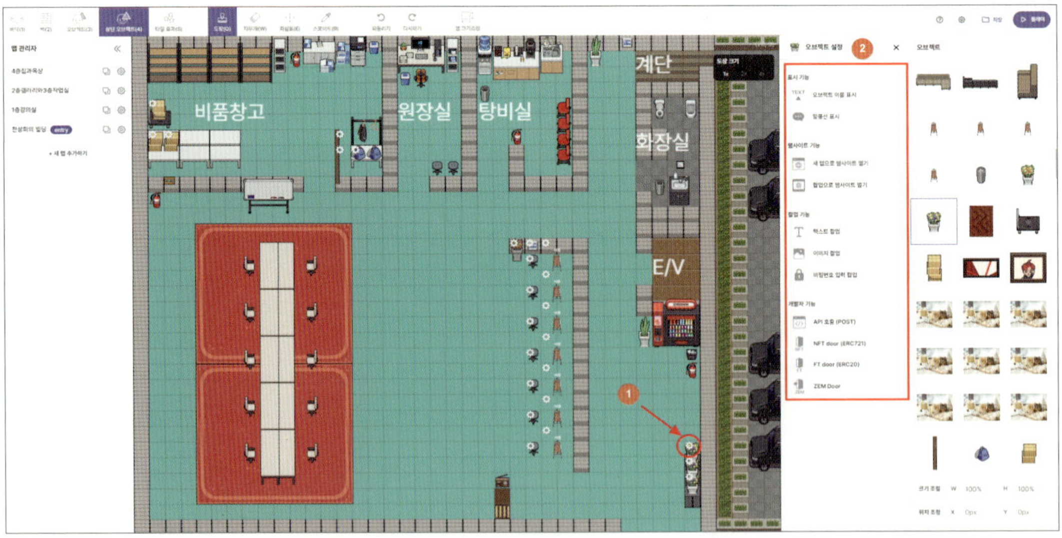

[그림46] 오브젝트 기능 알아보기

상단 오브젝트를 클릭하면 오브젝트에 ❶의 톱니바퀴가 나타난다. 톱니바퀴를 누르면 ❷ 유형을 '말풍선 표시'를 선택하고 맵 공간에 맞는 '텍스트'를 작성하고 '실행범위를 1'로 하고 '실행 방법은 F'를 누르면 실행과 바로 실행 2가지가 있는데 '바로 실행'으로 한다.

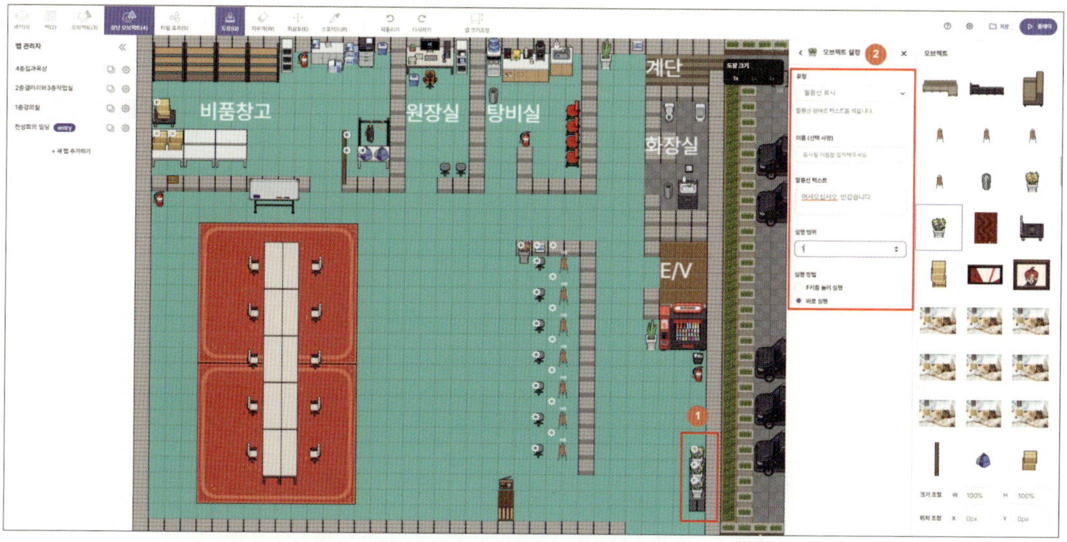

[그림47] 말풍선 설정하기

아바타가 다가가면 입력한 말풍선 텍스트가 실행된다.

[그림48] 말풍선 텍스트 실행화면

5) 타일효과

(1) 통과불가 영역 설정

상단의 메뉴 중 ❶ '타일효과'를 클릭하면 아바타가 원하는 범위만큼 오브젝트를 통과하지 못하도록 설정할 수 있다. ❷ '통과불가'를 클릭하고 작업하고 있는 맵 공간의 '도장'으로 ❸ 원하는 부분에 찍고 지나가면, 'X'라 쓰인 적색의 작은 박스가 표시된다.

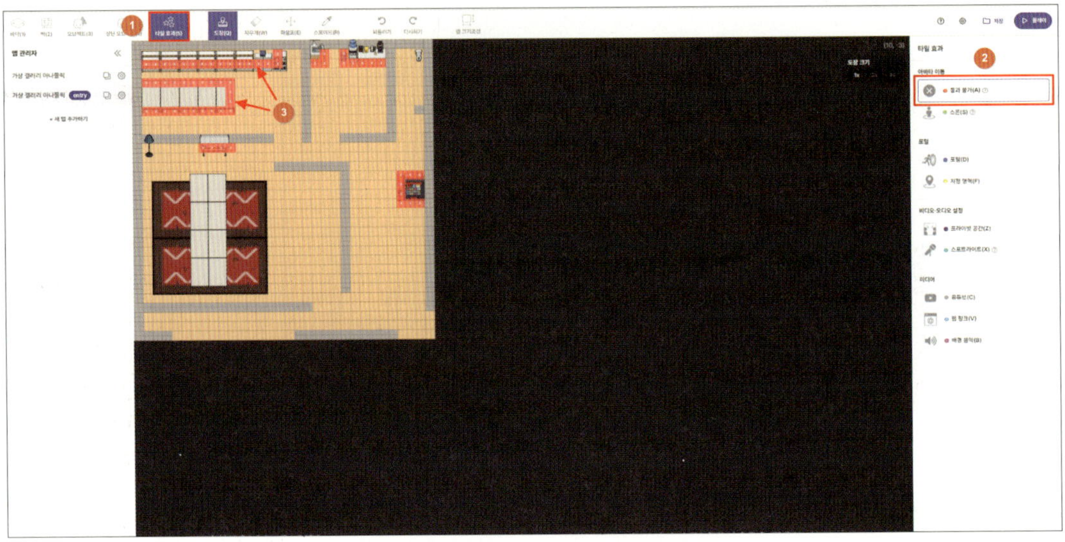

[그림49] 통과불과 영역 설정하기

(2) 스폰 설정

상단의 ❶ '타일효과'를 클릭하고 ❷ '스폰'을 클릭 후 맵 공간바닥에 아바타가 ❸ 나타날 곳을 표시하면 'P'라 쓰인 연두색 박스가 생긴다.

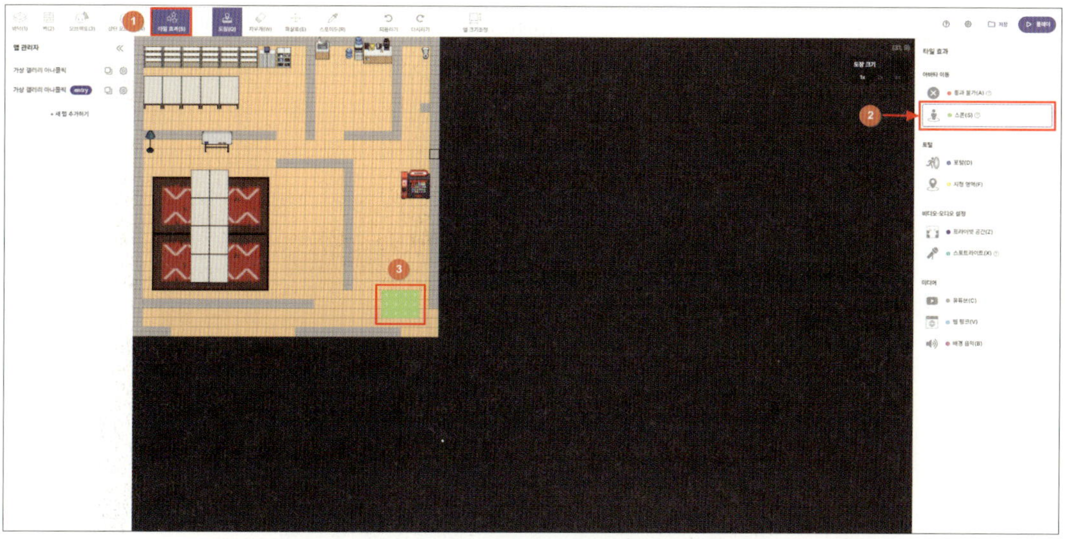

[그림50] 스폰 설정하기

(3) 포털 기능

'포털' 기능은 아바타가 다른 공간을 이동할 때 사용되는 기능이다. ❶ '새 맵 추가하기'를 클릭하면 '템플릿 고르기' 박스가 나타난다. ❷ 젭에서 제공하는 공간을 선택하거나 빈 맵에서 시작하기를 클릭해서 공간을 추가 제작한 후 '포털' 기능을 사용한다.

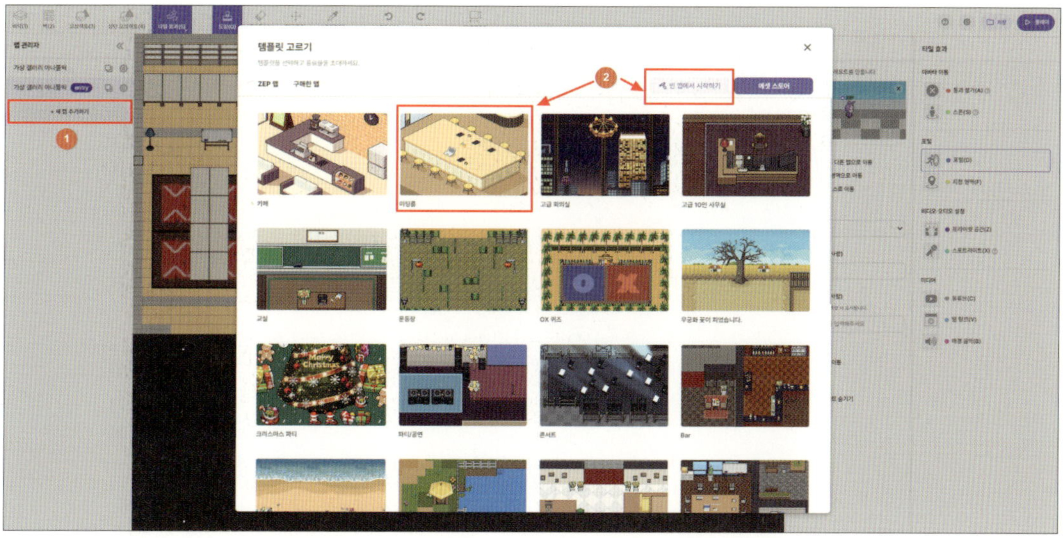

[그림51] 포털 기능 사용하기 위한 템플릿 고르기

맵 공간이 추가되면 '포털' 기능을 실행해보자 ❶ '포털' 기능을 선택하고 ❷ 아바타가 이동할 곳에 찍는다. 'P'가 적힌 파란색 작은 박스가 생긴다. ❸ '스페이스 내 다른 맵으로 이동' 선택한 후 ❹ 이동할 맵을 입력하고 ❺ 이동방법은 2가지 있는데 'F'키를 눌러 실행을 선택한다.

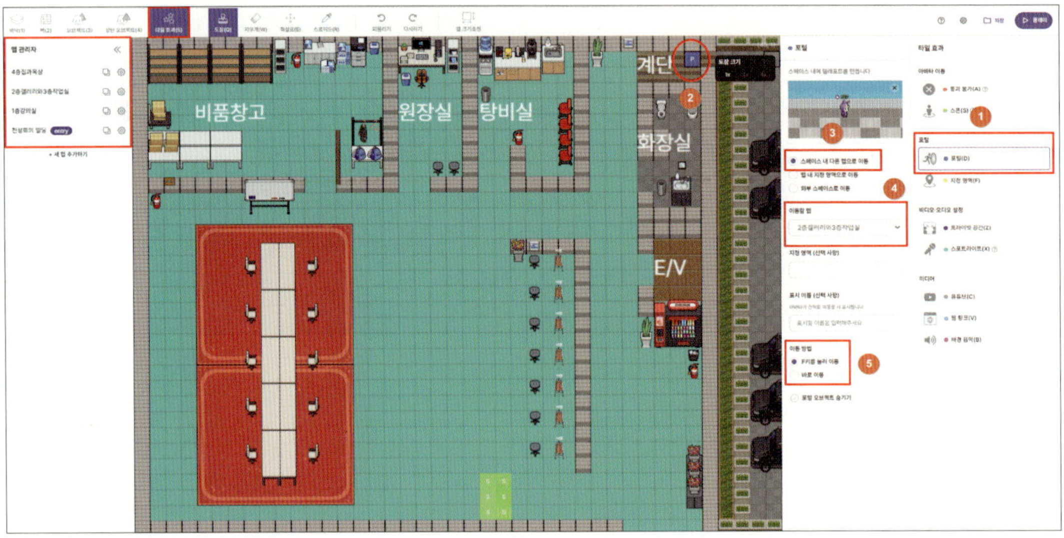

[그림52] 포털 기능 설정하기

(4) 프라이빗 공간

❶ '프라이빗 공간'을 클릭하고 ❷ '영역 ID'를 입력해 원하는 범위만큼 마우스를 움직이면 ❸ 프라이빗한 공간이 만들어진다.

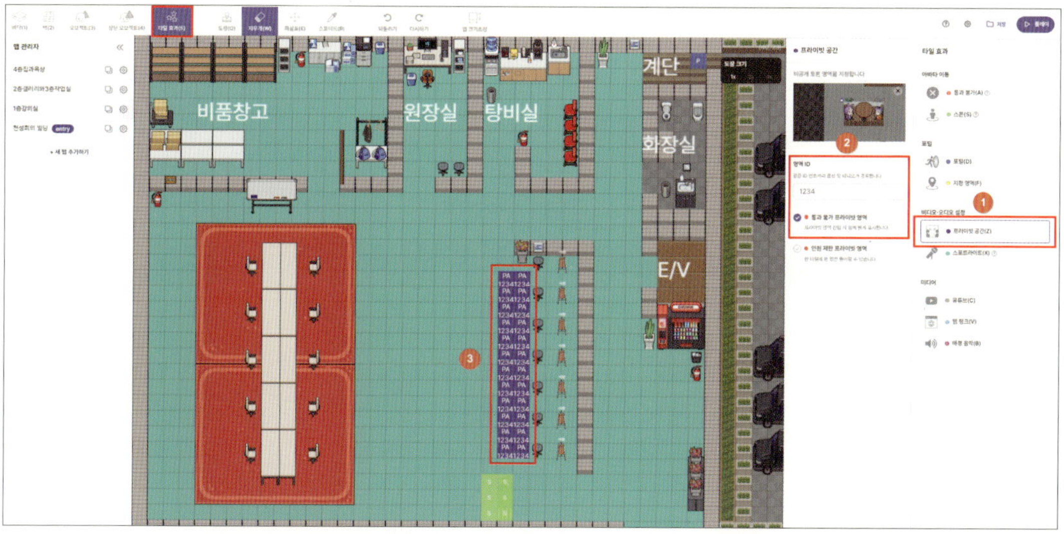

[그림53] 프라이빗 공간 만들기

아바타가 있는 공간으로 와서 프라이빗으로 설정한 근처로 아바타가 지나가면 밝아진다.

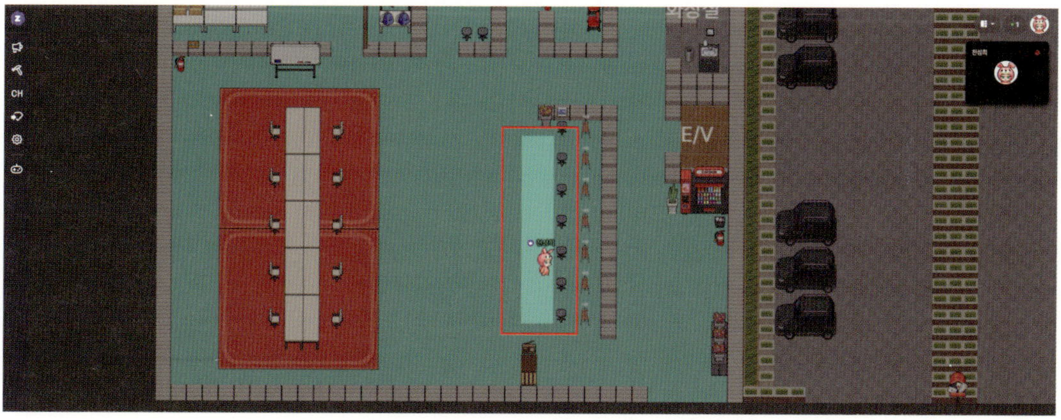

[그림54] 프라이빗 공간 확인하기

(5) 스포트라이트 기능

설정한 영역에서 타일효과의 '스포트라이트' 기능을 사용해 말을 하면 맵 공간 안에 있는 이용자들이 모두 방송처럼 다 들을 수 있다.

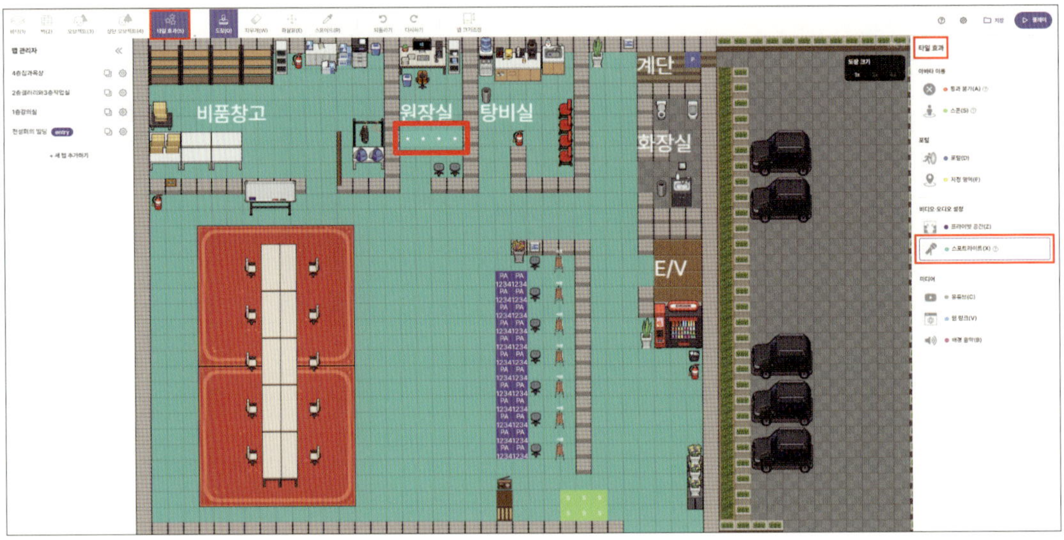

[그림55] 스포트라이트 기능

6) 오브젝트 직접 만들기

젭(ZEP)에서는 오브젝트를 직접 만들어서 맵 공간 안에 장식할 수 있다. '미리캔버스'에서 자신이 만든 오브젝트를 갖고 와서 맵 공간에 연출할 수 있다. 독자적인 맵 작품을 완성할 수 있다. 미리캔버스를 기억해 두자(www.miricanvas.com).

[그림56] 미리캔버스 시작하기

❶ 오브젝트를 클릭하고 ❷ 'MY 나의 오브젝트 추가'에서 자신의 컴퓨터에 미리 만들어 놓은 자신만의 오브젝트를 추가하면, 젭의 오브젝트 카테고리에 생성된다. 사이즈도 조절할 수 있고 일정 값을 주면 맵 공간에서 위치도 조절된다. ❸ 미리캔버스에 만든 오브젝트가 설치된 것을 확인 할 수 있다.

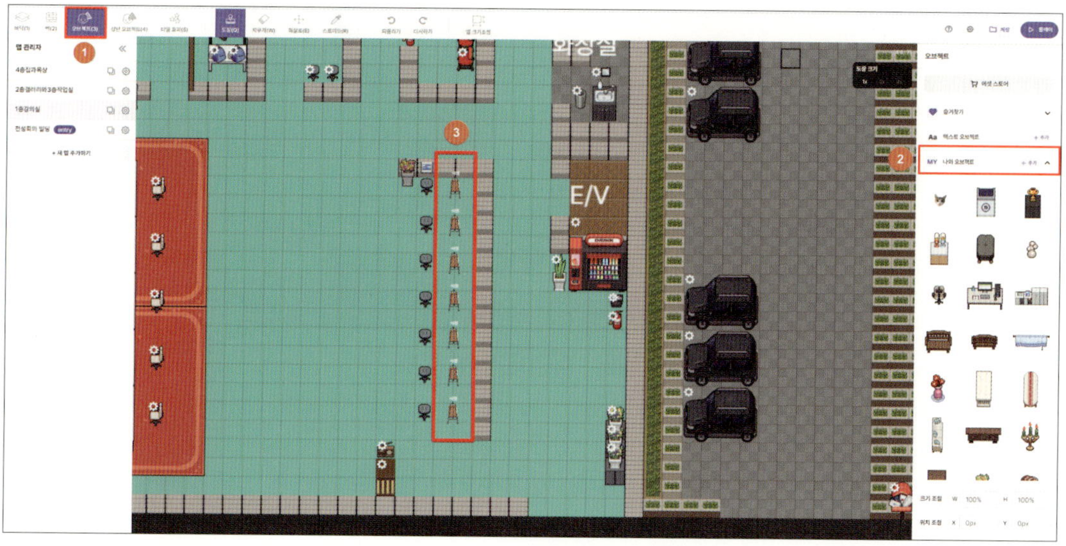

[그림57] 나의 오브젝트 추가하기

7) 맵 공간의 효과 넣기

여러 가지 효과 넣기 기능들이 있지만 많이 사용하는 '방명록'이 있다. '페들렛'을 넣어 나의 공간에 방문한 참가자들을 위해 방명록을 작성해보자(https://padlet.com).

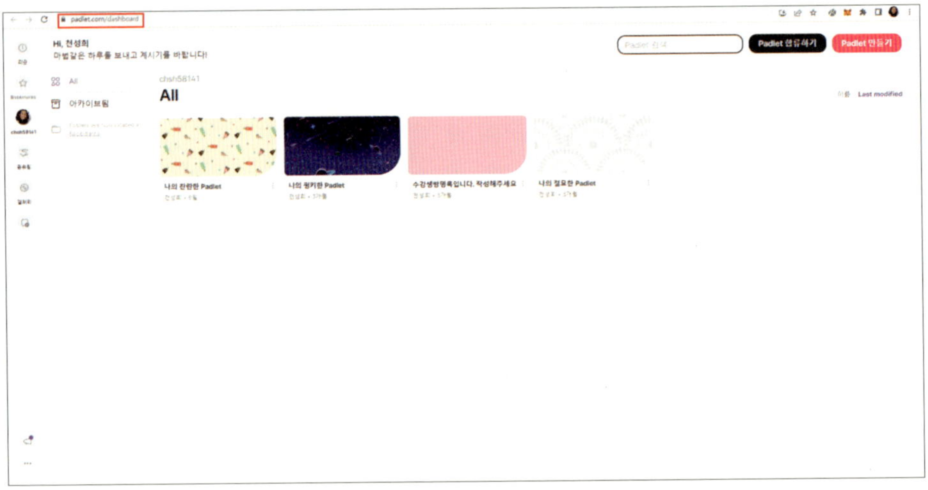

[그림58] 패들렛 활용해 방명록 만들기

아바타가 일정한 장소에 오면 오브젝트에 노란색 테두리가 생기고 방명록 작성을 유도하는 텍스트와 'F키를 눌러 실행'이 나타난다. 방명록을 쉽게 이용할 수 있다.

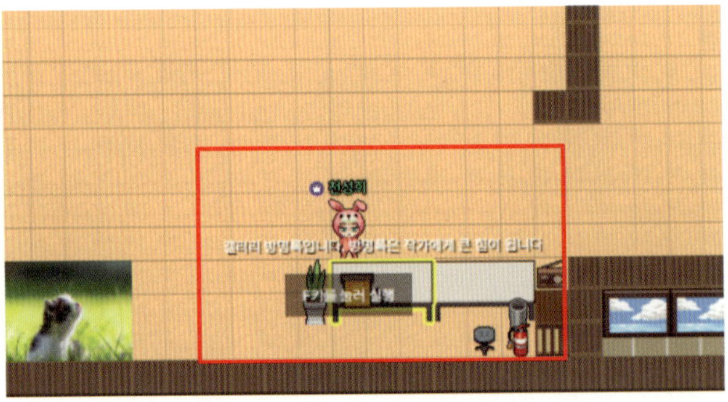

[그림59] 방명록 실행하기

'F'키를 입력하면 페들렛으로 이동한다. ❶ 동그라미 안에 있는 '+ (더하기)'를 클릭한다. 메모를 입력할 수 있는 화면에 '텍스트'를 입력하고 나면 ❷ 박스에 참가자가 입력하는 데로 순차적으로 나타난다.

[그림60] 방명록에 텍스트 입력하기

❶ 오브젝트에 방명록을 넣는 방법은 '메모장이나 노트모양으로 생긴' 오브젝트를 선택해 아바타가 걸림 없이 다닐 수 있는 공간에 찍어 놓는다. 오브젝트 위의 '톱니바퀴'를 클릭하면 ❷ 오른편에 '페들렛 주소'를 삽입할 수 있는 칸에 페들렛 주소를 붙여넣기하면 된다.

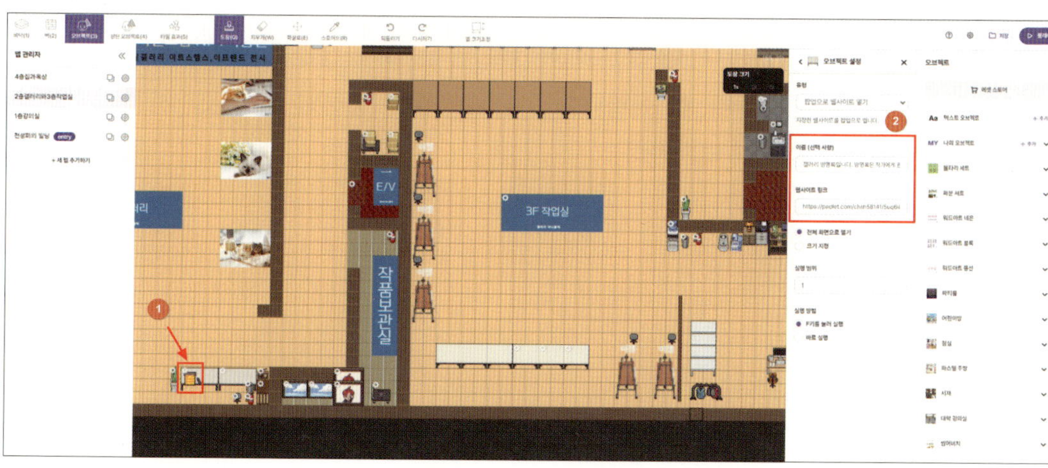

[그림61] 페들렛 주소 넣기

5. 스마트폰에서 젭 사용하기

스마트폰에서 젭(ZEP) 어플을 터치하면 자신의 맵이 나온다. 원하는 '맵'을 터치한다. 스마트폰에서도 맵 제작을 할 수 있다.

[그림62] 원하는 맵 선택하기

오른쪽 상단의 ❶ 아바타 '프로필 사진'을 터치하면 PC와 같이 프로필이 수정되며 ❷ 죠그 셔틀로 아바타를 이동시킬 수 있다. ❸ 오른쪽 하단의 부메랑처럼 생긴 것은 '점프'도 하고 맵 공간 속으로 '이동'할 때 사용한다. ❹ 아바타가 포털 쪽으로 이동하면 안내문도 친절하게 뜬다. 아바타가 포털 근처에 있을 때 터치한다.

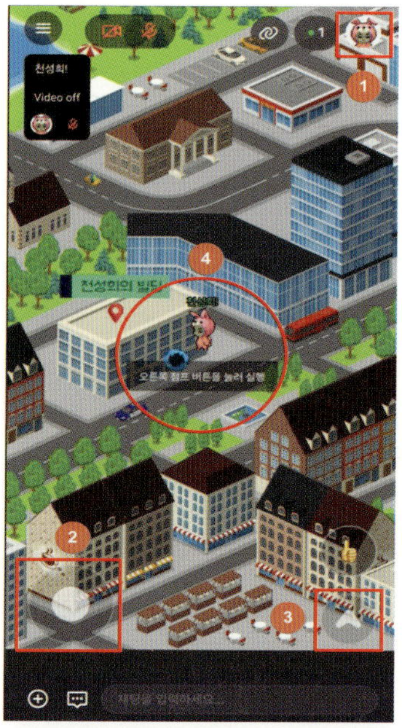

[그림63] 스마트폰에서 포털 사용하기

❶ 하단의 채팅창에 '텍스트'를 입력하면 ❷ 아바타 위에 '말풍선'으로 나타난다.

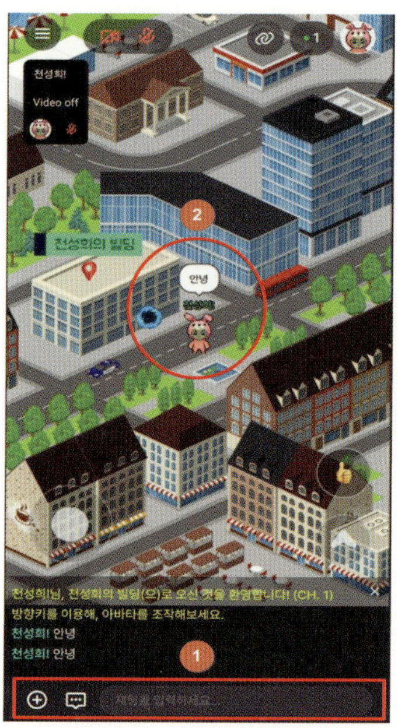

[그림64] 텍스트 입력하기

화면 우측의 '엄지 척'을 터치하면 이모지가 많이 보인다. 참가자들에게 재미를 더해준다.

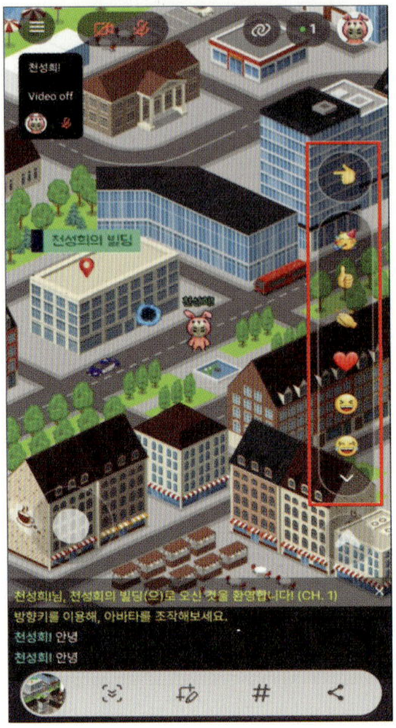

[그림65] 이모지 활용하기

https://zep.us/play/y17No8로 입장하면 'enrty 맵'에는(아이코그램스 배경) 필자의 빌딩이 있고 1층 강의실과 원장실, 주차장, 2층 갤러리와 작업실, 3층 가정집, 옥상으로 구성돼있다. 미리캔버스와 젭에 있는 오브젝트로만 작업을 한 공간이다. 맵의 콘셉트는 초심자들을 위한 기초 맵으로 구성돼 있다. 하나씩 따라서 맵 작업을 해도 될 만큼의 공간이다.

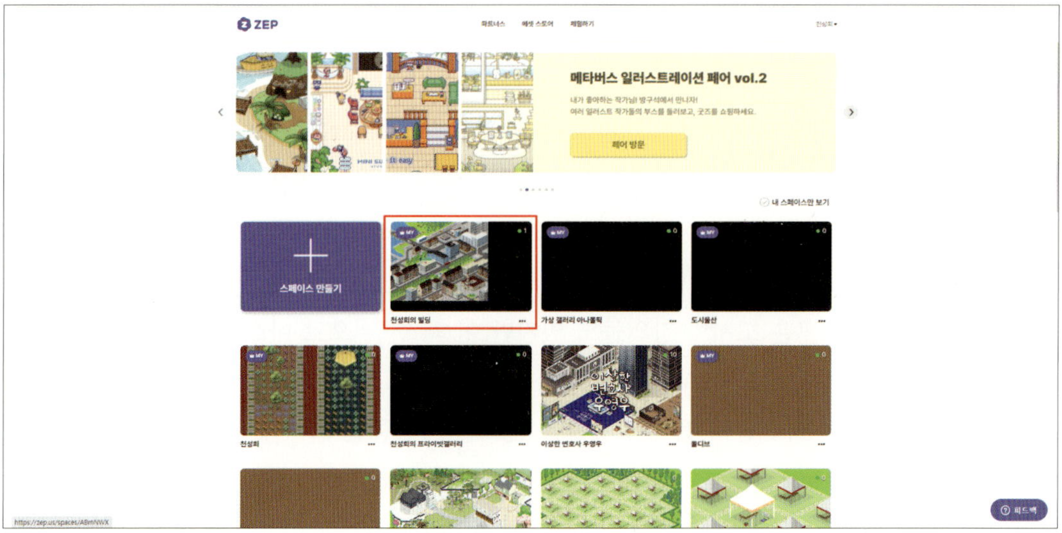

[그림66] 원하는 맵 선택하기

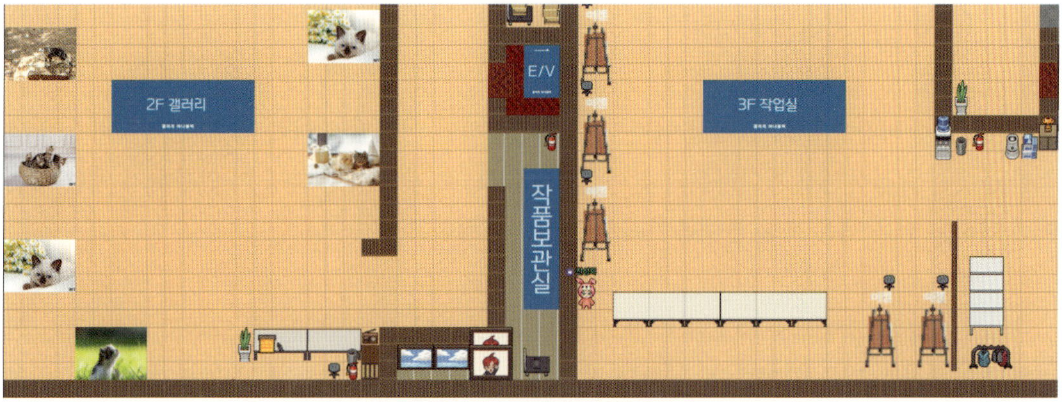

[그림67] 필자가 만든 맵 화면

Epilogue

세월이 지나면 누구나 다 메타버스 세상에서 헤엄치고 있을 텐데 도입될 시기에는 헤매고 어렵기 마련이다. 필자 또한 새로운 세상으로 진입하는 일이 여간 어려운 일이 아니었다. 필자와 같은 이가 반드시 있다는 가정 하에 젭 사용설명서(책 제목)를 쓰기 시작했다.

메타버스에 관련된 많은 도서와 강의들도 있지만 이 책 한 권으로 마스터 할 수 있도록 젭을 처음 접하는 이들의 눈높이에 맞춰 전문용어 사용은 배제했고 그림을 많이 넣어 보기 편하도록 했다. 이 책 한권이 면 자신만의 젭 가상공간을 만드는 가상공간 크레에이터가 되는데 큰 도움이 될 것이다.

젭은 다른 메타버스 플랫폼과 달리 다양한 장점들이 있다. 무엇보다 가장 큰 장점은 무료로 사용이 가능하고 한 번에 사용할 수 있는 인원도 다른 플랫폼이 따라오지 못할 정도로 많은 인원들의 사용이 가능하다는 점이다.

그리고 한글버전으로 돼 있어서 어떤 기능을 활용하던 어렵지 않다는 점이다. 메타버스란 생소한 플랫폼을 접하면서 게더타운과 같이 영어 버전으로 돼 있다면 분명 더 당황하기 마련이다. 이런 어려운 점을 젭은 토종 플랫폼이란 장점으로 커버하고 있다.

다양한 기능도 그렇고 무엇보다 스마트폰에서의 활용이 가능하다는 점 그리고 화면 역시 선명하고 명쾌한 느낌을 안겨준다. 필자가 적은 것을 열심히 따라해 보다 보면 필자보다 더 원활하게 젭을 활용할 수 있게 될 것이다.

메타버스 공간 크리에이터가 되고자 한다면 적극적으로 젭을 사용해 볼 것을 추천하며 많이 만져보고 만들어 보는 것만이 답이라고 권하고 싶다. 처음이 어렵지 한두 번 해보면 독자들도 어렵지 않게 젭 마스터가 될 것이다. 물론 수익창출로 인해 경제적인 도움도 받을 수 있게 될 것이다.

Chapter

03

제페토 크리에이터 되기

공 다 예

Chapter

03

제페토 크리에이터 되기

Prologue

4차 산업혁명과 코로나19 사태로 인한 비대면 상황으로 '가상공간'에 관한 관심과 수요가 높아지게 됐다. 특히 모바일과 SNS에 익숙한 MZ 세대들은 가상공간에서의 자신을 상징하는 또 다른 '나'인 아바타를 만들고, 현실세계에서의 경험을 가상세계에서 재구성하며, 가상과 현실의 경계를 허물고 상호 연결된 '메타버스(metaverse)'라는 세계를 경험하고 있다.

대표적인 메타버스 플랫폼인 '제페토(Zepeto)'의 경우 3억 명이 넘는 글로벌한 이용자를 보유하고 있다. 제페토 스튜디오를 통해 가상패션 아이템을 개발해 경제적인 활동을 하는 '아바타 아이템 크리에이터'는 물론 가상패션 아이템 개발을 전문적으로 하는 디자이너 강좌 및 메타버스 플랫폼과 협업하는 패션 브랜드가 증가하고 있다.

또한 아바타를 중심으로 한 게임과 동시에 콜라보레이션 샵을 따로 지정해두고 다양한 브랜드와 협업해 각종 패션 아이템과 포토 부스, 월드 맵, 동영상 콘텐츠 등을 선보이며 뛰어난 홍보 효과와 파급력을 불러일으키고 있다. 그리고 이것은 기업의 잠재적 고객유입과 경제적 이득을 창출하며 눈앞으로 다가온 4차 산업시대에 패션산업의 판도를 뒤바꿀 매우 중요한 핵심의 흐름으로 여겨지고 있다.

본 장에서는 메타버스 플랫폼인 '제페토(Zepeto) 스튜디오'를 활용한 패션아이템을 제작해 보고자 한다. 또한 아바타 및 패션 아이템을 3D를 시뮬레이션하면서 가상 및 현실과 소통할 수 있는 기술을 구현하는 등의 경험을 통해서 '크리에이터 이코노미(창작자 경제)' 영역을 경험해 보자.

1. 제페토 아이템 크리에이터

1) 제페토 아바타 패션아이템

제페토는 네이버제트(Z)가 운영하는 3D 아바타를 기반으로 꿈꿔왔던 것들을 만들어 낼 수 있는 가상세계 플랫폼이다. 표정과 움직임이 3D로 구현돼 생동감이 있는 아바타를 통해 메타버스 속에서 성별, 인종, 나이와 상관없이 전 세계 이용자들과 소통한다. 그리해 자신을 표현하고 드러내는 것에 익숙한 Z 세대들은 패션 아이템 구매에 주요 소비자로 자리 잡게 됐다.

가상세계에서 아바타가 착용하고 있는 패션아이템은 가상세계 속 나를 대신해 나의 개성을 드러내기 때문에 아바타를 더 돋보이게 하기 위해 가상패션 상품에 투자하는 현상이 나타나고 있다. 최근에 여러 패션 브랜드들은 아바타 가상패션과 패션상품을 접목시켜 아바타와 브랜드 이미지를 동일시하고, 아바타에 브랜드 이미지를 부여해서 오프라인에서 구매를 이끄는 촉매제 역할을 하기도 한다.

실제로 제페토에서는 일찍이 글로벌 패션인 브랜드인 구찌, 크리스찬 루부탱, 나이키, MLB 등이 그래픽으로 만든 가상매장에서 자사제품을 선보이고 있으며, 패션 및 뷰티 업계에서도 메타버스에 이색매장과 전용 아이템 출시와 같은 차별화된 서비스로 MZ 세대를 겨냥한 마케팅이 진행 중이다.

2021년 1월에는 이탈리아 피렌체를 배경으로 한 '구찌 빌라'에서 제페토 가상매장을 운영해 아바타를 통해 구찌 아이템을 착용하고 포토존에서 사진을 촬영하며 구매까지 가능한 서비스를 제공하고 있다.

[그림1] 구찌빌라(출처 : 제페토 월드)

메타버스 플랫폼 '제페토'에 명품 브랜드인 '구찌'의 가방이 출시됐는데, 현실에서는 200만 원이 넘는 가방이 제페토 안에서는 불과 3,000원 정도에 판매됐다. 제페토 구찌매장에서는 똑같은 디자인의 가방을 구매할 수 있는 등 명품 브랜드의 패션 아이템으로 머리끝에서 발끝까지 꾸미는데 1만 원 정도면 충분하기 때문에 Z 세대들의 반응은 폭발적이었다.

이는 현실과 가상세계에서의 소비에 관한 구분이 점차 흐려지고 있고, 제페토 스튜디오에서는 패션 전공자가 아니더라도 누구나 쉽게 패션 아이템을 제작하고, 이를 통해 수익을 창출할 수 있어 제페토 크리에이터라는 새로운 직종 및 관련 서비스·콘텐츠가 파생되고 있다.

[그림2] 구찌와 MBL의 제페토 콜라보(출처 : 제페토)

2) 제페토에서 아이템 만들기

제페토는 직접 3D모델링을 통해서 제작하는 크리에이터 시스템이 존재하는데 아바타와 패션아이템 제작이 가능하며, 제페토에서 맵이라고 불리는 3D월드까지 제작가능한 시스템이 바로 제페토 크리에이터이다. 제페토 크리에이터는 제작한 아이템을 판매하기도 하며, 제작한 월드를 사람들에게 공개해 그 곳에서 마음껏 메타버스 세상을 누릴 수 있게 한다.

특히 제페토 아이템 크리에이터는 모자부터 신발까지 다양한 아이템 제작과 판매가 가능하며, 유명 크리에이터가 되면 인플루언서의 역할이 가능해서 콘텐츠 제작을 통해서 다양한 수입을 얻을 수 있다.

제페토에서 패션과 연관성이 높은 대표적인 제페토 크리에이터 렌지, 클라우드, 하리 등은 상황에 맞는 여러 개의 부캐를 창조하기 위해 아바타의 가상패션을 커스트마이징 하며 여러 가지 모습으로 업로드하고 공유하는 대표적인 제페토 크리에이터이다.

[그림3] 제페토 크리에이터 렌지의 패션 아이템(출처 : 제페토 크리에이터 렌지(좌측))
[그림4] 당고뮤직의 킬링보이스를 재해석한 페러디 콘텐츠(출처 : 제페토 크리에이터 하리(우측))

제페토는 사용자가 맵을 만들 수 있는 '빌드잇' 과 아바타 의상과 아이템을 제작할 수 있는 '스튜디오'를 제공한다. 제페토 의상 및 아이템은 3가지 방법으로 만들 수 있다. 제페토 스튜디오에서 제공하는 2D 템플릿을 활용하거나, 3D 모델링 프로그램을 활용해 패션 아이템을 제작하거나, 이미 만들어진 3D 모델링을 활용해 만들 수 있다. 제페토 스튜디오의 판매승인이 나면 사용자들과 사고 팔수도 있는 '크리에이터 이코노미'가 존재한다. 판매되는 아이템의 평균 가격은 3~6젬으로, '1젬이 86원'인 점을 고려하면 패션 아이템 하나당 200~500원인 셈이다.

2. 제페토 시작하기

제페토에서는 아이템 만들기, 캐릭터를 꾸미는 캐릭터 리터칭, 영상 콘텐츠 제작 등의 활동이 필요하다. 제페토 메인 화면에 노출돼 있는 추천 피드에 뜨게 되면 유명한 인플루언서 역할이 가능하기 때문에 팔로워를 모으기 위해서 중요한 활동이다. 뮤직비디오, 맵 투어 영상, 미니 드라마 등을 만들 수 있고, 추천 멤버에도 선정되면 짧은 시간에 많은 팔로워를 모을 수 있다.

월드와 맵 만들기도 할 수 있다. 빌드잇의 경우 3D 모델링 능력이 없어도 빌드잇 에셋을 통해 오브젝트를 배치하는 능력이 있으면 되기 때문에 누구나 어렵지 않게 맵 제작이 가능하다. 월드의 경우 '코딩 지식', '게임 기획력'이 필요하다.

그리고 라이브 방송을 통해 인플루언서 활동도 가능한데 젬 후원을 받아서 현금화 할 수 있다. 라이브 방송은 누구나 다 할 있는 것은 아니고 현재는 일부 크리에이터만 가능하다. 인플루언서가 되면 제품이나 맵 홍보 등의 제안을 받아서 창작활동을 하지 않아도 수익을 얻을 수 있다.

1) 회원가입 하기

플레이 스토어에서 '제페토'를 검색해 설치한다. 설치된 제페토 앱을 열면 이용약관을 확인하고 '동의합니다'를 누르고 아바타의 성별과 스타일을 선택 후 '다음'을 누른다.

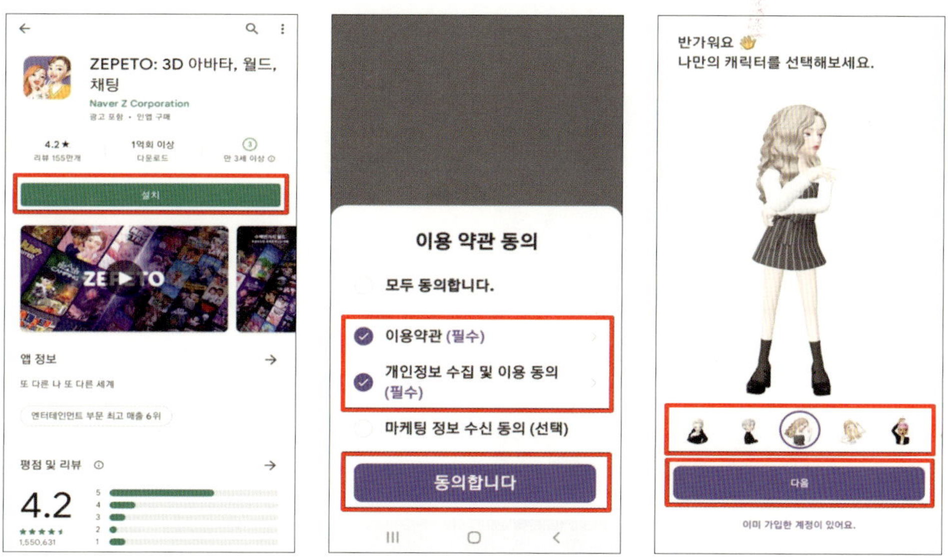

[그림5] 제페토 앱 설치와 아바타 선택

캐릭터 이름, 생년월일을 입력하고 제페토 가입하기 화면이 나오면 로그인 방법을 선택하고 입력한다.

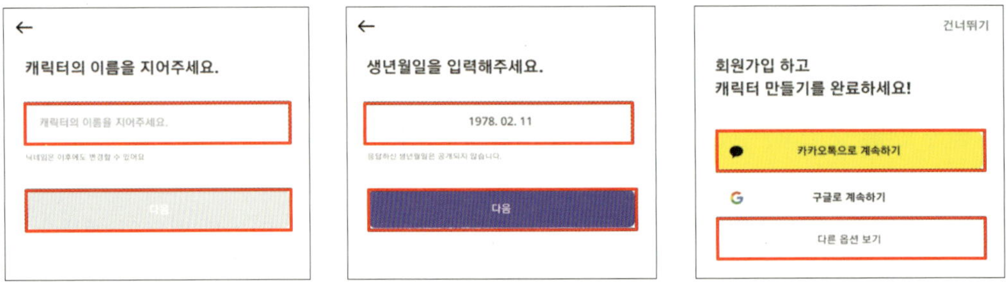

[그림6] 캐릭터 이름 및 개인정보 입력

2) 캐릭터 꾸미기

아이디 설정이 끝났다면 제페토 홈 화면이 나온다. 캐릭터 얼굴 꾸미기와 캐릭터 아이템과 방을 꾸밀 수 있는 아이템을 구매할 수 있다. 모든 아이템 제페토 화폐인 젬과 코인으로 구매할 수 있다. 처음 가입할 때 제공되는 무료 코인으로 캐릭터를 꾸며보면 된다.

홈 화면에서 ❶ '캐릭터' 모양을 누른다. ❷ '얼굴 모양'을 선택하고 '상체모양'을 선택하면 체형을 선택할 있다.

[그림7] 상체 바꾸기

좌측 상단 ❶ '얼굴모양'을 선택하면 상체를 크게 볼 수 있는데, 캐릭터의 상체를 바꿀 수 있다. ❷ '머리모양'을 선택하면 ❸ 헤어스타일을 바꿀 수 있다. 캐릭터를 마음에 들게 꾸민다. '캐릭터를 꾸미기 위해서는 코인이 필요한데 ❹ 아이템 상단 아이콘을 눌러서 신상품 순, 인기 순, 내 아이템 순, 높은 가격 순, 낮은 가격 순으로 선택해서 볼 수도 있다.

[그림8] 머리모양 바꾸기

❶ 가운데 카테고리를 좌우로 움직여보면 ❷ 캐릭터를 꾸밀 수 있도록 액세서리 등 종류별도로 분류가 돼 있다. 또한 ❸ '커스텀 아이콘'을 선택해서 나만의 캐릭터 얼굴도 꾸밀 수 있다.

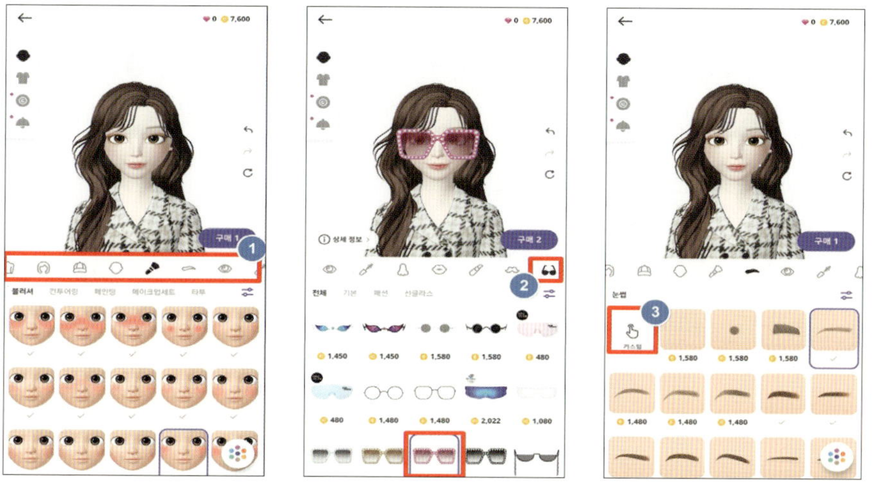

[그림9] 얼굴 꾸미기

❶ '얼굴모양 아이콘'을 누르면 여러 가지 얼굴형이 나온다. 여러 가지 얼굴형 중에서 골라서 사용해도 되고 ❷ '커스텀 아이콘'으로 들어가서 나만의 캐릭터 얼굴도 꾸밀 수 있다. 하얀색 점들이 여러 개 나오고 아래쪽과 오른쪽에 조정 바가 있다. 수정하고 싶은 부위의 하얀 색 점을 선택하고 조종 바로 캐릭터의 얼굴형을 꾸며준다. 앞모습일 때와 옆모습일 때 같은 위치에 있는 점이라도 기능이 다를 수 있다. 하단 카테고리의 눈썹, 눈 모양, 코 모양, 입술 모양 등도 같은 방법으로 꾸며주고 ❸ '확인'을 눌러 완료한다.

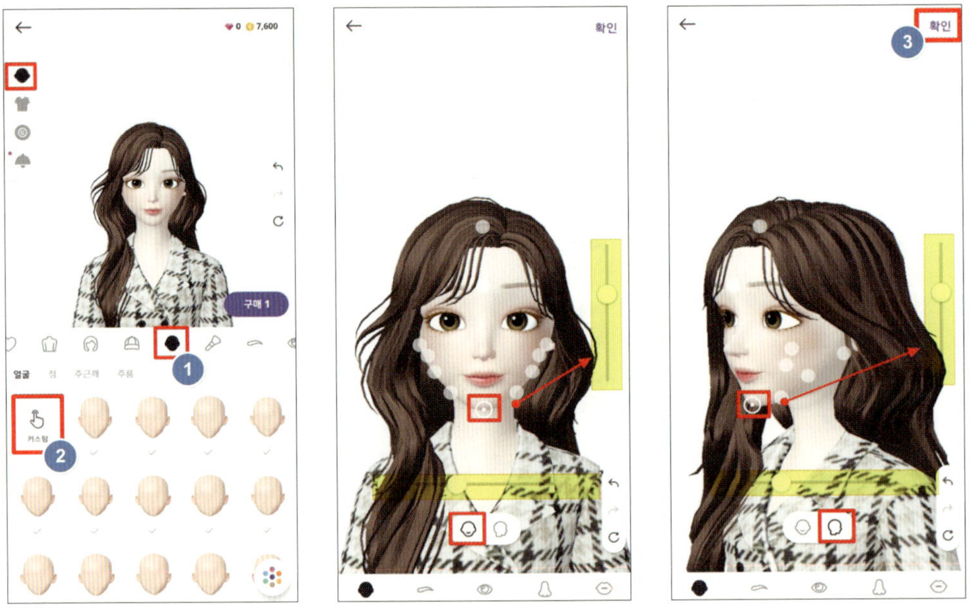

[그림10] 나만의 얼굴 꾸미기

색상을 바꾸고 싶다면 아래에 있는 ❶ '색상 팔레트'를 선택하면 된다. ❷ '무지개 원'을 클릭하면 젬으로 구매할 수 있는 화면으로 바뀌고 완료됐으면 ❸ '확인'을 눌러 완료한다.

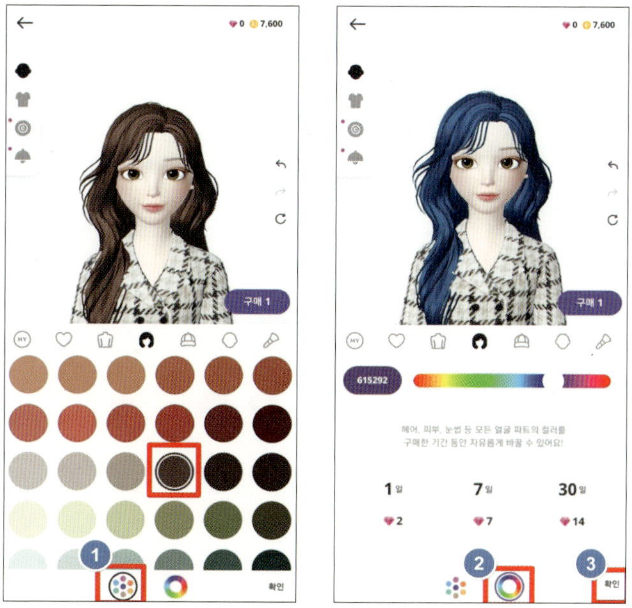

[그림11] 색상 바꾸기

패션 아이템을 구매하려면 먼저 오른쪽 ❶ '캐릭터'를 선택한다. 화면에서 ❷ '옷 모양'을 선택하면 하단에 관련된 아이템이 뜬다. '옷 모양' 아래에 있는 ❸ 주황색 아이콘이 '크리에이터' 아이콘인데 개인 크리에이터들이 만든 아이템이다. 이것은 모두 주황색 아이콘 벳지가 붙어 있다. 첫 페이지에는 ❹ 'HOT' 이라고 인기 상품을 띄워주고 그 옆에 ❺ 'NEW'는 가장 최근에 등록된 순서로 아이템이 뜬다. 그 외 종류별로 분류가 돼 있다. 하나씩 눌러서 입어 볼 수도 있고, 한 번 더 누르면 벗을 수 있다.

여기에서 사용되는 화폐는 그림에서 보는 것처럼 상단 ❻ 보라색 '잼'과 노란색 모양의 '코인'을 이용할 수 있다. 처음 회원 가입 시 기본적인 코인을 지급하기 때문에 코인 모양이 돼 있는 제품을 구매해서 체험해 보면 된다. 지금 캐릭터가 입고 있다고 해서 나의 캐릭터 아이템이 아니고 ❼ '구매버튼'을 눌러 구입한다. 마음에 안들 경우 '돌아가기' 아이콘을 눌러주면 된다.

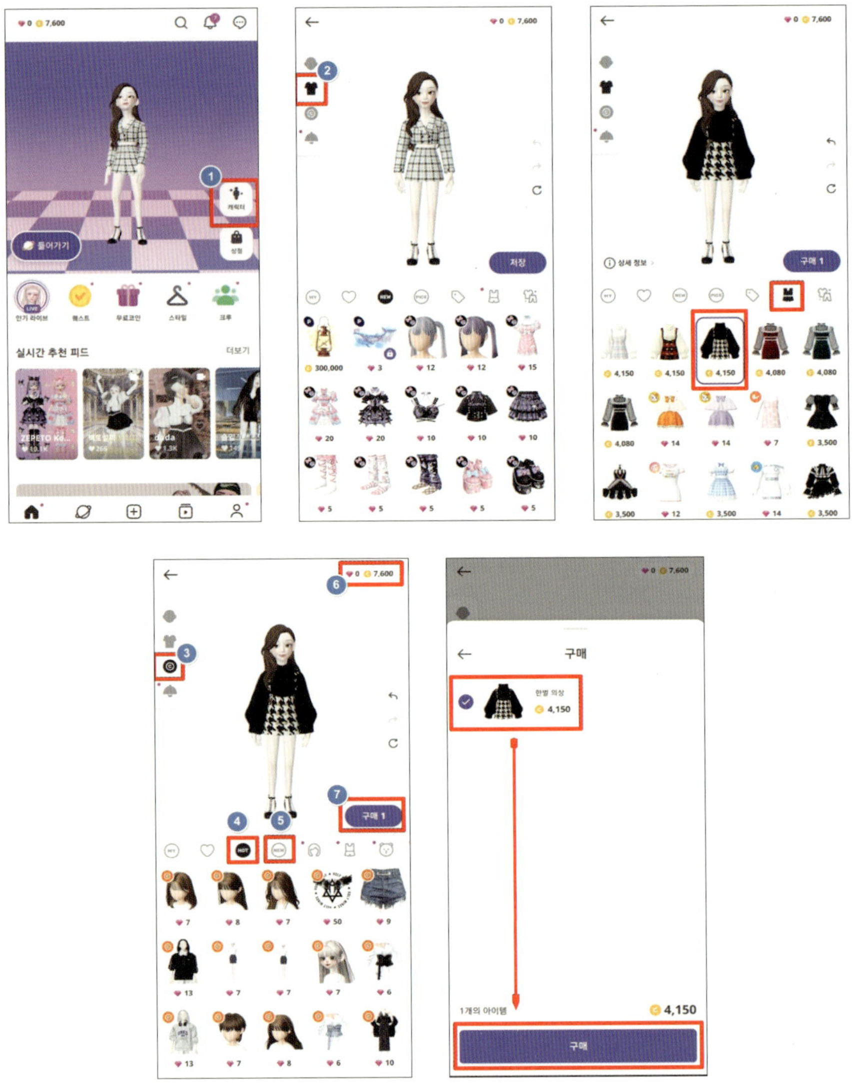

[그림12] 화폐 활용해 캐릭터 꾸미기

❶ '상점'에는 크리에이터가 아닌 제페토 자체 디자이너가 만든 아이템이 입점 돼 있다. 자체 상점뿐만 아니라 명품브랜드 등을 비롯한 많은 브랜드의 아이템이 입점 돼있고, 아이돌 굿즈, 영화나 드라마 콜라보레이션 제품이 있다. 크리에이터 아이템의 경우 가격이 비싼 편이지만 제페토 공식상점의 아이템은 모두 완성도가 높은 편이고 가격도 저렴한 편이다. 특히 젬이 아닌 코인으로 살 수 있는 데일리 룩이 시즌별로 출시돼서 코디하기가 좋은 장점도 있다.

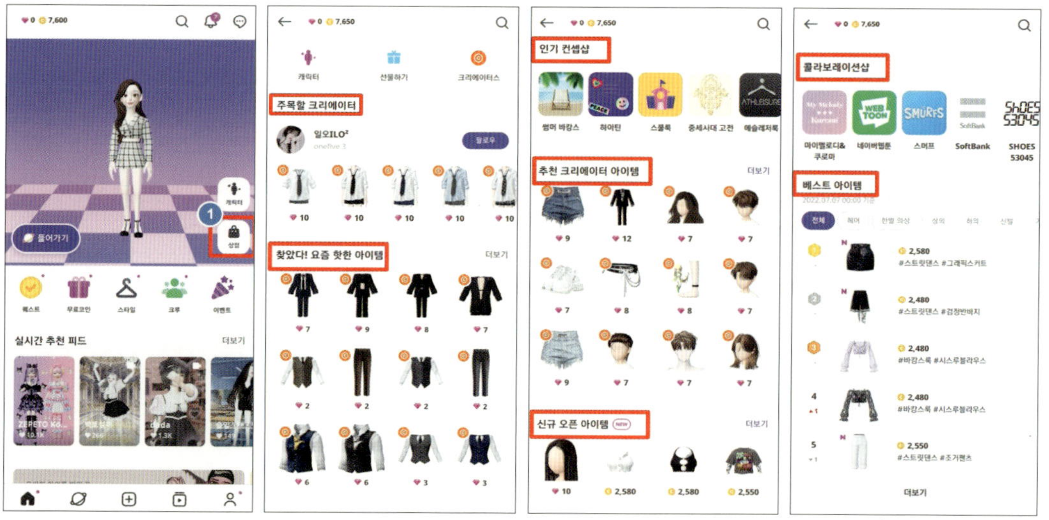

[그림13] 상점 통해 캐릭터 꾸미기

방을 꾸미는 것도 패션 아이템 구매하는 방법과 같다. 홈 화면에서 오른쪽 상단에 ❶ '전등모양'을 선택한다. '+' 버튼을 누르면 ❷ '흰색 점 모양'으로 바뀐다. 여기서는 벽을 꾸밀 수 있는데 마음에 드는 아이템을 골라서 선택하면 방의 인테리어가 바뀌는 것을 볼 수 있다. ❸ '가운데 카테고리'에서 방을 꾸밀 수 있도록 종류별로 살펴볼 수 있다. 방 꾸미는 아이템도 패션 아이템처럼 구매하면 된다. ❹ '구매' 버튼을 눌러서 아이템을 확인하고 ❺ '구매'를 완료한다.

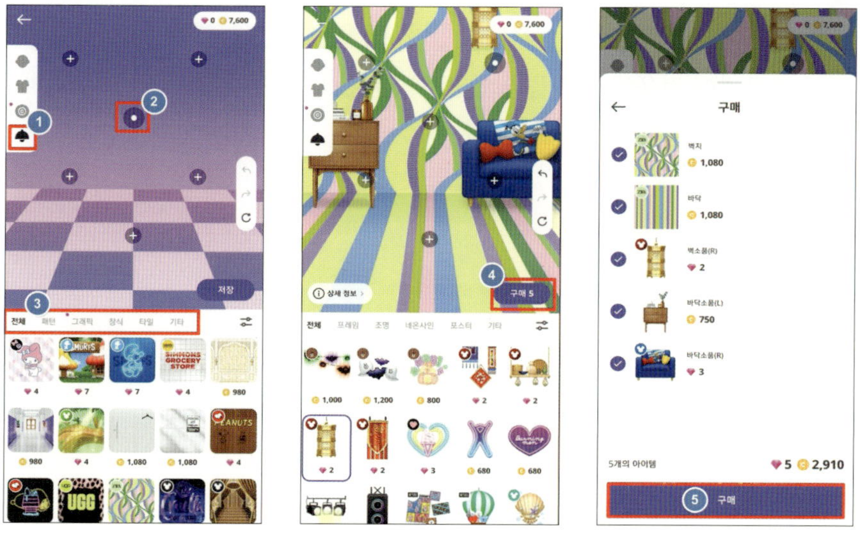

[그림14] 방 꾸미기

3) 프로필 편집하기

프로필을 편집하려면 하단 오른쪽 '프로필'을 선택하면 프로필 편집을 할 수 있는 화면이 나온다. '프로필 편집'을 눌러서 이름, 직업, 국가, 상태 메시지를 새로 입력할 수 있다. 아이디는 30일에 한 번씩만 입력 할 수 있다. 프로필 사진을 변경을 하고 싶으면 사진을 선택한다. 아래의 '프로필 사진 변경'을 선택한다.

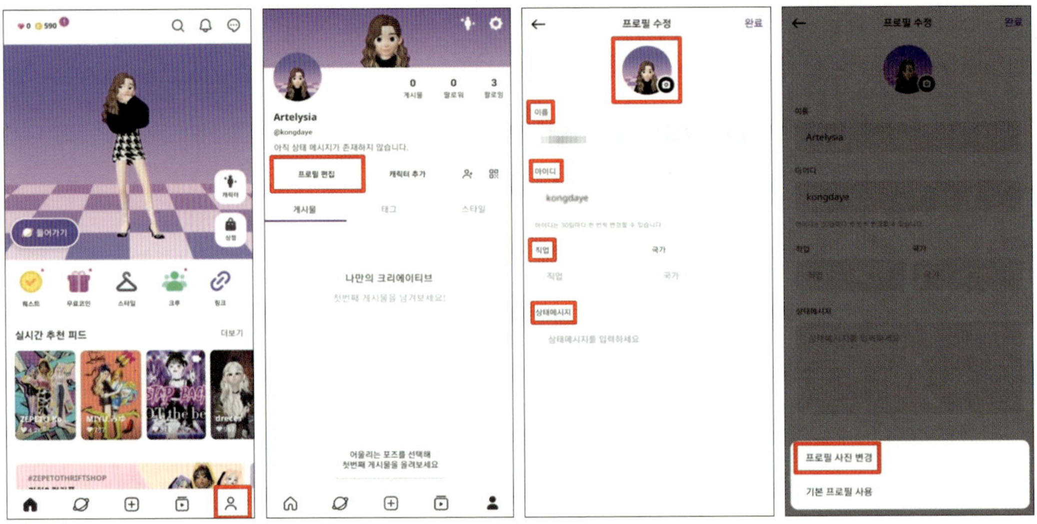

[그림15] 프로필 편집하기

프로필에 사용할 다양한 포즈를 선택할 수 있다. ❶ 마음에 드는 포즈를 선택했으면 ❷ 상단 체크를 누르고 프로필에 적용된 사진을 확인한 후 ❸ '완료'를 누른다. 상단 프로필 메뉴에서 ❹ 바뀐 사진을 확인 할 수 있다.

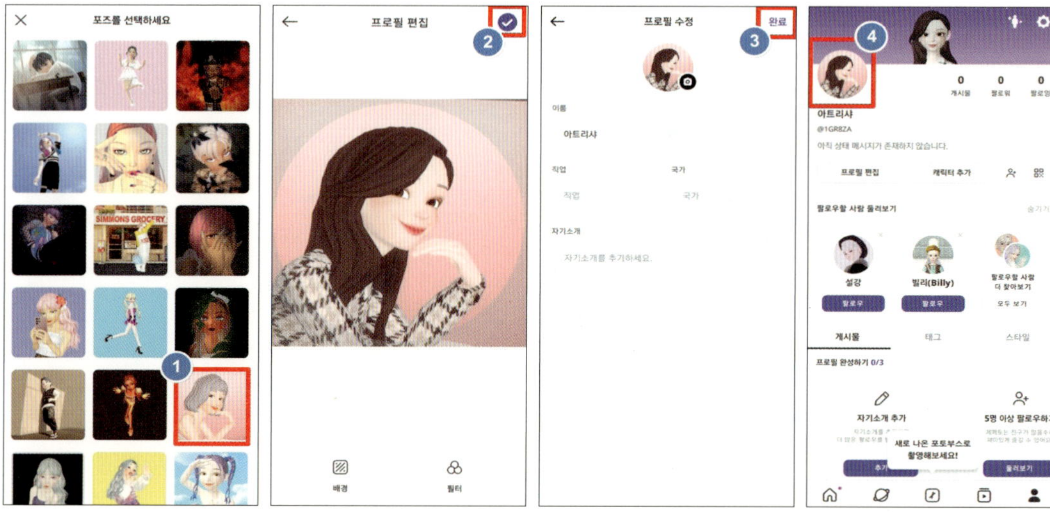

[그림16] 프로필 사진의 포즈 바꾸기

4) 크루 가입하기

홈 화면에서는 여러 가지 콘텐츠를 제공하고 있는데 '크루'에 가입해서 친구를 사귈 수 있는 방법을 알아보자. '크루'란 채팅 방처럼 대화 및 투표, 월드 초대 등을 하면서 소통할 수 있는 공간이다.

가운데 메뉴를 왼쪽으로 드래그하면 여러 아이콘들이 보이는데 ❶ '크루'를 선택하면 맨 위에 검색 창 바로 아래에 '추천 크루'가 있다. 아래에 있는 목록을 왼쪽으로 드래그하면 ❷ 다양한 해시태그들이 보인다. #초등 #중등 #30대 등 나이별로도 분류도 돼있고, #롤플레잉 #고민상담 #리터칭 등 목적에 따라서도 분류가 돼 있다. 관심사가 맞는 곳을 찾아서 가입하면 된다. '참여' 버튼을 누르면 크루 장의 가입 승인을 통해서 가입이 완료된다.

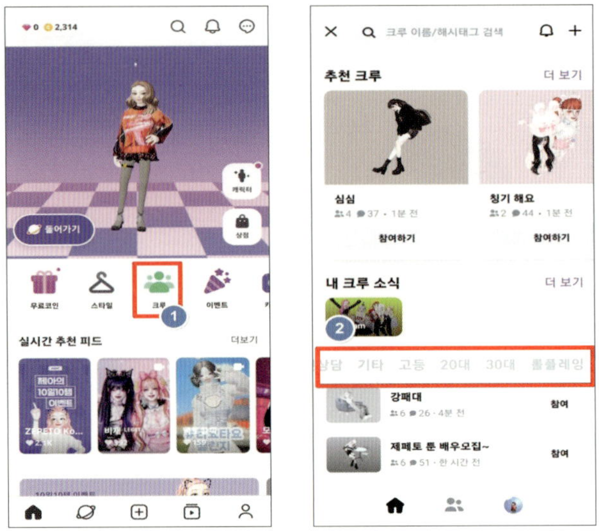

[그림17] 크루 가입하기

❶ '+'을 눌러서 직접 '크루'를 만들어도 된다. ❷ '비밀 크루'와 '오픈 크루'를 설정할 수 있는데 '비밀 크루'는 가입 전까지는 대화내용을 볼 수 없고, 오픈 '크루'는 대화내용을 볼 수 있다. 내가 직접 만든 '크루'와 내가 가입한 '크루'는 화면 가운데에 있는 ❸ '내 크루 소식'이라는 곳에서 확인할 수 있다.

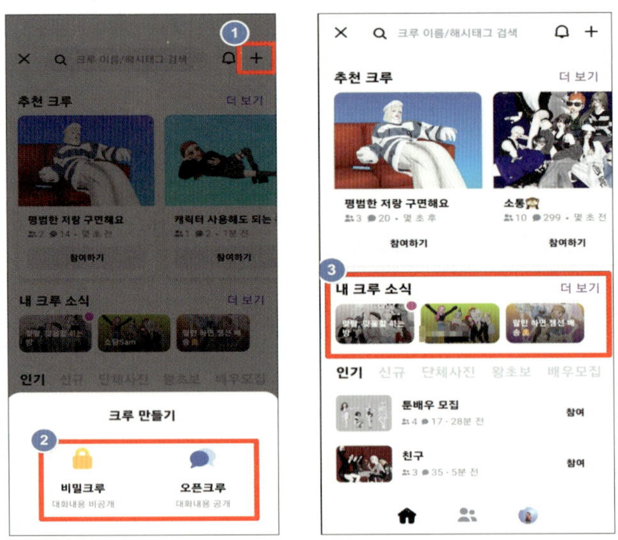

[그림18] 크루 만들기

5) 사진과 동영상 만들기

제페토 캐릭터를 이용해서 '사진과 동영상'을 찍는 법을 알아보자. 아바타를 통해 영상제작이 가능하다. 또한 제페토에서 제공하는 다양한 포즈를 선택해 사진 또는 영상의 형태로 손쉽게 콘텐츠를 만들 수 있다.

화면 아래 ❶ '+' 아이콘을 누르면 만들기 화면이 나오는데 제페토의 게시물을 만들어 올릴 수 있고, 여러 가지 포즈가 있다. ❷ 마음에 드는 템플릿을 선택해보면 나의 캐릭터가 템플릿과 같은 포즈를 취한다. 아이템에도 템플릿이 있는 것처럼 일종의 포즈 템플릿과 같은 것이다. 하단 ❸ '배경' 아이콘을 눌러 ❹ 배경도 바꿀 수 있는데 템플릿에 따라서 배경이 정해져 있는 경우도 있다.

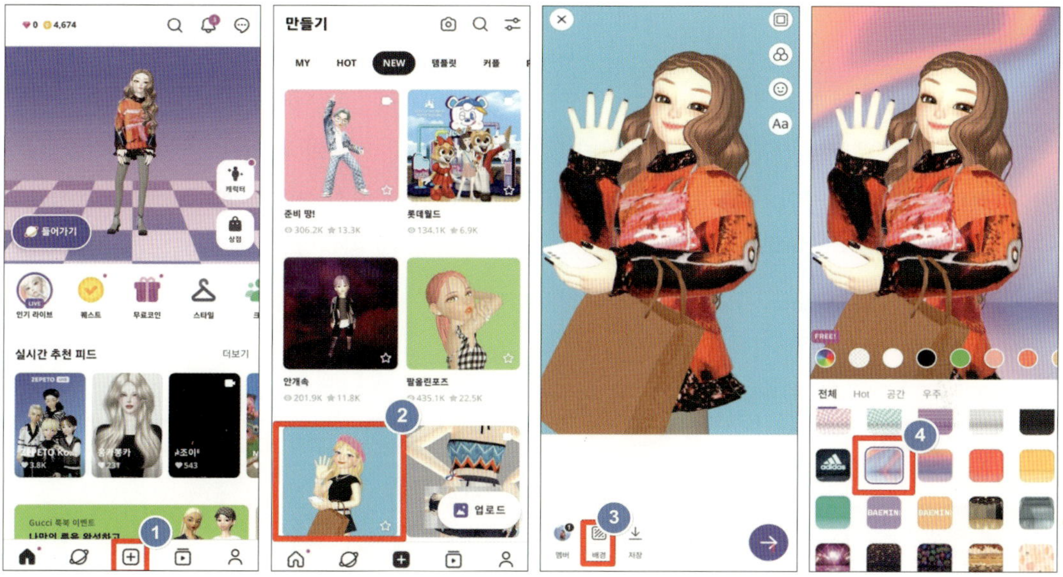

[그림19] 사진 만들기

잠시 만들기 화면을 살펴보면 ❶ '별' 표시를 누르면 '즐겨찾기'에 추가되는데 ❷ 'MY 항목'에서 확인할 수 있다. 다시 눌러서 해제할 수도 있다.

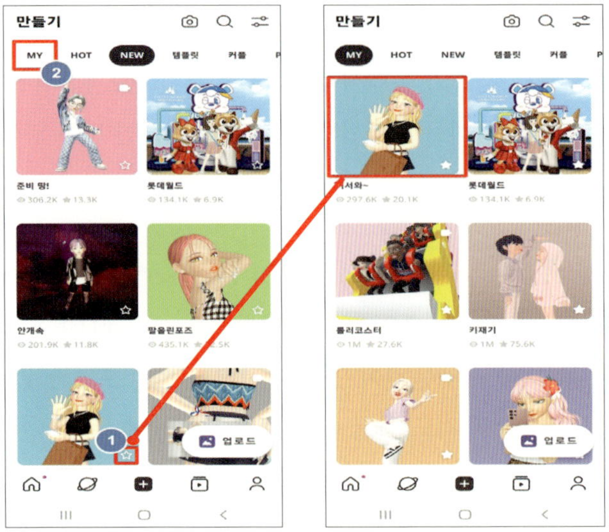

[그림20] 템플릿 즐겨찾기

그 다음에 ❶ '템플릿'은 공식 크리에이터만 만들 수 있다. 포즈와 배경 등을 미리 꾸며둔 것이다. 그다음에 ❷ 사진인지 ❸ 영상인지를 분류할 수도 있고 영상 포즈는 ❹ '카메라 아이콘'이 달려 있다. 그 외에도 인원수나 키워드별로 분류가 돼 있는데 상단 ❺ '필터' 메뉴를 눌러서 추려줄 수도 있다. ❻ '업로드'를 누르면 내 사진앨범에 있는 사진이나 동영상을 올릴 수가 있다.

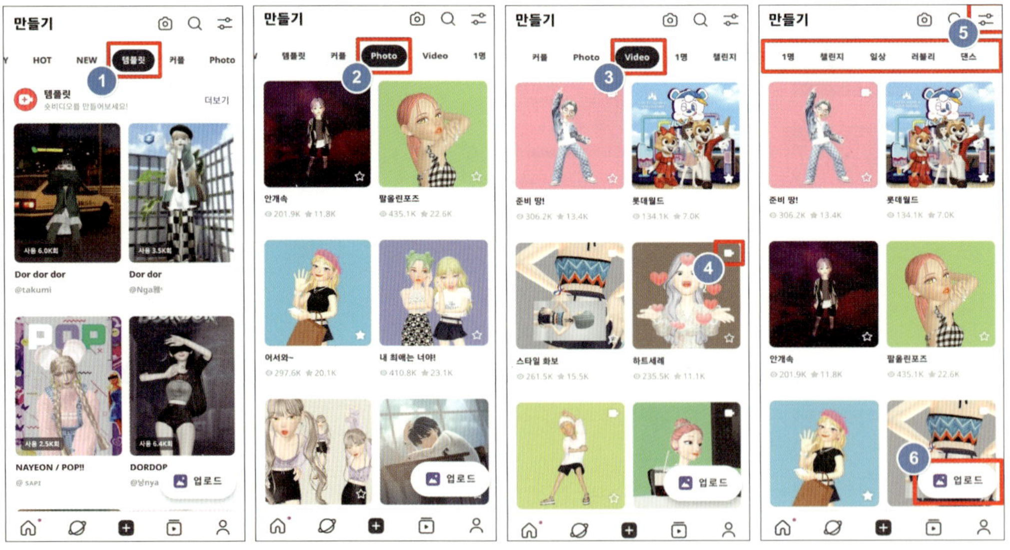

[그림21] 포즈 선택하기

필터를 눌러서 인원수와 포즈 변경을 눌러서 포즈도 바꾸고 ❷ '멤버' 아이콘을 눌러 ❸ 바꾸고 싶은 멤버를 선택할 수 있고, 해제하고 싶은 친구는 없앨 수 있다. 동영상 포즈를 추가하게 되면 '비디오 모드'로 바뀐다. ❹ '완료'를 눌러 적용하면 바뀐 멤버를 볼 수 있다. 하단 오른쪽 ❻ '화살표' 아이콘을 누르면 게시물을 올릴 수 있다.

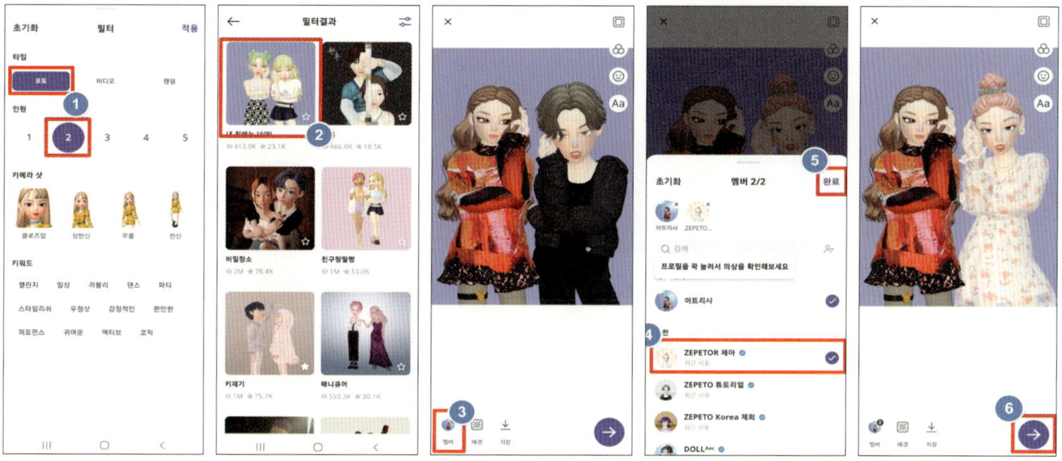

[그림22] 게시물 올리기

6) 제페토 월드 입장하기

홈 화면 아래 ❶ '월드' 아이콘을 누르면 제페토 월드로 입장이 가능한데 캐릭터의 놀이와 소통을 위한 공간으로 다양한 경험을 할 수 있다. 제페토에는 '공식 월드'와 크리에이터가 만든 '월드'가 존재하며, 많은 '브랜드'도 입점 돼 있다. ❷ 마음에 드는 월드를 선택해서 월드로 입장해 보자. 돋보기를 선택해서 월드의 이름을 검색해서 선택할 수도 있다.

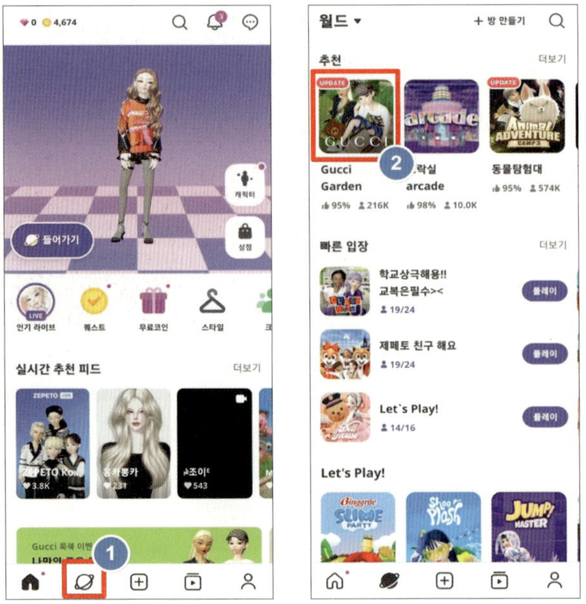

[그림23] 월드 선택하기

'월드'에 입장하면 첫 화면이다. 하단 왼쪽에 캐릭터 ❶ '방향 조절버튼'을 손가락으로 상하좌우로 움직이면 캐릭터를 움직일 수 있다. 화면 하단 오른쪽 ❷ '화살표 모양' 아이콘을 누르면 캐릭터가 '점프'를 한다. 빈 공간에 손가락을 움직이면 카메라 시점이 전환된다.

[그림24] 월드 입장하기

화면 하단의 '제스처' 아이콘을 누르면 다양한 제스처와 포즈를 선택할 수 있다. 춤을 추거나 사진을 찍을 때 다양하게 활용해볼 수 있다 .

[그림25] 모션 적용하기

화면 하단의 ❶ '카메라 모양'을 누르면 사진과 동영상을 찍을 수 있다. ❷ 이미지와 동영상 촬영이 가능하다. 촬영한 이미지나 동영상은 ❸ 휴대폰 앨범에 저장하기, 자랑하기, 공유하기를 할 수 있다. 또한 ❹ '피드 올리기'를 해서 유저들과 공유할 수 있다.

[그림26] 사진 찍고 공유하기

월드에서 나가고 싶으면 화면 상단 오른쪽의 ❶ '문' 모양을 누르고 ❷ '방 나가기'를 하면 된다. 톱니 모양의 ❸ '설정'을 누르면 ❹ 음성, 배경음악 듣기, 말풍선 표시, 이름 표시, 의상 이벤트 표시 등 3인칭 시점에서 볼 수 있는 여러 가지 설정을 할 수 있다. 파란색 버튼을 왼쪽으로 밀면 비활성화 된다.

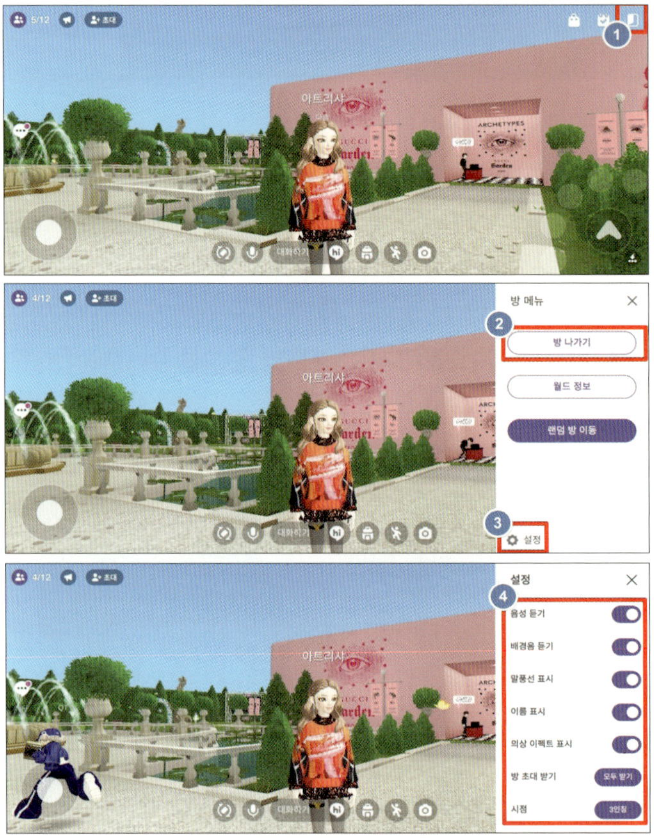

[그림27] 방 나가기 및 설정

홈 화면에서 '월드'를 선택하고 상단 ❶ '방 만들기'를 눌러서 ❷ 방 '제목'을 입력하고 ❸ '공개' 방을 만들 것인지 '비공개' 방을 만들 것인지 정해준 후 ❹ '만들기' 버튼을 눌러준다. 방을 직접 만들 경우 입장할 수 있는 최대 인원은 24명이이며, 참가 인원수의 '수동 설정'을 지원하는 월드에만 적용된다. 관전자는 최대 60명까지 가능하다 비밀모드를 활성화하는 경우에는 관전 모드는 활성화가 되지 않는 점을 주의한다.

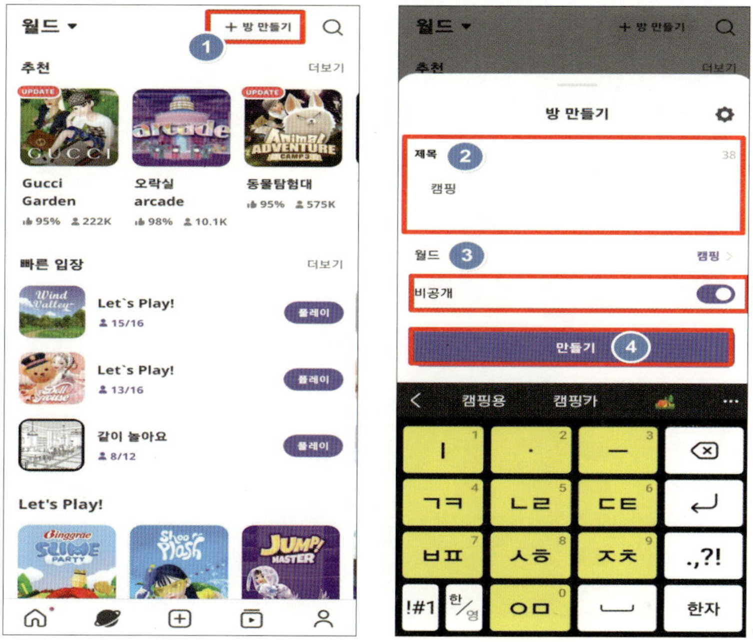

[그림28] 월드 방 만들기

'비밀방'으로 설정한 방으로 입장하면 친구를 초대할 수 있는 'URL 주소'가 나온다. ❶' 링크 복사'를 눌러서 친구와 공유하면 입장이 가능하다. 또한 상단 '초대' 아이콘을 누르면 언제라도 친구를 초대할 수 있는 ❸ '초대링크'를 선택해서 보낼 수 있다.

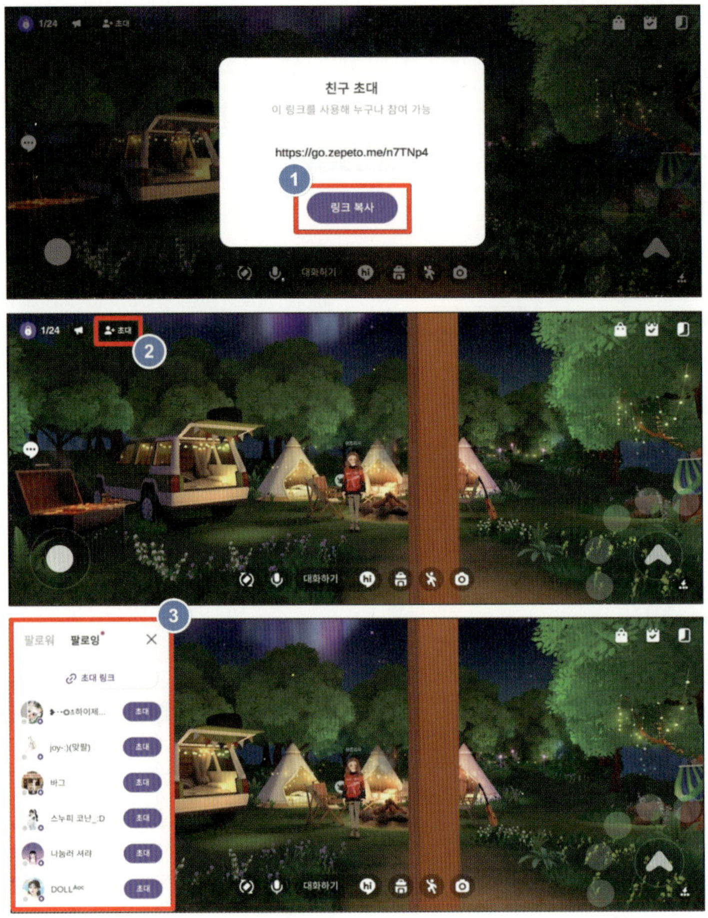

[그림29] 초대링크 보내기

3. PC에서 제페토 아이템 만들기(포토피아 활용)

제페토에서는 직접 아이템을 만들어 판매할 수 있다. 제페토 스튜디오를 이용해서 만들 수 가 있는데 휴대폰을 이용하는 방법과 PC를 이용하는 방법이 있다. 여기서는 제페토 스튜디오를 이용해서 PC에서 아이템을 만들어보도록 하자.

1) 제페토 스튜디오 시작하기

제페토 스튜디오를 이용해서 PC에서 아이템을 만들어보자. 제페토 스튜디오라는 클라우드 서비스를 이용하는데 '크롬' 브라우저에서 열어야 오류 없이 작업을 할 수 있다. 크롬 브라우저에서 ❶ '제페토 스튜디오'를 검색하고 ❷ '시작하기' 버튼을 누른다.

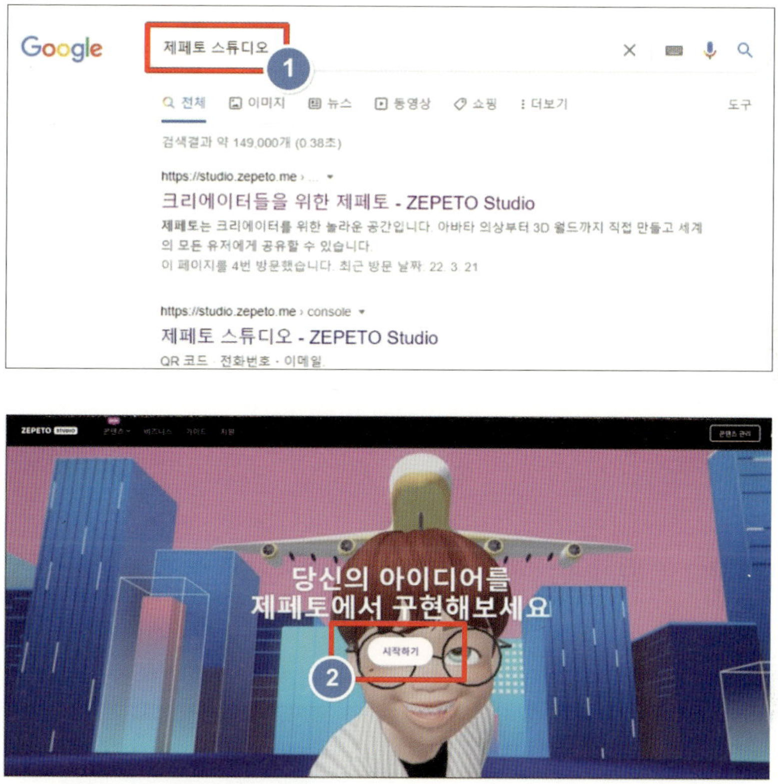

[그림30] 제페토 스튜디오

휴대폰으로 '계정'을 입력한다. 로그인 할 때 'QR 코드'로 인증을 받기로 한다. 휴대폰 홈 화면 버튼을 누르고 제페토 앱에서 화면 오른쪽 하단에 있는 ❶ '프로필 아이콘'을 선택 후 화면 오른쪽 중간에 ❷ 'QR 버튼'을 누르고 ❸ '스캔하기'를 누른다.

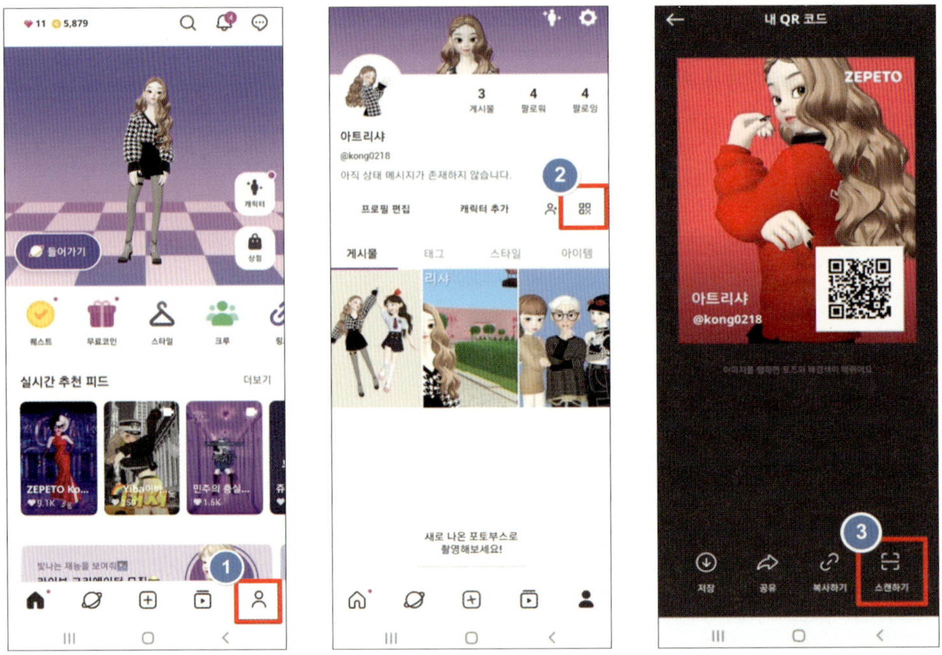

[그림31] 계정 인증하기

카메라로 PC 화면을 ❶ 스캔해서 휴대폰에서 ❷ '로그인' 버튼을 누르면 PC에서 로그인 된다.

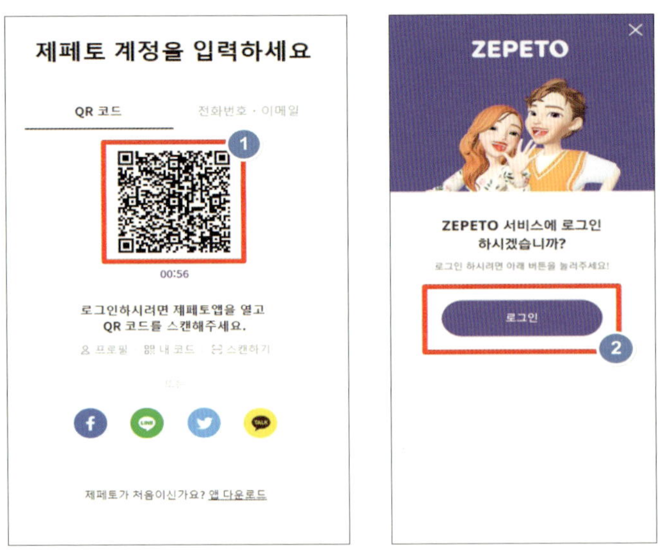

[그림32] 계정 로그인

우선 상단 좌측 ❶ '+만들기' 버튼을 누르고 만들고 싶은 콘텐츠에서 ❷ '아이템'을 선택한다. 화면에 보이는 여러 템플릿 아이템 중에서 ❸ '슬리브스 쇼츠 점퍼수트'를 선택 후 ❹ '템플릿 다운로드'를 눌러 파일을 저장하고 ❺ 다운받은 파일의 압축을 풀어준다.

[그림33] 만들기 아이템 선택

[그림34] 슬리브스 쇼츠 점퍼수트 선택

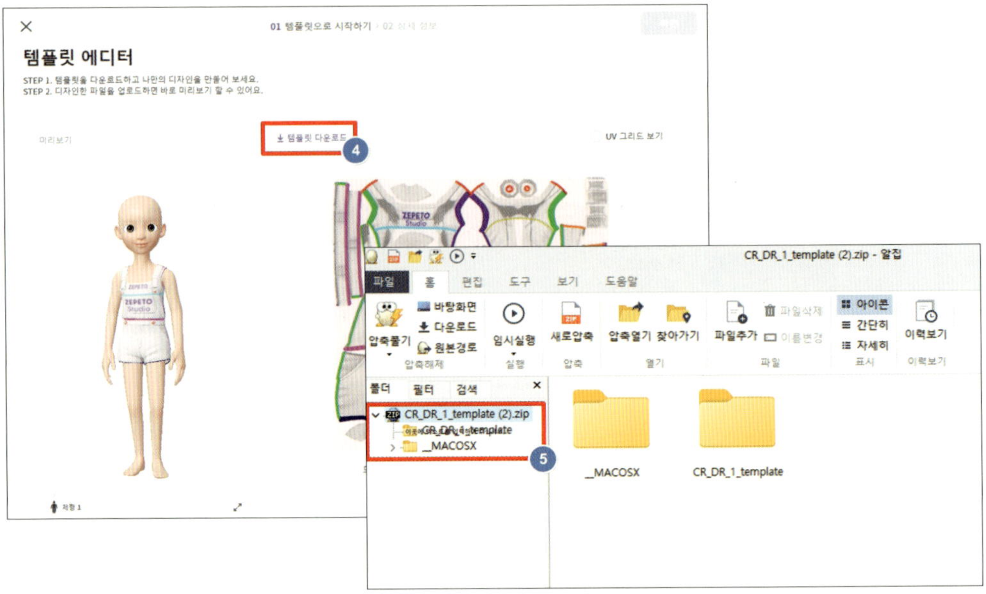

[그림35] 템플릿 파일 다운로드

2) 슬리브리스 쇼츠 점퍼수트 만들기

PC로 이미지를 편집하기 위해서 크롬 브라우저 검색 창에서 ❶ '포토피아'를 검색한다. '포토샵'은 유료 프로그램이기 때문에 '온라인 포토샵'이라고 불리는 프로그램과 '포토피아'를 사용한다. 포토피아 파일을 열고 상단 메뉴 ❷ '파일'에서 '열기'를 선택한다. ❸ 'PSD' 확장자를 가진 파일을 선택한다.

[그림36] 포토피아 검색

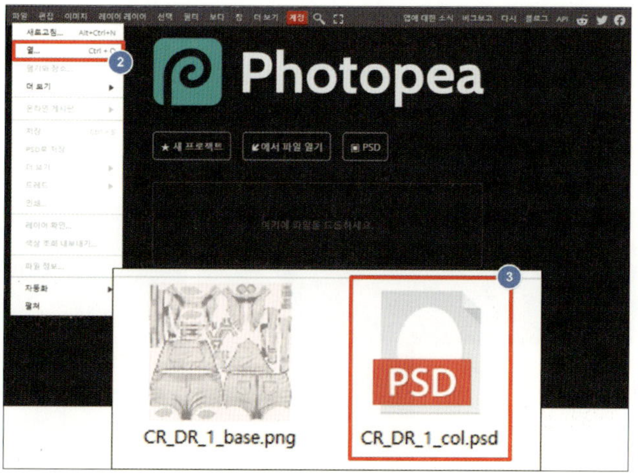

[그림37] 포토피아 열기

이미지를 성공적으로 불러온 것을 확인할 수 있다. 파일을 열면 ❶ '레이어'가 세 개가 있다. 'UV(자외선) 레이어'는 '와이어 프레임'이라고도 하는데 그물망처럼 표현돼 있다. 네모 한 칸에 한 면을 나타내는데 면이 많을수록 섬세하다. '지침 레이어'는 패턴과 패턴이 만나는 지점을 표시해주고, 'OCC(폐색) 레이어'는 노말 맵과 비슷한 방식으로 주름이나 옷의 질감, 재질 등을 표현해주는 것으로 음영이미지로 표현돼 있다. 가장 아래에 있는 '베이스 컬러 레이어'는 옷의 기본적인 컬러를 말한다.

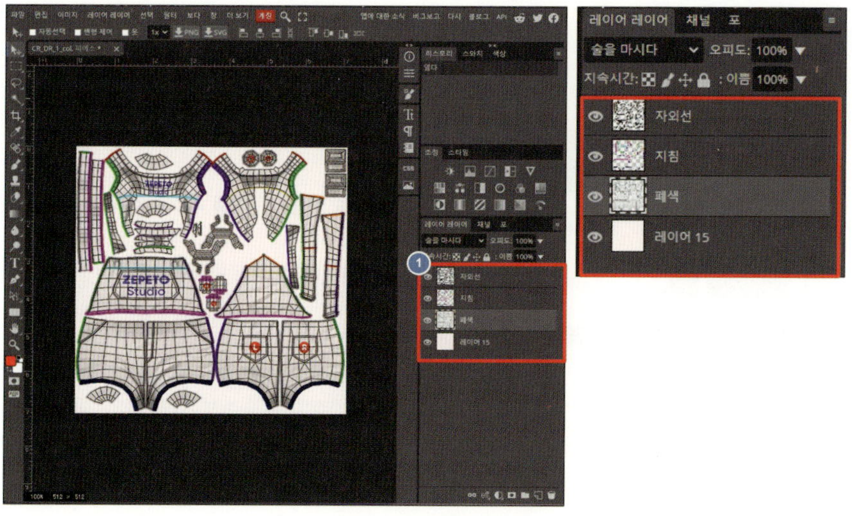

[그림38] 템플릿 열기

작업을 할 때는 음영이미지로 표현된 ❷ 'OCC(폐색) 레이어'와 '베이스레이어'만 켠다. 베이스 레이어는 레이어를 선택 후 '자물쇠 모양'을 눌러서 레이어의 작업물이 움직이지 않도록 잠가둔다.

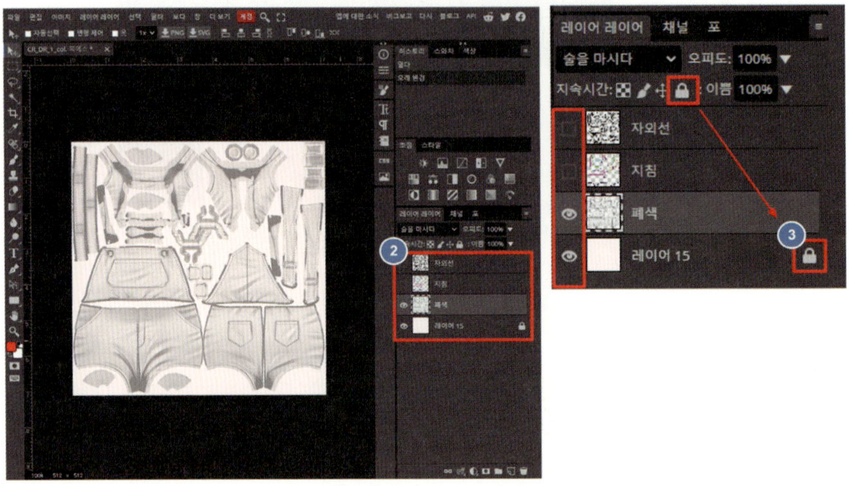

[그림39] 템플릿 레이어 구성

여기서는 원단감이나 재질을 표현할 수 있는 작업을 하기 위해서 '데님 원단 이미지'를 활용할 것이다. 이미지를 찾기 위해 구글에서 '데님 원단'으로 검색해서 저작권에 문제가 없는 것으로 선택한다. 실제로 사용할 경우 소유하고 있는 원단 사진을 활용하거나 디자인한 이미지를 이용해서 작업하길 권한다.

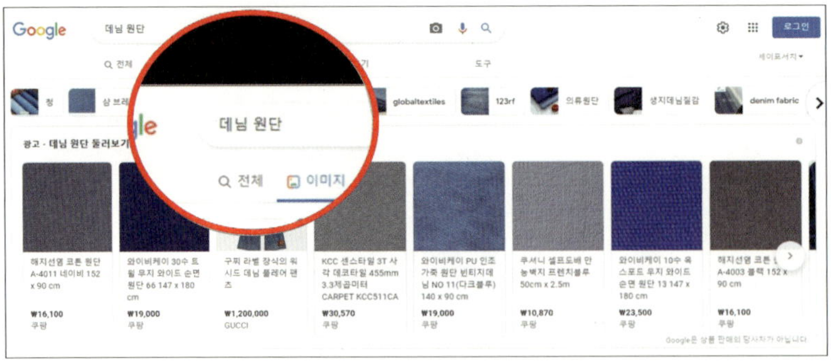

[그림40] 데님 원단 검색

'슬리브리스 쇼츠 점프수트'를 작업할 이미지를 불러오기 위해서 상단 메뉴 바에서 ❶ '파일'를 선택하고 ❷ '열기'를 해서 저장한 ❸ 이미지를 불러온다.

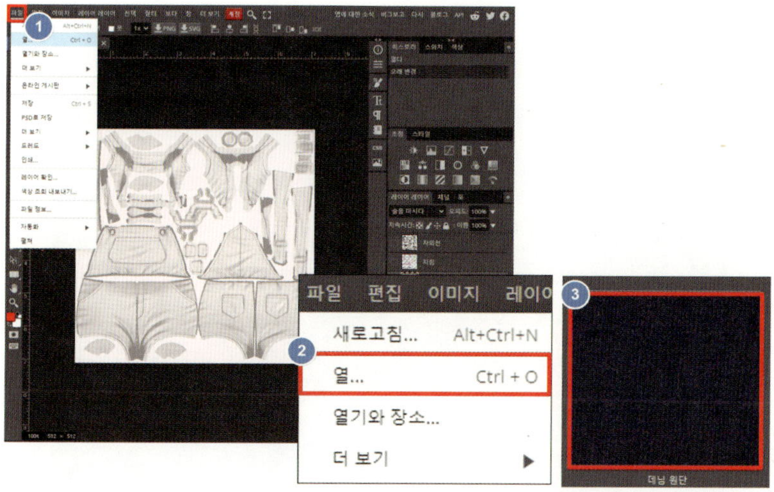

[그림41] 이미지 열기

상단에 새로운 ❶ 탭이 하나 생기면서 '원단 이미지'가 열렸다. ❷ 'Ctrl+A'를 해서 이미지를 전체 선택하면 테두리에 선택영역이 표시된다. ❸ 'Ctrl+C'를 해서 복사한다.

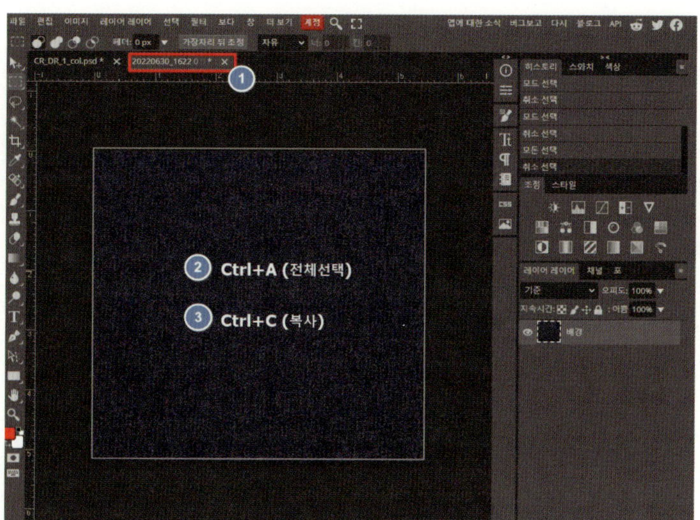

[그림42] 선택영역 복사하기

❶ '템플릿 창'으로 돌아가서 복사한 이미지를 ❷ 'Ctrl+V' 해서 붙여넣기를 하면 ❸ '새 레이어'가 만들어진다.

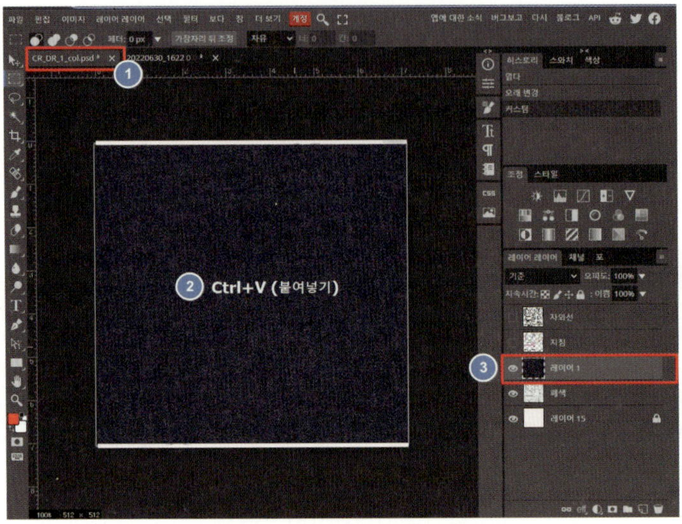

[그림43] 선택영역 붙여넣기

우선 도구상자의 ❶ '돋보기 도구'를 선택 후 ❷ '축소 돋보기' 도구로 ❸ 창을 클릭해서 '화면 창의 크기'를 줄여준다.

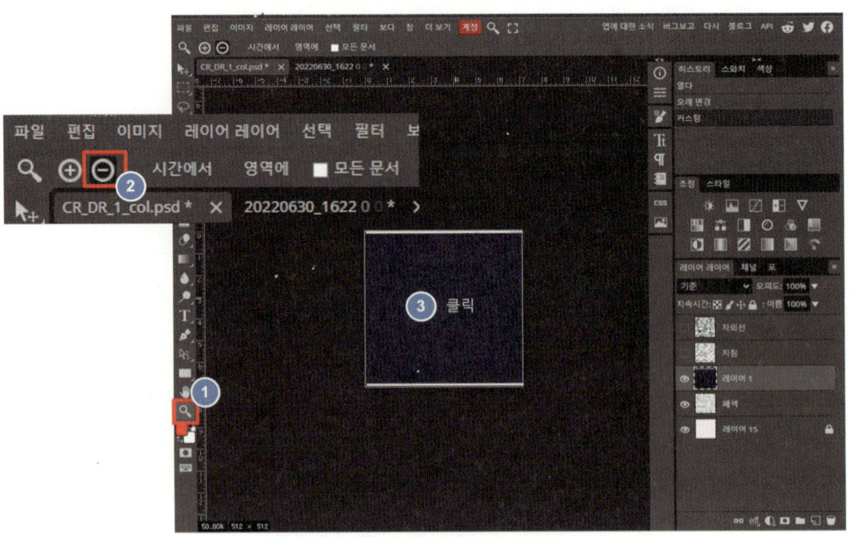

[그림44] 화면 창 크기 조절

복사된 이미지를 템플릿 이미지에 맞도록 줄여준다. ❶ 'Ctrl+Alt+T'를 하면 이미지를 선택할 수 있는데, 크기를 조절해 줄 수 있는 '바운딩 박스'가 생긴다. 모서리 조절점으로 사이즈를 줄여서 창에 맞춘다.

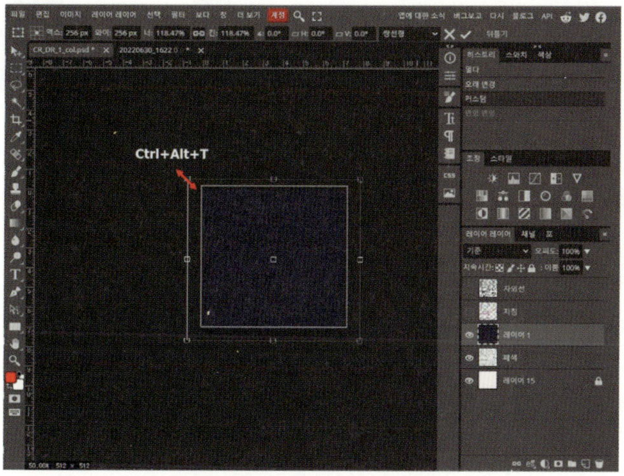

[그림45] 이미지 크기 조절

여기까지 한 후 이 상태에서 상단 '메뉴 바' ❶ '파일> 내보내기 형식> PNG' 파일로 지정하고 이 때 ❷ 파일 크기는 '최소 256에서 최대 512px'로 입력하고 ❸ '저장'한다. ❹ '업로드하기'를 해서 저장한 이미지를 제페토 스튜디오에서 이 입혀진 현재의 상태를 확인해본다.

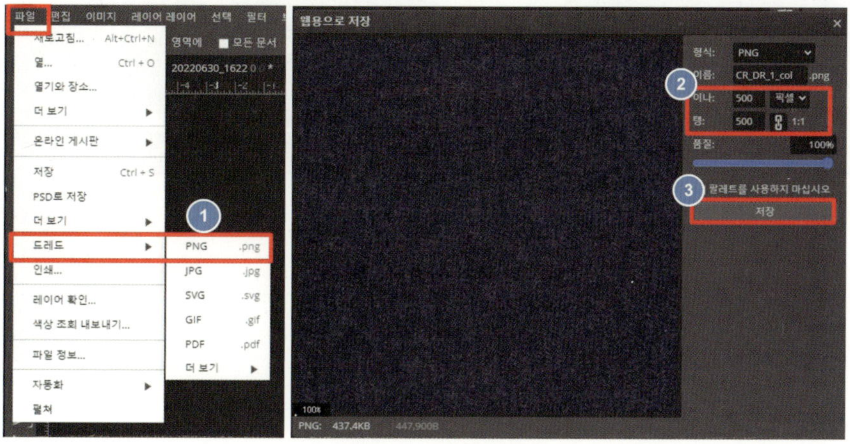

[그림46] 이미지 저장

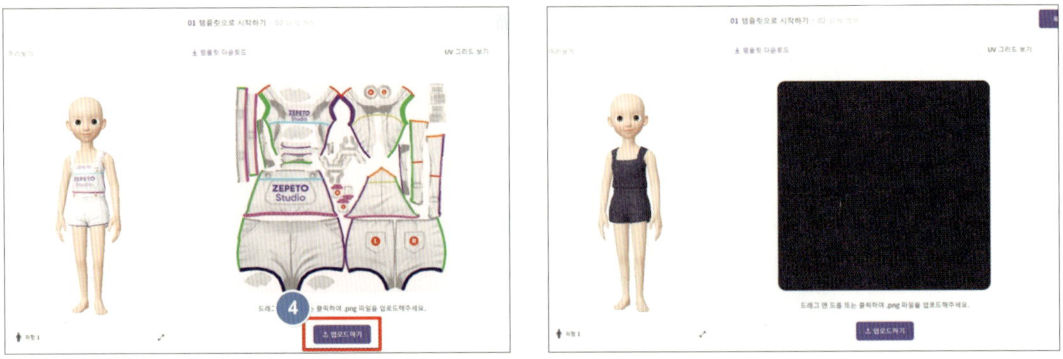

[그림47] 템플릿에 이미지 적용

다시 '포토피아'로 돌아온다. 어떤 오브젝트의 형태 위에서만 두 번째 이미지가 보이도록 하기 위해 '데님 원단 레이어'를 'OCC 레이어' 위에 있는 상태에서 선택하고 마우스를 ❶ '우 클릭'해서 '클리핑 마스크'를 누르면 ❷ '데님원단 레이어'가 'OCC 레이어' 오브젝트 형태로 보이는 것을 확인할 수 있다. '데님 원단 레이어'의 ❸ 눈을 꺼보면 아래의 'OCC 레이어'는 그대로 있는 것을 볼 수 있다.

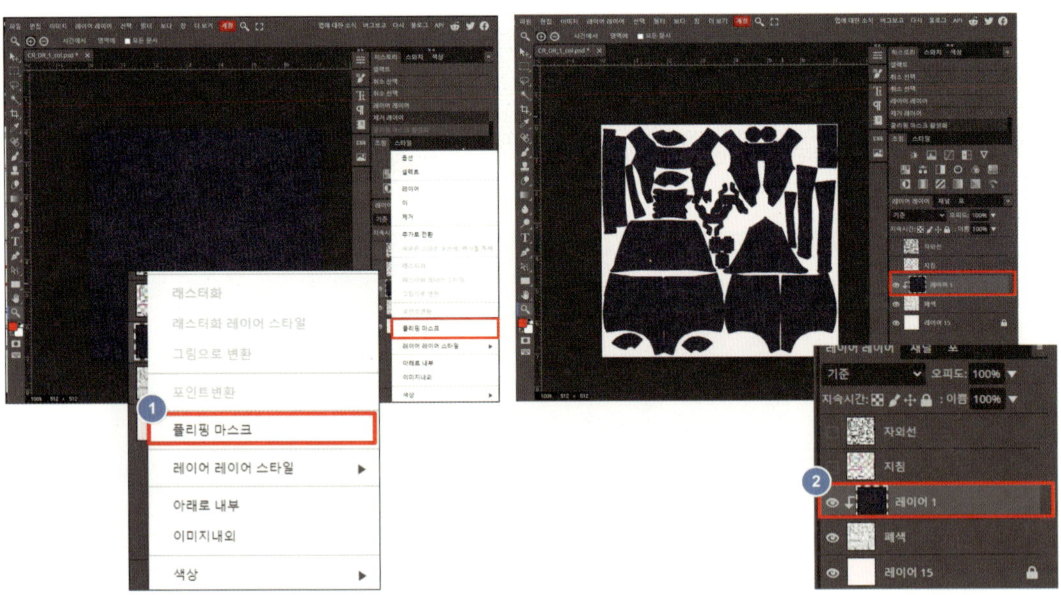

[그림48] 클리핑 마스트 적용

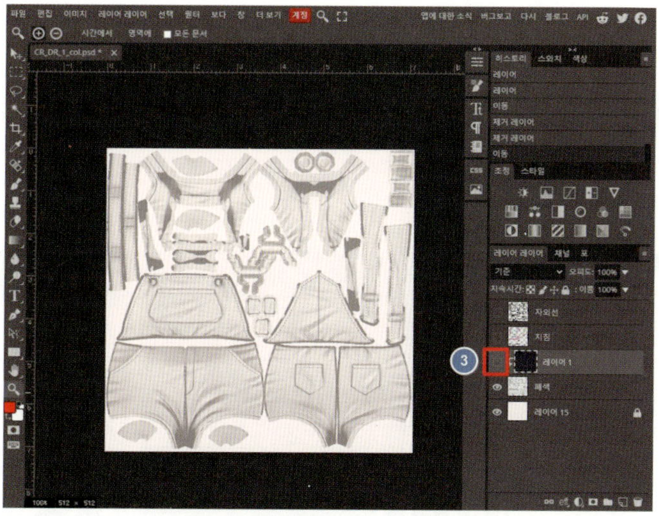

[그림49] 클리핑 마스크 적용 확인

이번에는 '허리벨트' 부분의 색상을 바꿔주기 위해 'OCC 레이어' 가 보일 수 있도록 '데님원단 레이어'의 ❶ '투명도'를 조절한다. 왼쪽 도구상자에서 ❷ '사각 선택 도구'를 선택해서 선택할 영역을 드래그하고 ❸ '영역 추가 도구' 또는 ❹ '영역 삭제 도구'로 선택영역을 조절하면서 색상을 바꿔줄 '벨트 영역'을 선택한다.

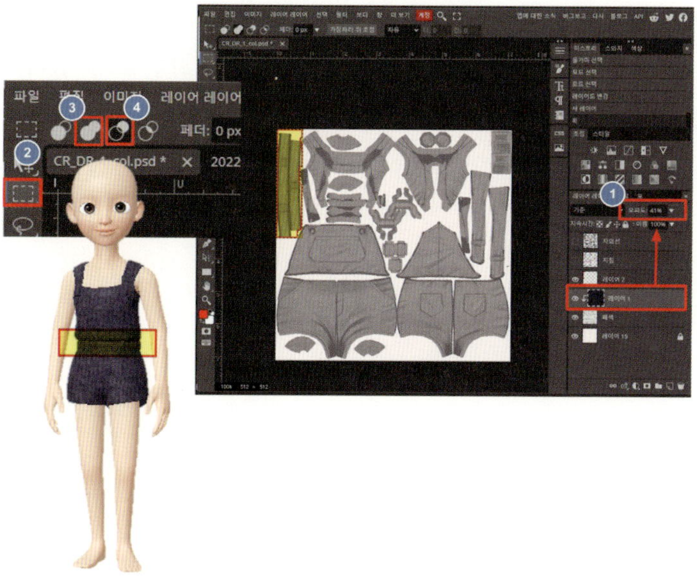

[그림50] 허리 벨트 영역 선택

색상을 바꿔주기 위해서 상단메뉴의 '이미지> 조정 메뉴'에서 '이미지 보정'을 할 수 있다. 이미지의 색상, 명도, 채도를 보정 할 수 있는 메뉴이다. 색상, 색조/채도 및 곡선, 레벨 값 등을 조절 바를 통해서 조절해주면서 원하는 색상으로 바꾼다. 색상 조절이 끝났으면 '선택해제(Ctrl+D)' 한다.

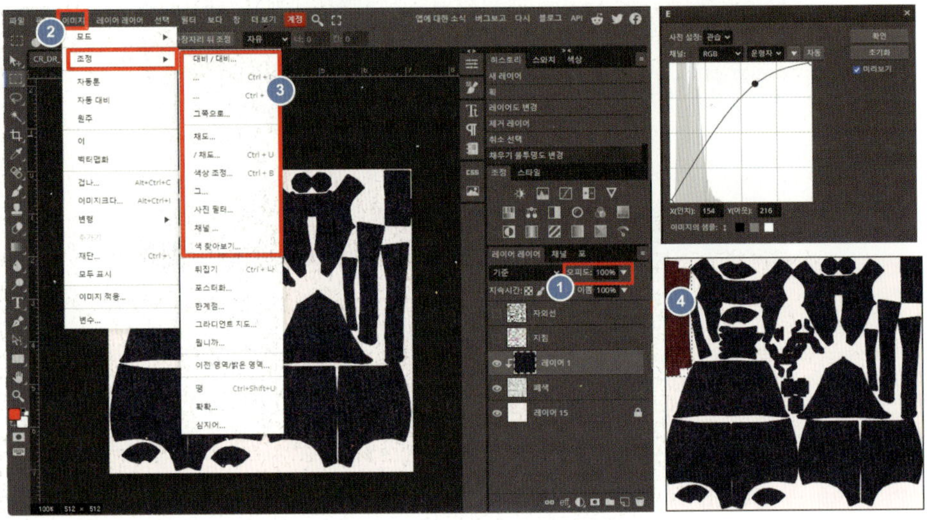

[그림51] 허리 벨트 영역 색상 조절

색상을 바꾼 후 제페토 이미지를 저장하고 '업로드 하기'를 해서 제페토 스튜디오에서 패턴이 입혀진 모습을 확인하면, 허리벨트 영역의 색상이 바뀐 것을 확인할 수 있다. 제페토 스튜디오에서 보이는 색상은 실제 작업한 색상보다 밝게 보이기 때문에 이 부분을 고려해서 작업한다. 원하는 색상이 나올 때까지 여러 번의 작업이 필요하다.

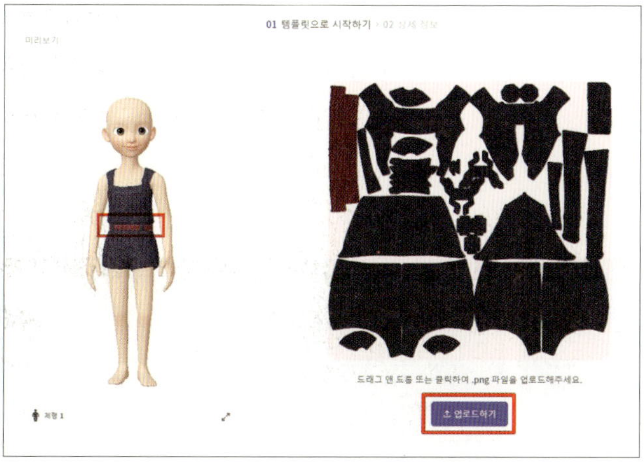

[그림52] 허리벨트 색상 확인

다음은 데님 원단이 적용된 상의 티셔츠와 단추 영역을 삭제해야 한다. 왼쪽 도구상자에서 ❶ '올가미 선택 도구'로 자유롭게 드래그해서 '상의 티쳐스' 영역을 선택 후 ❷ '삭제(Delete 키)' 한다. 상의 티셔츠와 단추에 적용된 데님 원단 이미지가 지워진 것을 확인할 수 있다.

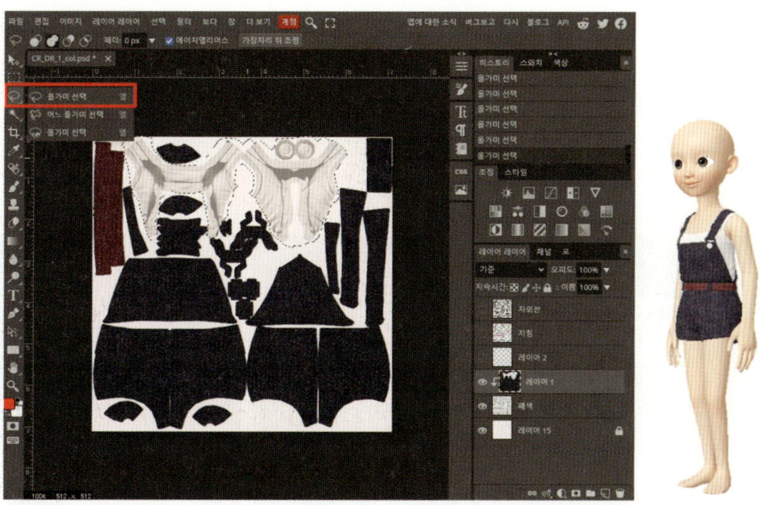

[그림53] 허리벨트 색상 확인

이번에는 '단추 이미지'로 멜방 부분에 적용해보기 위해 메뉴 바에서 ❶ '파일> 열기'해서 저장해 놓은 단추 이미지를 불러온다. 이미지를 불러오면 상단에 새로운 탭이 열린다. 단추 모양을 추출하기 위해 ❷ '원 모양 선택도구'로 드래그 해서 단추를 선택하고 ❸ 'Ctrl+C'를 해서 선택한 영역을 복사 한다.

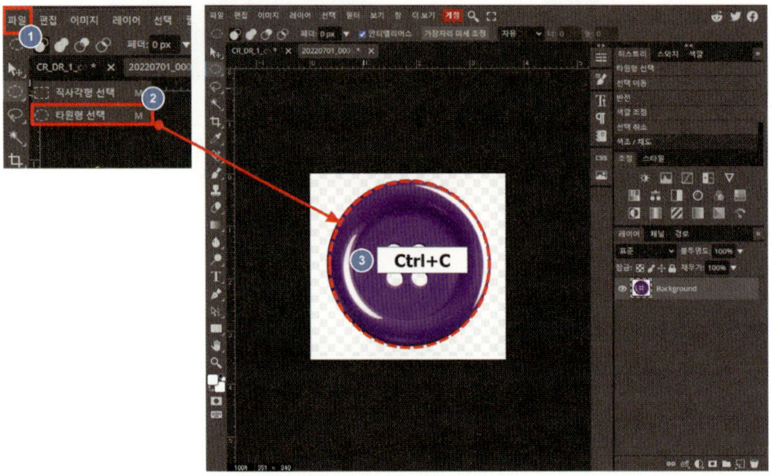

[그림54] 단추 이미지 복사

❶ 다시 템플릿 창으로 돌아가서 복사한 이미지를 ❷ 'Ctrl+V' 해 붙여넣기를 하면 ❸ 새 레이어가 만들어진다.

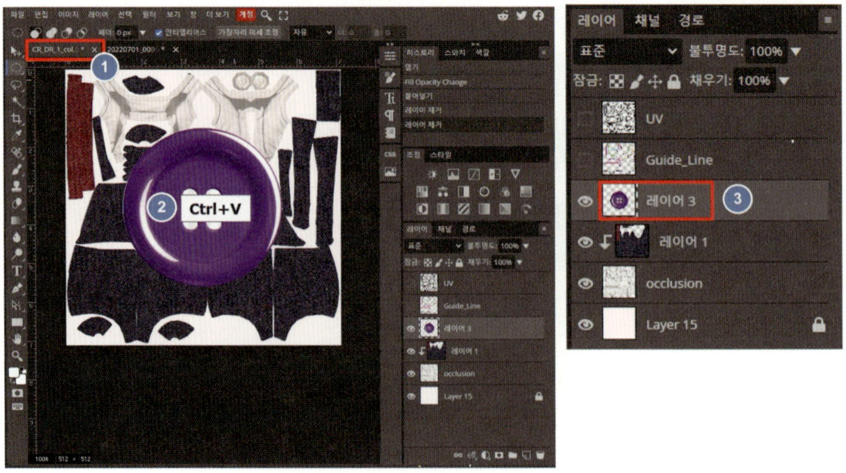

[그림55] 단추 이미지 붙이기

단추 이미지를 템플릿 이미지에 맞도록 줄여준다. ❶ 'Ctrl+Alt+T'를 하면 이미지를 선택할 수 있는데, 크기를 조절해 줄 수 있는 '바운딩 박스'가 생긴다. 모서리 조절점으로 단추크기에 맞게 사이즈를 줄인 후 단추 레이어를 'Ctrl+J'하고 왼쪽 도구상자의 '이동 도구'로 단추를 오른쪽으로 이동한다. 다음 단추 레이어를 선택하고 Ctrl+E를 해서 단추 레이어 두 개를 병합한다. 단추 색상을 바꿔주기 위해서 '상단메뉴의 이미지> 조정 메뉴에서 이미지 보정'을 할 수 있다.

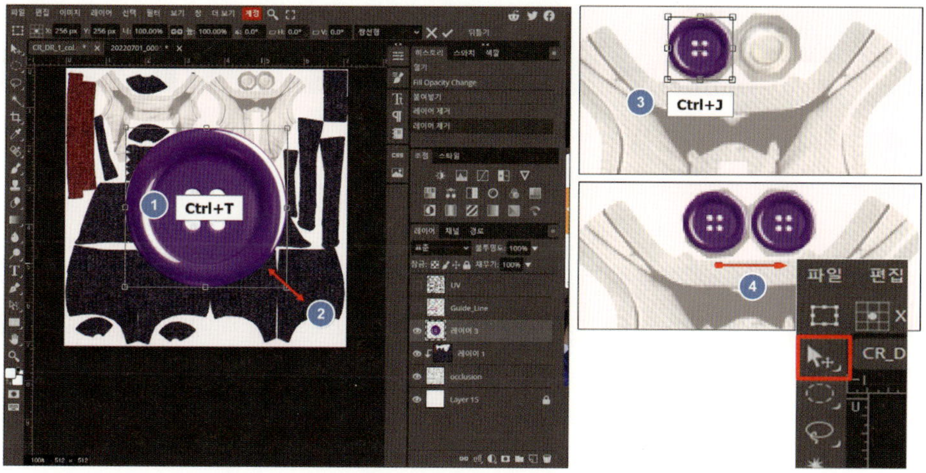

[그림56] 단추 레이어 복제

데님 원단 위에 '스티치'를 표현해주기 위해 아래에 있는 'OCC 레이어'가 보이도록 '데님 원단 레이어'의 ❶ '투명도(56%)'를 조절한다. 스티치를 선으로 그려주기 위해서 채우기는 ❷ '없음'으로 하고 획(선)은 ❸ '흰색', 선 스타일은 ❹ '점선'을 기본 설정으로 해준다. 점선을 그려줄 시작 부분의 왼쪽 도구상자에서 '펜 도구'를 선택해서 시작 부분에서 ❺ '클릭' 해주고 선의 끝 부분을 다시 ❻ '클릭'해서 점선으로 된 직선을 만들어준다. ❼ 'Ctrl+바탕 Clik' 해서 '해지' 해준다. 같은 방법으로 '스티치'를 표현해준다. 이렇게 디테일 한 부분까지 작업을 해주면 그렇게 하지 않은 결과물과 비교해서 상당히 차이가 난다.

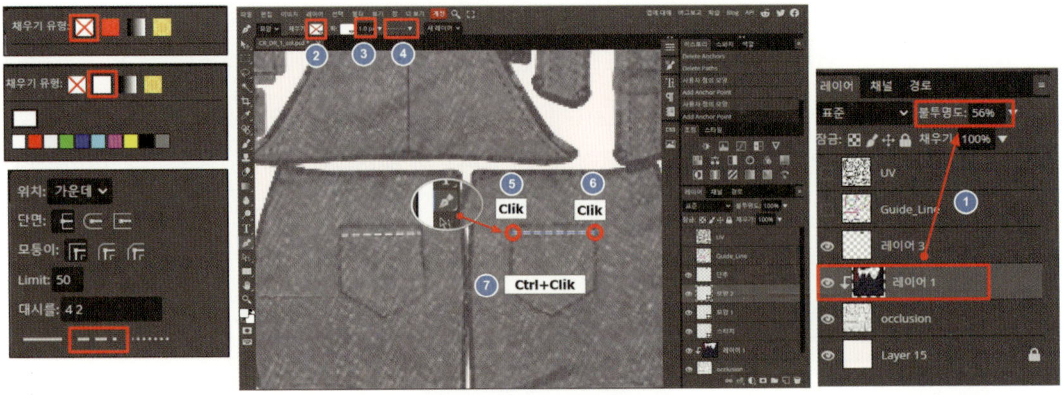

[그림57] 스티치 그리기

스티치를 모두 그렸으면 스티치 레이어를 병합해서 1개의 레이어로 만들어준다. 가장 먼저 그린 스티치 레이어를 선택하고 ❶ 'Ctrl+E'를 반복해서 바로 아래 레이어와 합해주며 ❷ 스티치 레이어 1개로 모두 병합된다. 이미지화를 하기 위해 우 클릭해서 ❸ '래스터화'를 해주면 패스 속성에서 ❹ '일반 레이어'로 바뀐 것을 확인할 수 있다.

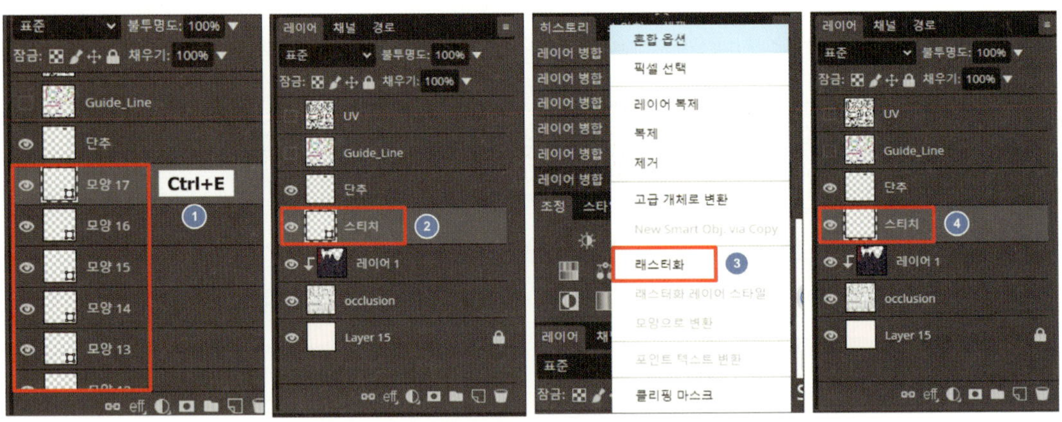

[그림58] 스티치 레이어 병합

이번에는 앞주머니에 '프린트 이미지'를 넣어주기 위해 왼쪽 도구상자의 '지우개 도구'로 주머니 영역만큼 지워준다. 지우개 크기는 마우스 키보드 '[', ']'로 조절해준다. 'Shift+drag'를 하면 수평 또는 수직으로 지울 수 있다.

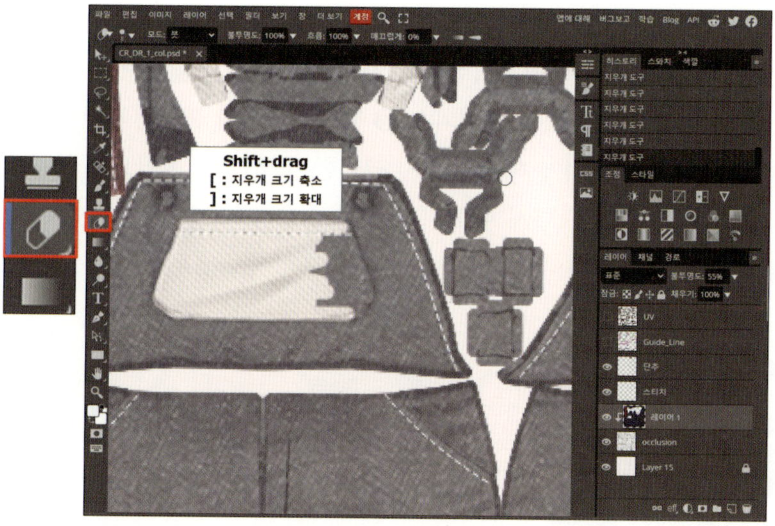

[그림59] 주머니 영역 지우기

프린트 이미지를 넣어줄 영역을 삭제해준 후 '데님 원단 레이어'의 '투명도를 100%'로 해주고 이미지를 저장하고 '업로드 하기'를 한다. 제페토 스튜디오에서 아이템에 입혀진 현재 상태를 확인하면 프린트 영역의 이미지가 지워진 것을 확인할 수 있다.

[그림60] 주머니 영역

구글에서 검색해서 저작권에 문제가 없는 것으로 원하는 이미지를 선택 한다. 실제로 사용할 경우 소유권에 문제가 없는 이미지나 직접 디자인한 이미지를 이용해서 작업하길 권한다. 원하는 이미지를 ❶ '복사'해서 템플릿에 가져와서 ❷ 'Ctrl+v' 해서 붙여넣기 한다. '투명도'를 조절해서 아래 'OCC 레이어'가 보이게 해서 이미지 크기를 조절한다. 불필요한 부분은 왼쪽 도구상자의 '지우개 도구'로 지워준다. 다시 이미지 레이어의 ❸ 불투명도를 100%로 해서 프린트 이미지로 들어갈 영역을 확인한다.

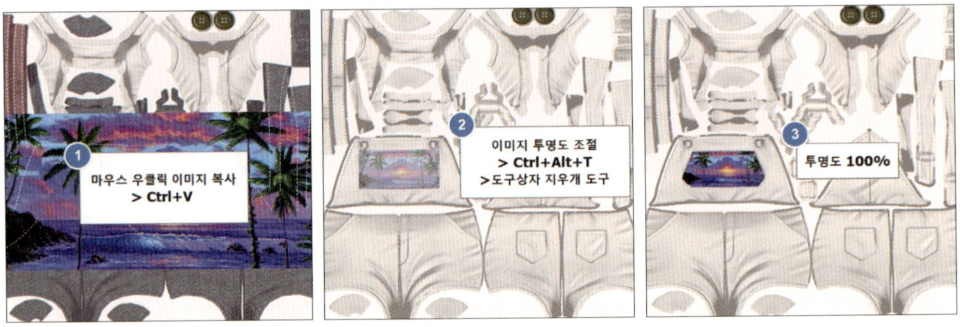

[그림61] 주머니 프린트 이미지 넣기

여기까지 한 후 '데님 원단 이미지 레이어' ❶ '불투명도'도 100%로 설정하고 메뉴 바 ❷ 상단 메뉴 바에서 '파일'을 선택하고 ❸ '내보내기 형식> PNG' 파일로 저장한다. 이때 파일 크기는 ❹ 최소 256에서 최대 512px로 입력하고 ❺ '저장' 한다.

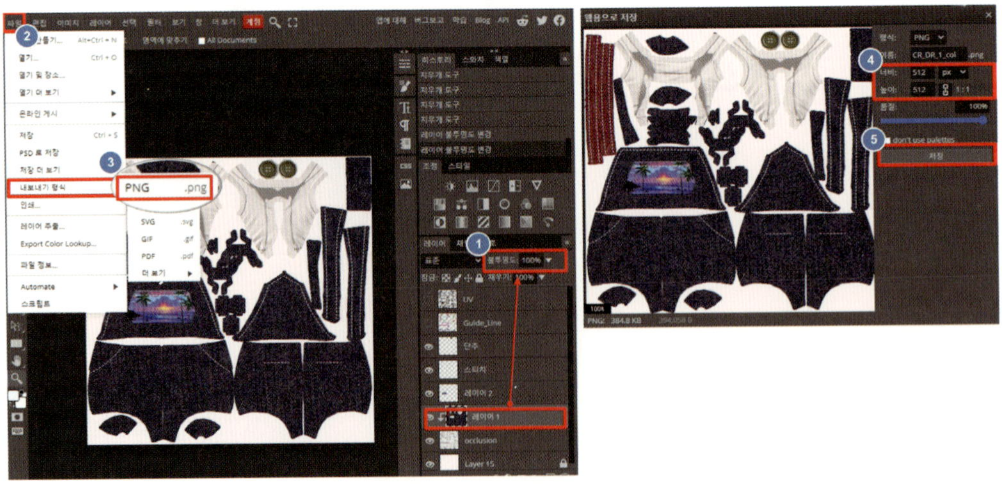

[그림62] 이미지 저장

제페토 스튜디오에서 ❶ '업로드 하기'를 해서 이미지를 등록한다. 템플릿 에디터 왼쪽의 제페토 '미리보기'에서 아바타를 마우스로 이러지리 돌려보면서 제작한 '슬리브스 쇼츠 점퍼수트' 아이템의 입혀진 모습에 문제가 없는지 확인한다. 문제가 없다면 템플릿 에디터 툴바 상단 우측의 ❷ '확인' 버튼을 눌러서 아이템 '상세 정보 입력' 화면으로 이동한다. 색상이 마음에 들지 않으면 수정 후 다시 업로드 한다.

[그림63] 이미지 업로드

3) 내가 만든 아이템 등록하고 판매하기

아이템을 업로드 하는 과정에서 제페토 앱을 통해서 '아이템 미리보기'를 할 수 있다. '휴대폰에서 미리보기' 버튼을 누른다.

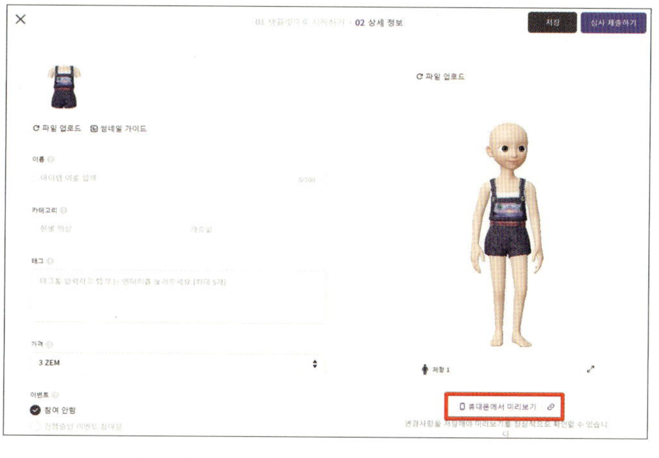

[그림64] 휴대폰에서 미리보기 설정

제페토 스튜디오에서 로그인돼 있는 제페토 계정을 대상으로 제페토 앱의 푸시알림이 발송된다. 휴대폰에서 미리보기를 하려면 홈 화면 위의 ❶ '종 모양'의 알림 창을 선택한다. 모든 알림은 알림 창에서 확인 할 수 있다. 맨 위의 ❷ '아이템 미리 보기 하시려면 여기를 누르세요' 라는 안내문을 누른다.

[그림65] 아이템 미리보기

하단의 ❶ '모션 변경' 기능을 통해 아이템에 다른 문제가 없는지 신중히 확인하다. 여러 가지 포즈도 확인해 보고 손으로 좌우로 돌리면 360도 모습을 볼 수 있다. 심사에서는 앞뒤 모두 확인하므로 이상이 있는지 확인하는 습관이 필요하다. ❷ '링크 복사'를 눌러서 아이템 공유하기도 가능하다. 같은 디자인이라 하더라도 아이템의 전체 색상을 변경하거나 문구나 디테일을 더 살려서 다채롭게 표현해보자.

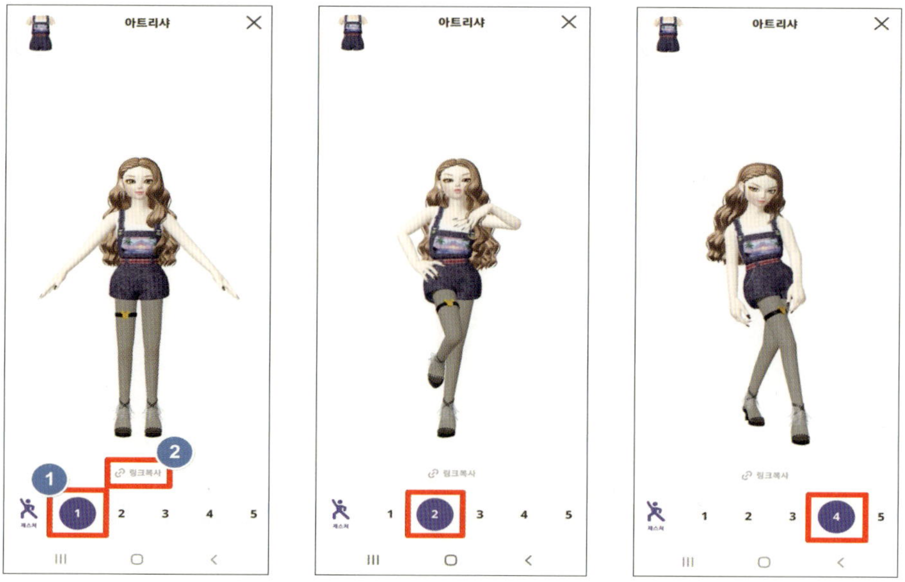

[그림66] 아이템 360도 확인

미리보기에서 문제가 없다면 이젠 등록을 한다. 우선 아이템의 ❶ '이름'을 넣는다. 최대 100자까지 가능하다. 아래 ❷ '태그'도 입력한다. 최대 5개까지 가능하니 모두 쓰는 것이 좋다. 아이템이 적절한 사용자 층에 도달되기 위해서 업로드 과정에서 적절한 태그를 추가한다.

또한, 제페토는 전 세계인들이 사용하기 때문에 영문도 함께 적어 둔다. 다음으로 ❸ '가격'을 정한다. 기본으로 젬 가격은 3젬(1젬은 약 85.7원)에서 50젬까지 있다. 어떤 아이템이냐에 따라 최저 금액은 달라질 수 있다. '고급 설정'을 선택 후, ❹ '승인되면 바로'를 선택하고 전 세계에 판매되도록 ❺ '모든 국가'를 선택하고 ❻ '저장'을 누른다. 그러면 '임시 저장' 상태로 저장된다.

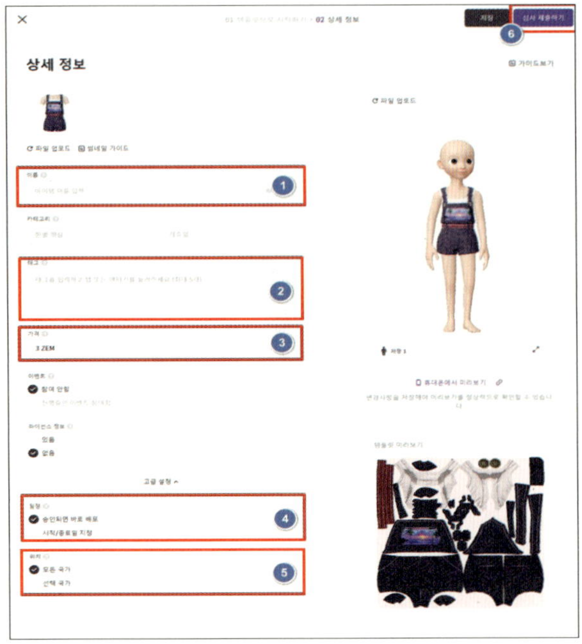

[그림67] 아이템 판매 정보 입력하기

내 콘텐츠 아이템 메뉴에서 제작한 아이템 모두를 확인할 수 있다. ❶ 판매할 아이템을 선택하고 ❷ '심사 제출하기'를 누르면 심사 가이드라인 메시지 창이 뜬다. ❸ '심사 가이드라인을 확인 했습니다'에 체크하고 '저장'을 누르고 ❹ '심사 제출하기' 버튼을 누른다.

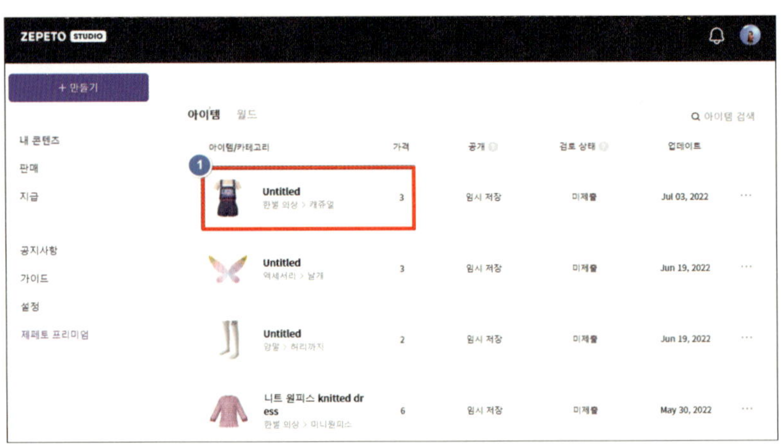

[그림68] 심사 제출할 아이템 선택

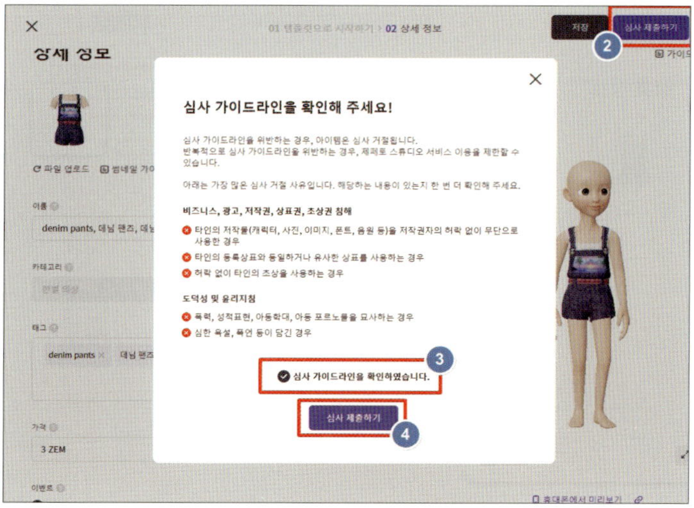

[그림69] 아이템 등록하기

만약 '심사 제출하기' 전에 아이템 이미지의 색상이나 디자인 효과를 추가하고 수정해서 다시 업로드도 할 수도 있다. 심사에 제출할 아이템을 눌러서 ❶ '파일 업로드'를 눌러서 수정한 이미지로 바꾸면 된다. 이 때 아이템이 늘어나는 것이 아니고 수정한 이미지가 등록되고 심사 완료하기 전 제출을 취소하고 싶으면 ❷ '제출 취소하기'를 하면 된다.

[그림70] 수정한 아이템 파일 업로드

[그림71] 업로드 한 아이템 파일 취소

제출하기가 끝나면 그림처럼 '임시 저장'이 됐던 아이템이 '제출됨'으로 바뀌었다. 제출된 아이템은 제페토 스튜디오 심사 가이드라인에 따라 심사를 거치게 된다.

[그림72] 아이템 '미제출'에서 '제출'로 변경 됨

4. 심사기준 알아보기

제페토 아이템을 만든 후 아이템을 제출하기 전 가이드라인을 알아보자. 심사에 통과하기 위해서는 아이템을 만들기 전 반드시 지켜야 하는 유의사항이 있으니 꼭 확인해야 한다.

1) 저작권을 확인하기

제페토 스튜디오는 수익화가 가능하기 때문에 브랜드 로고, 애니메이션 이미지 및 의상, 아이돌 로고 및 유명인의 이미지 등 타인의 저작물을 저작권자의 허락 없이 이용하는 경우 심사가 거절된다. 본인의 브랜드 로고를 사용하는 경우에서 타 브랜드와 이미지가 비슷하다고 판단될 경우 저작권 위반으로 보류되거나 거절대상이 된다.

[그림73] 저작권 유의사항(출처 : 제페토 스튜디오)

그리고 디자인을 베끼는 경우 판매 승인이 났더라도 추후 문제가 생길 경우 삭제조치가 될 수 있다. 타인의 디자인을 이용한 경우에는 초반에는 운 좋게 통과할지라도 나중에 누군가 신고를 한다면 그대로 삭제조치가 될 수 있다.

무료로 제공하는 이미지나 폰트는 저작권에 문제가 없이 사용 가능하다. 하지만 많은 사람들이 사용하는 이미지의 경우 중복사용으로 거절 될 수가 있으니 색상이나 텍스트 등 어느 정도 변형해서 사용하도록 한다. 가장 안전한 방법은 직접 그림을 그리거나 만든 창작물을 사용하는 것이 저작권 문제를 피해갈 수 있다.

2) 도덕성 및 윤리지침

제페토는 다양한 연령이 함께 사용하고 있는 공간이다. 그래서 선정성이나 폭력적인 아이템, 욕설 등은 거절된다. 예를 들어 '사회적 물의'를 일으킬 소지가 있는 민감한 내용이 담긴 내용이나 '욕설, 폭언'이 담긴 의상이나 무기를 현실적으로 묘사한 아이템, '청소년관람불가 이미지'를 포함한 아이템의 경우 심사에서 거절된다.

제페토를 사용하고 있는 모두가 함께 입을 수 있는 창의적인 아이템을 만든다. 하지만 심사가 통과된 아이템이더라도 부적절하다고 판단되는 아이템은 판매가 중단되고 수익화가 취소될 수 있으니 주의한다.

[그림74] 도덕성 윤리지침(출처 : 제페토 스튜디오)

3) 수익금 지급 요청하기

제페토에서는 일정 수익금이 쌓이면 현금화 할 수 있다. 아이템이 판매된 날로부터 '최소 14일'이 지난 수익에 대해서 '지급요청이 가능'하고, 매월 한 달에 한 번, 24일 오전 9시에서 29일 오전 8시 59분 사이에 할 수 있다. 제페토 화폐인 '젬'이 5,000젬(ZEM) 이상일 경우 출금 요청을 할 수 있다.

[그림75] 수익금 지급 범위

Epilogue

메타버스 열풍이 계속되고 있는 가운데 메타버스 플랫폼 제페토에서도 문화, 경제, 교육, 사회 등 다양한 분야에서 자신의 캐릭터를 통해 가상세계에서 자신을 표현하고 활발하게 활동하는 것을 볼 수 있다. 특히 캐릭터가 입고 있는 패션 아이템을 통해서 누구나 쉽게 가상 패션의 세계를 경험하고 있다.

"제페토는 MZ 세대가 몰려있는 플랫폼이다 보니 패션, 콘텐츠 등 다양한 기업들의 협업 요청이 쇄도하고 있다"고 네이버 제트 관계자도 언급한바 있다. 패션 명품 브랜드인 구찌와 나이키 등 유명한 글로벌 콘텐츠 기업들과 협업 아이템을 출시하고 있다. 이는 현실에서 이뤄지는 브랜드 간의 협업보다 훨씬 적은 비용과 홍보로 전 세계 유저들을 대상으로 아이템 판매가 가능하기 때문이다. 또한 캐릭터가 입고 있는 협업 상품을 통한 상호작용의 효과가 있기 때문이다.

제페토 패션 아이템은 디자인과 표현방법에 있어서도 제약이 없기 때문에 현실에서 구현하기 어려운 개성을 표현할 수 있다. 이처럼 독특하고 창의적인 디자인이 가능하다는 점과 그런 아이템을 저렴하게 구입해서 입수 있다는 것은 MZ 세대들이 몰려있는 플랫폼인 제페토의 강점일 것이다.

메타버스 플랫폼의 패션 콘텐츠 확대를 위해서는 제페토를 통한 패션브랜드의 협업뿐만 아니라 개인 크리에이터의 제페토 패션 아이템을 개발하고 판매할 수 있는 실질적인 방법이 이뤄져야 한다. 또한 디자인 제작 및 개발에 대한 다양한 교육 및 연구가 이뤄져야 할 것으로 생각된다.

이번 장에서 메타버스 내에서 패션 아이템 제작의 경험으로 메타버스를 활용한 크리에이터 이코노미(창작자 경제) 영역의 경험과 더불어 디지털 패션 브랜딩에 제페토 아이템 제작의 경험이 도움이 될 것으로 기대해본다.

[참고자료]

- 2022, 공다예 외, '메타버스 플랫폼 유형별 소비자 만족도에 관한 연구 -제페토 및 로블록스 사용 MZ 세대를 중심으로', 한국의류산업학회 춘계학술대회
- 2022, 유연재 외, '메타버스 플랫폼 제페토의 콜라보레이션에 관한 연구 -패션 아이템을 중심으로 -', 한국조형학회지, 23권 2호, 377-393
- 2011, 윤지연, '아바타 패션을 활용한 3D 가상피팅 시스템 연구', 홍익대학교 산업미술대학교, 24-39
- 2022, 박정하 외, '멀티 페르소나의 관점에서 제페토에 나타나는 아바타 가상패션 연구', 한국문화융합학회, 제44권 2호, 147-166
- https://www.kocca.kr/n_content/vol19/sub/people2.html
- https://datalibrary.tistory.com/215
- https://www.gucci.com/kr/ko/st/stories/inspirations-and-codes/article/zepeto-x-gucci
- https://blog.naver.com/eluocnc/222454377735
- https://www.sedaily.com/NewsView/22OYLRHPND

Chapter

04

'제페토 빌드잇 (Build-it)'만 있으면 나도 건축가!

김 영 숙(김 영)

Chapter

04

'제페토 빌드잇(Build-it)'만 있으면 나도 건축가!

Prologue

국내 대표 메타버스 플랫폼인 '제페토'는 MZ 세대(1980년대 초~2000년대 초 출생한 밀레니얼 세대와 1990년대 중반~2000년대 초반 출생한 Z세대를 통칭)를 중심으로 인기를 끌며 2022년 현재 이미 전 세계 가입자 3억 명을 달성했다. '강력한 시각적 몰입'과 'MZ 세대가 집중적으로 모여 있는 공간'이 바로 '제페토'이다. 수많은 기업과 유명인들이 콜라보레이션(Collaboration)을 진행하며 '새로 생긴 시장'에서 미래의 잠재고객인 이들의 눈과 귀를 사로잡기 위해 경쟁하고 있다. 제페토는 국내 시장을 넘어 해외로 영역을 확장하고 있으며 가입자 중 95%가 해외 이용자로 글로벌 입지를 견고히 다지고 있다.

'제페토'는 '놀이 중심'으로 아바타용 의상과 액세서리 등을 만드는 '제페토 스튜디오'와 '가상세계(월드)'를 만드는 '제페토 빌드잇(Build-it)'이 있다. 최근 스튜디오 콘텐츠에 '월드'와 '라이브'가 추가돼 4개로 세분돼 있다. '라이브'는 일부 사용자들에게 제한적으로 먼저 제공이 되는 라이브 방송으로, 현재 베타 버전에서는 권한이 있는 유저만 방송을 진행할 수 있다. 방송 중 젬(ZEM)으로 선물 아이템을 후원할 수 있고, 후원받은 젬(ZEM) 선물은 호스트가 수익금으로 출금이 가능하다. 라이브 방송 시청은 모바일에서 가능하다.

'제페토 빌드잇'은 이용자가 직접 가상공간('나만의 월드')을 3D로 만들어 낼 수 있는 오픈소스 플랫폼으로 가상현실을 체험하는 샌드박스 서비스이다. 네이버제트 주식회사에서 2019년

12월에 오픈했다. 이 프로그램을 활용해 내가 꿈꾸던 공간을 직접 만들고 나를 대신하는 아바타를 통해 전 세계 사람들과 함께 소통하며 즐거운 시간을 보낼 수 있다.

내가 제작한 크리에이터 맵을 월드에 공개하기 위해서 사전에 '빌드잇 심사 가이드라인'과 정책을 반드시 숙지하고 맵을 제작해야 한다. 3D에서 세세한 부분들을 신경 쓰다 보면 시간과 에너지가 많이 들어간다. '제페토 빌드잇'을 공부하기 전은 3D를 잘 다뤄야 할 것으로 생각하겠지만 특별한 기술과 뛰어난 재주가 없어도 아이디어와 각 플랫폼에서 제공하는 기능만 잘 활용해도 누구나 생산자가 되고 수익을 올릴 수도 있다.

새로운 생태계에서 다른 이용자들과 내가 만든 월드를 공유하고 일정한 대가를 받는 크리에이터로 활동할 수 있다는 것은 확실히 매력적이다. 앞으로 메타버스 세상에서 크리에이터의 역할은 무궁무진하며 본업 및 N 잡으로 충분히 가능한 직업이니 도전해보자. '제페토 빌드잇'은 현재 PC에서만 사용 가능하며 모든 것을 무료로 제공하고 있다.

'친구들과 상호작용을 하며 빌드잇을 실행하기 위해선 준비물이 필요하다. 캠과 마이크, 스피커, 컴퓨터와 스마트폰 등이며 [표1] 처럼 일정 수준 이상의 '컴퓨터 권장 사양'이 확보돼야 한다. 내 컴퓨터 시스템 사양이 권장 사양보다 낮으면 설치가 안 되거나 동작이 원활하지 않을 수 있다.

시스템 - 권장사양	
운영체제	Windows 10 또는 Mac OS Mojave이상
CPU	intel i5이상
메모리	8GM RAM이상
그래픽	Geforce GTX 660이상
Direct X	10버전 이상
해상도	1280 X 720 이상
여유 공간	500MB 이상

[표1] 컴퓨터 권장 사양

1. 제페토 빌드잇 설치하기

컴퓨터에서 '크롬 (Chrome)' 브라우저를 실행한다. [그림1]과 같이 Google 검색 창에 '제페토 빌드잇'을 입력해 검색한다. 검색이 완료되면 '제페토 빌드잇 다운받기 - ZEPETO Studio'를 클릭한다.

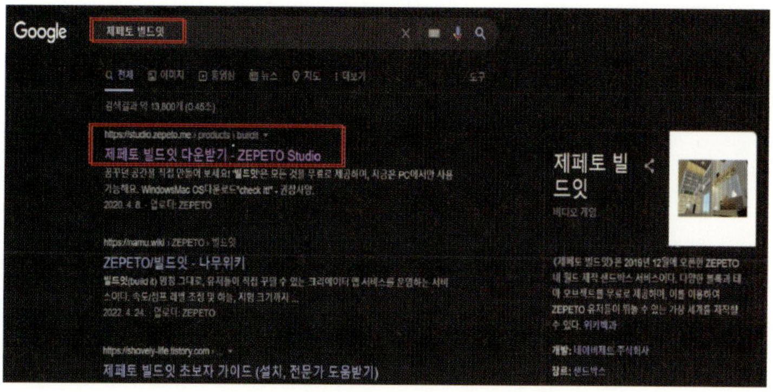

[그림1] 제페토 빌드잇 다운받기

[그림2]와 같이 'Windows' 또는 'Mac OS' 운영체제를 선택할 수 있는 화면이 나타난다. 본인의 컴퓨터에 맞는 운영체제를 선택한다. 맥 사용자가 아니라면 왼쪽 'Windows'를 클릭한다. 설치 프로그램이 다운로드 되면 프로그램을 클릭해 설치한다. 또는 다운로드 후에 저장된 폴더를 열기 한 후 설치프로그램(ZEPETO+build+it)을 선택(마우스 왼쪽 더블클릭)해 실행할 수도 있다.

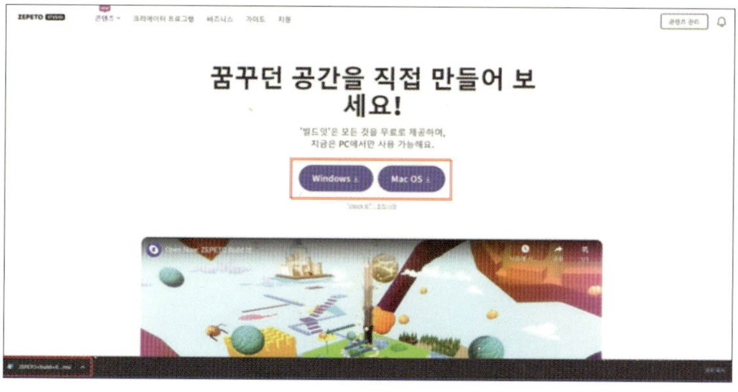

[그림2] 운영체제 선택화면

[그림3] 설치 마법사 화면에서 '다음'을 클릭하면 [그림4] 설치 폴더 선택화면이 나타난다. 설치 폴더를 변경하려면 ① '찾아보기'를 클릭해 변경하고, 현재 폴더에 설치하려면 ② '다음'을 클릭한다.

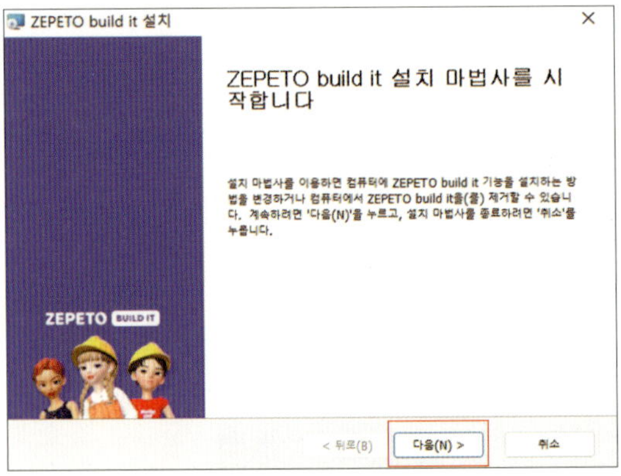

[그림3] 설치 마법사 화면

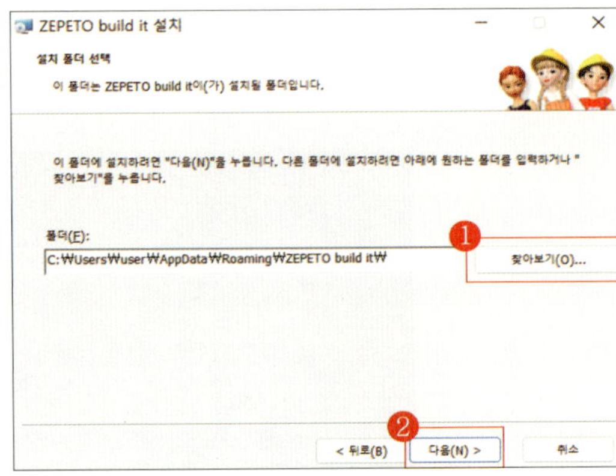

[그림4] 설치 폴더 선택

[그림5] 설치 준비 화면에서 '설치'를 클릭하고 완료되면 [그림6]처럼 '설치 마법사를 완료하는 중'이라는 화면이 나타난다. 설치가 완료되면 '마침'을 클릭하고 설치 마법사를 종료한다.

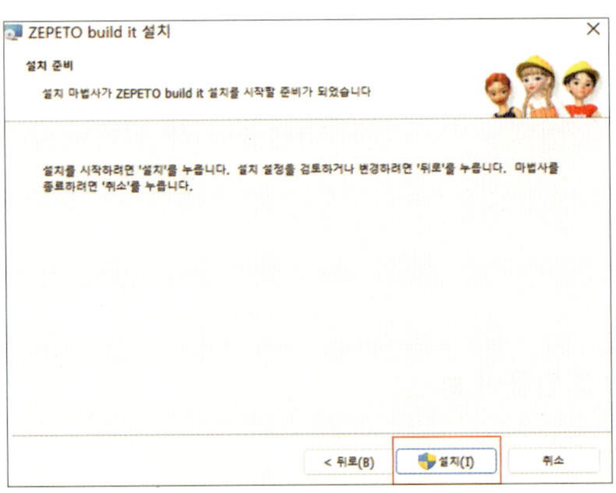

[그림5] 설치 준비 화면

[그림6] 설치 마법사 완료

설치 마법사가 종료되면 [그림7]과 같이 '제페토 빌드잇 실행 화면'이 나타나고 [그림8]과 같은 '로그인' 화면이 나타난다.

[그림7] 제페토 빌드잇 실행 화면

2. 제페토 빌드잇(Build-it) 로그인하기

'제페토 빌드잇'에서 로그인 하는 방법은 '계정 로그인'과 'QR 코드 로그인' 두 가지가 있다.

'계정 로그인' 화면에서 스마트폰 번호와 이메일을 입력한 후 완료를 클릭하거나 페이스북, LINE, 트위터, 카카오톡 등 '소셜 로그인' 서비스로 로그인한다. 미성년자의 경우 '보호자 동의 확인'과 관련한 내용을 꼼꼼하게 확인한다.

[그림8] 계정로그인 화면

계정 또는 비밀번호가 기억나지 않는다면 [그림8] 계정 로그인 화면에서 우측의 'QR 로그인'을 클릭한다. [그림9] 'QR 코드 로그인' 화면을 내 컴퓨터에서 띄워놓은 상태로 스마트폰에서 제페토 앱을 실행한다.

[그림9] QR 로그인 화면

스마트폰 화면에서 제페토 앱을 실행하고 [그림10]에서 오른쪽 하단의 ' 사람 모양'을 클릭한다. 그러면 [그림11]에서 사람 모양이 이렇게 바뀐 것을 확인할 수 있다. 위로 올라가서 를 클릭하면 [그림12]처럼 '내 QR 코드' 화면으로 바뀐다. 오른쪽 하단의 '스캔하기'를 선택한다.

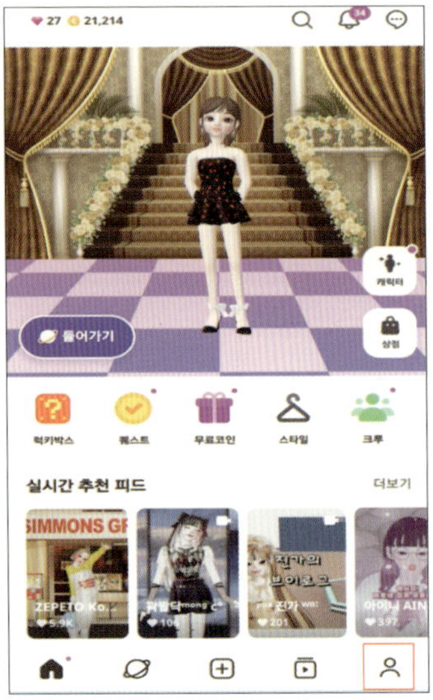

[그림10] 내 프로필 선택

[그림11] 내 코드 선택

[그림12] 스캔하기 선택

[그림13]처럼 스캐너가 나타나면 앞의 [그림9] 'QR 로그인' 화면에서 QR 코드를 스캔한다. QR 코드를 인식하면 스마트폰 화면에서 [그림14] 로그인을 클릭한다. [그림15]의 확인을 누르면 로그인이 완료된다.

[그림13] QR 코드 스캔

[그림14] 로그인

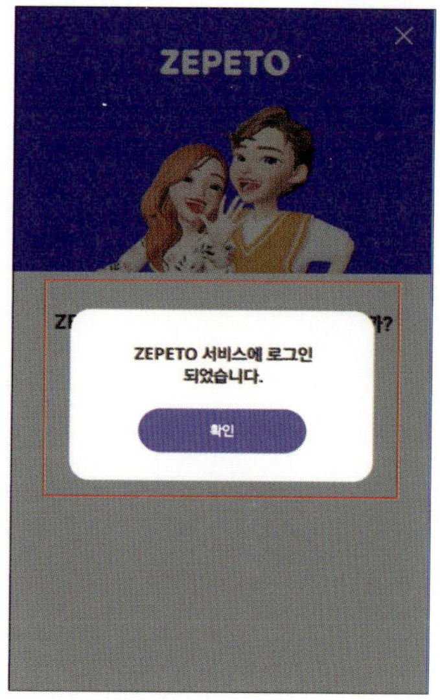

[그림15] 로그인 확인

3. 제페토 빌드잇(Build-it) 홈 화면 알아보기

제페토 빌드잇에 로그인하면 [그림16]과 같이 홈 화면이 뜨고 ① '+새로 만들기'를 클릭하면 ②와 같이 'Plain, Town, House, Cafe, School, City, Wedding' 등 7개의 기본 맵이 나타난다. ④ 라이선스 맵 문의, 가이드, 시작하기, 공지사항, 문의하기 등의 메뉴를 하나씩 클릭해서 읽어보자.

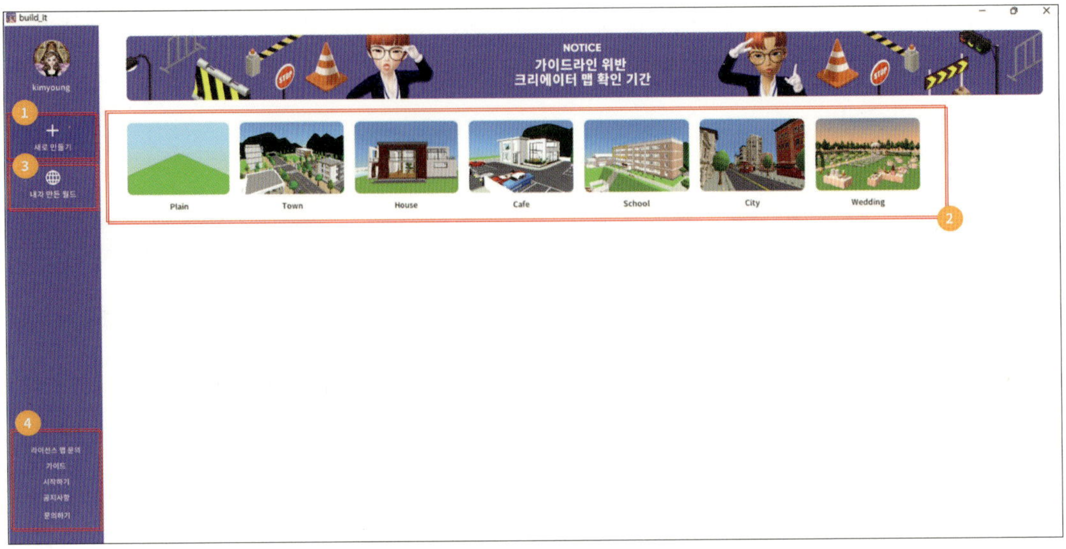

[그림16] 제페토 빌드잇 홈 화면

[그림16]에서 ③ '내가 만든 월드'를 클릭하면 [그림17]처럼 '내가 만든 맵' 목록이 보인다. 맵에 마우스를 갖다 대면 흰색 동그라미가 나타나고 이것을 클릭하면 '공개하기, 월드 이름 수정하기, 삭제'가 나타난다. 둘러보기가 끝났다면 [그림16]에서 ① '+새로 만들기'를 클릭하고 ②의 7개의 맵 중 비어 있는 공간 'Plain'을 선택한다.

[그림17] 내가 만든 월드

[그림18] 홈 화면에서 ① 상위메뉴 ② 오브젝트의 '되돌리기, 다시하기', '선택(단축키 숫자)'은 '이동(단축키 숫자 2), 회전(단축키 숫자 3), 크기(단축키 숫자 4)'를 조절하는 메뉴이다. '정렬(단축키 숫자 6)'은 지형의 안내선 표시를 선택하는 메뉴이다. ③ 맵을 제작하는 '오브젝트'와 '익스플로러' 메뉴 ④ 제작한 맵을 테스트하고 외부에 공개하는 메뉴 ⑤ 맵을 여러 각도(View Point)로 보면서 작업하는 메뉴 ⑥ 맵 위에 있는 오브젝트를 선택하면 오른쪽 화면에 속성이 나타난다.

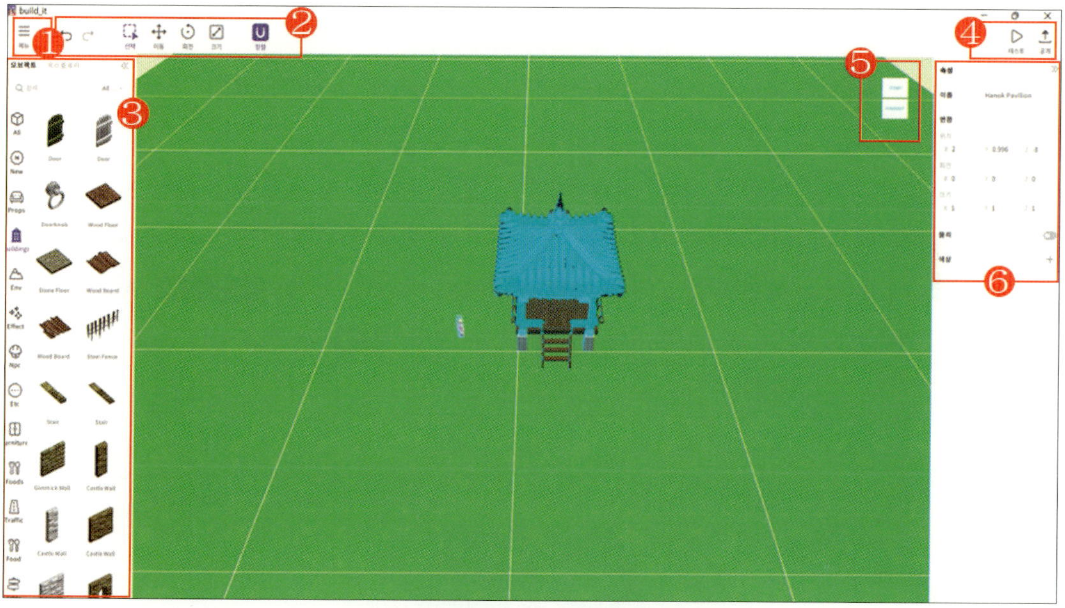

[그림18] 제페토 빌드잇 맵 홈 화면

이제 빌드잇 화면 이동방법을 알아보자.

① 맵 화면을 확대·축소하고자 할 때 마우스 가운데에 있는 휠을 앞으로 밀면 맵 화면이 확대되고, 휠을 뒤로 당기면 맵 화면이 축소된다.

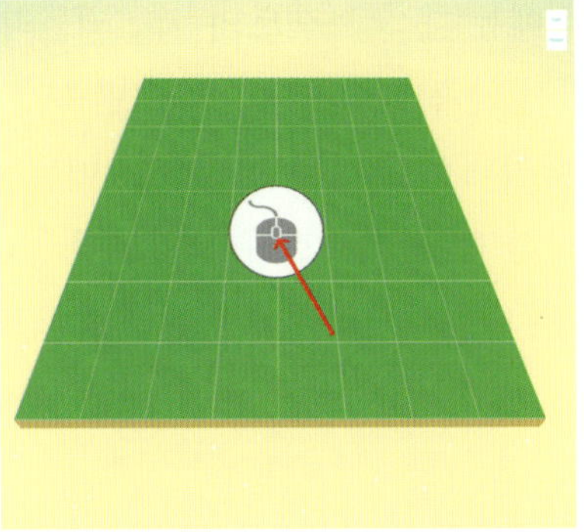

[그림19] 화면 확대·축소

② 화면 이동은 3가지 방법이 있다. 첫째, 마우스 휠 가운데를 꾹 누르면 손바닥 모양이 나온다. 휠에서 손을 떼지 않고 그대로 맵을 상·하·좌·우로 움직여 이동할 수 있다. 둘째, '스페이스바 + 왼쪽 마우스 클릭'하면 화살표가 손바닥 모양으로 바뀐다. 셋째, A D S W 'A' 오른쪽으로 이동, 'D' 왼쪽으로 이동, 'S' 뒤로 이동, 'W' 앞으로 이동, Q E 'Q' 위로 이동, 'E' 아래로 이동한다.

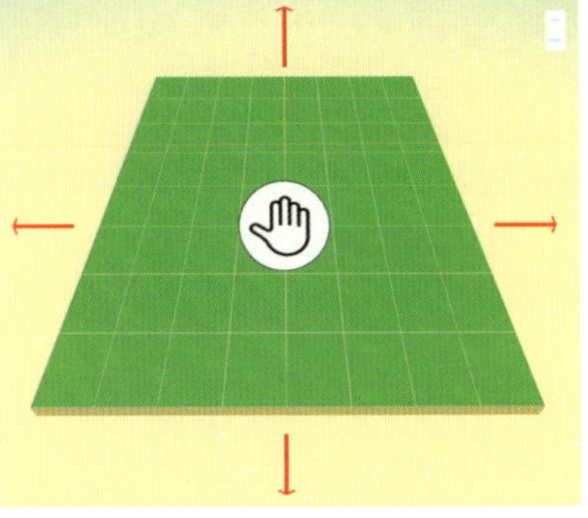

[그림20] 화면 이동

③ 맵을 작성할 때 여러 각도로 보면서 작업한다. 오른쪽 상단의 '정사각형' 모양을 클릭하면 여러 각도로 볼 수 있다. 또는 마우스 오른쪽 클릭을 유지한 채 시점을 변경할 수 있다.

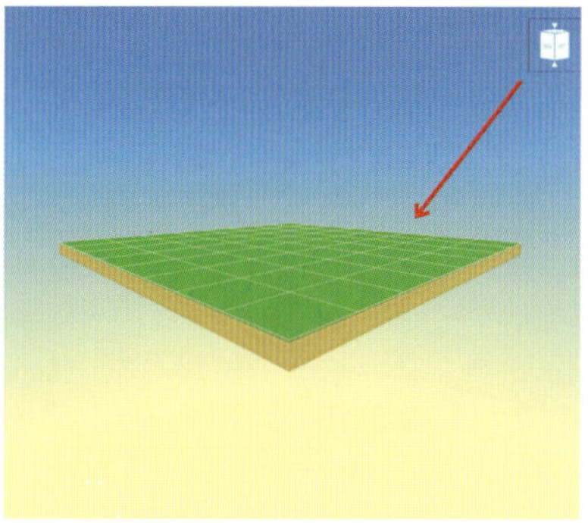

[그림21] 여러 각도 보기

4. 맵 메뉴 이해하기

1) 제페토 빌드잇 상위 메뉴 알아보기

[그림22]에서 ① 상위 메뉴를 클릭하면 ②와 같은 상위 메뉴(홈, 저장, 월드 이름 수정하기, 새로 만들기, 내 정보, 설정, 종료)가 나타난다.

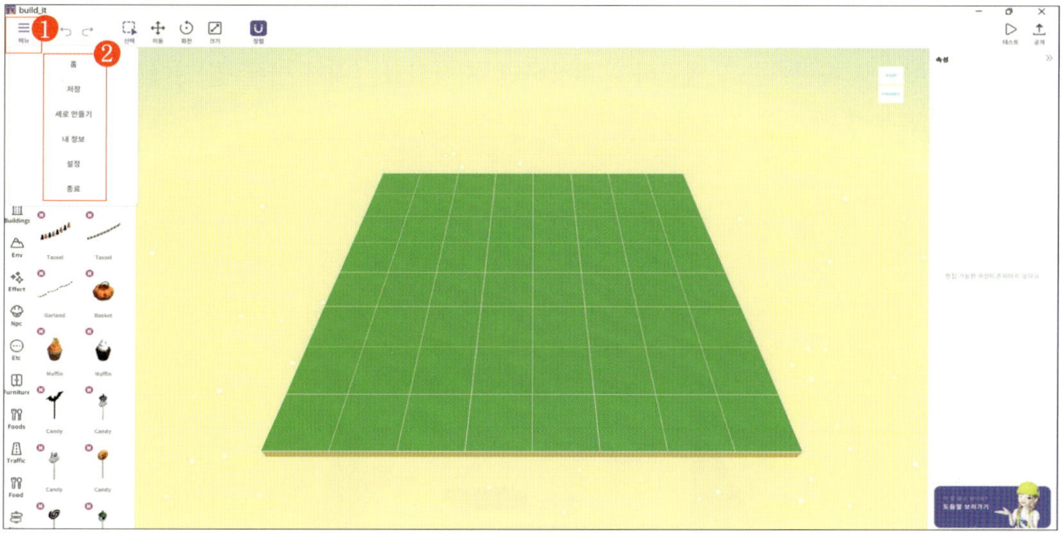

[그림22] 상위 메뉴

[그림23]에서 ① '홈'을 클릭하면 ②와 같이 '저장할까요?'라는 문구가 뜬다. 변경사항이 있을 때 40자 이내로 파일이름을 입력하고 저장하면 [그림18] 제페토 빌드잇 홈 화면으로 돌아간다. 저장한 파일은 '내가 만든 월드'에서 확인할 수 있다.

[그림23] 홈으로 이동 메뉴

[그림24]에서 ①'저장'을 클릭하면 ②와 같이 '저장할까요?'라는 문구가 뜬다. 변경사항이 있을 때 40자 이내로 파일이름을 입력하고 저장하면 '저장완료! [내가 만든 월드]에서 확인할 수 있어요'라는 문구가 맵 상단에 뜬다.

[그림24] 저장하기 메뉴

[그림25] ① '새로 만들기'를 클릭하면 ②와 같이 '저장할까요?'라는 문구가 뜬다. '저장' 또는 '저장 안함'을 선택하면 새로운 맵 작성화면이 나타난다.

[그림25] 새로 만들기

[그림26] ① '내 정보'를 클릭하면 ②와 같이 'ZEPETO, 휴대폰 번호, 등록된 이메일'등을 확인할 수 있다. '로그아웃'을 클릭하면 자신의 계정이 로그아웃된다.

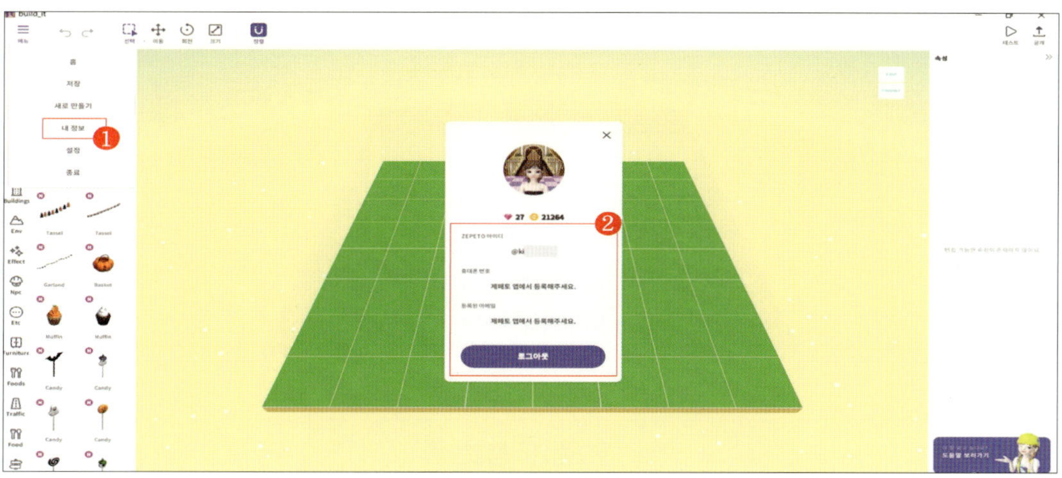

[그림26] 내 정보

[그림27] ① '설정'을 클릭하면 ②와 같이 '언어, 효과음, 단축키'를 확인할 수 있다. 언어는 현재 한국어, 영어, 중국어, 일본어 등 4개 국어를 지원하고 있다.

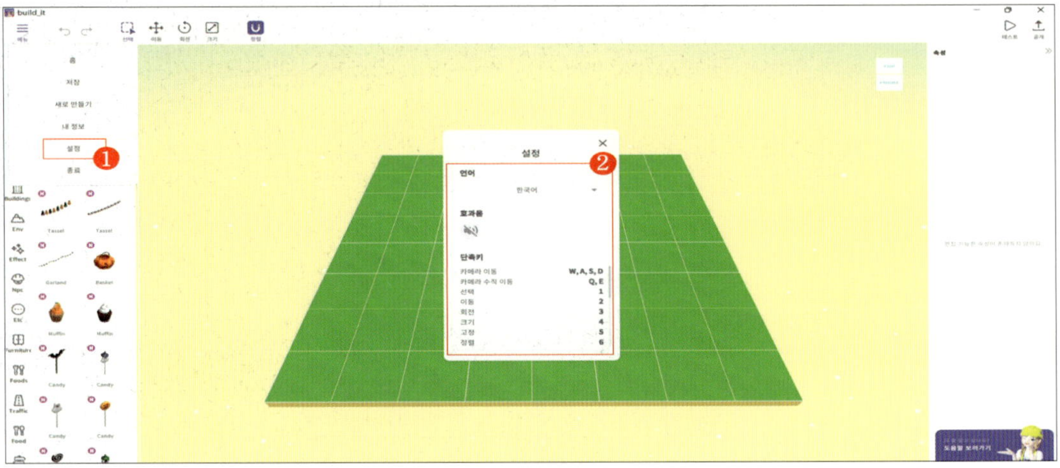

[그림27] 설정

[그림28] ① '종료'를 클릭하면 ②와 같이 '저장할까요?' 라는 문구가 뜬다.

[그림28] 종료

2) 익스플로러

'익스플로러'는 오브젝트를 쉽고 간편하게 관리할 수 있다.

[그림29]처럼 제페토 빌드잇의 '익스플로러'를 선택하면 '월드'와 '오브젝트' 카테고리를 볼 수 있다. '월드'안에는 지형, 하늘, 배경 음악, 플레이어 기능이 있다. '오브젝트'에는 맵 위에 설치된 모든 오브젝트들이 나타난다.

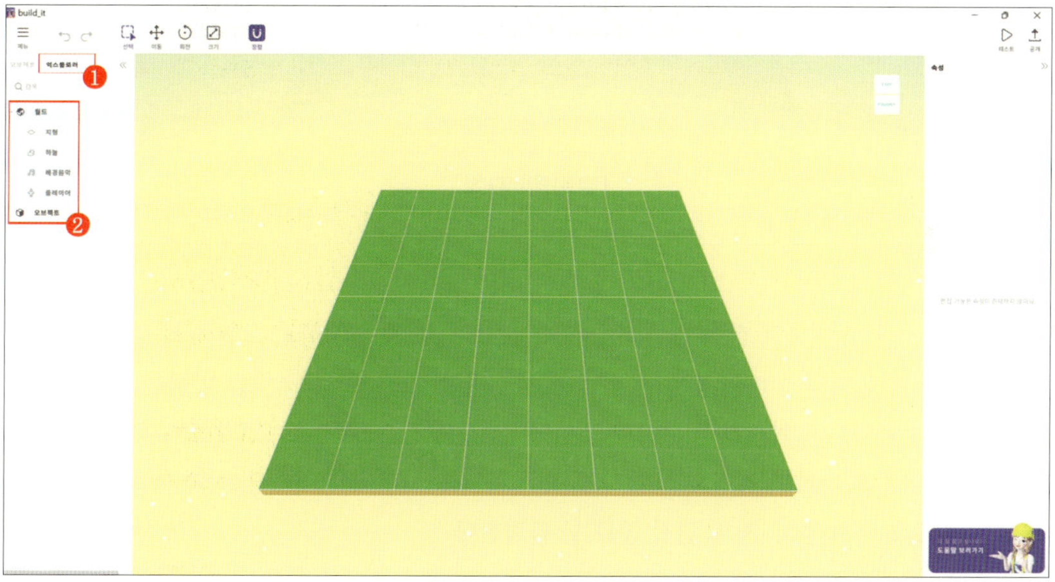

[그림29] 익스플로러

'지형'은 월드에서 '맵의 바닥 유형'을 나타낸다. [그림30]에서 ① '지형'을 선택하면 화면 오른쪽에 ②와 같은 화면이 나타난다. 속성에서 '지형 크기 조절', '지형 브러시', '지형 종류'를 선택해 조절할 수 있다. 오른쪽 상단의 속성에서 '〉〉'를 클릭하면 메뉴 창이 사라지고 다시 클릭하면 메뉴창이 나타난다. 지형은 기본적으로 '풀'이 깔려 있다.

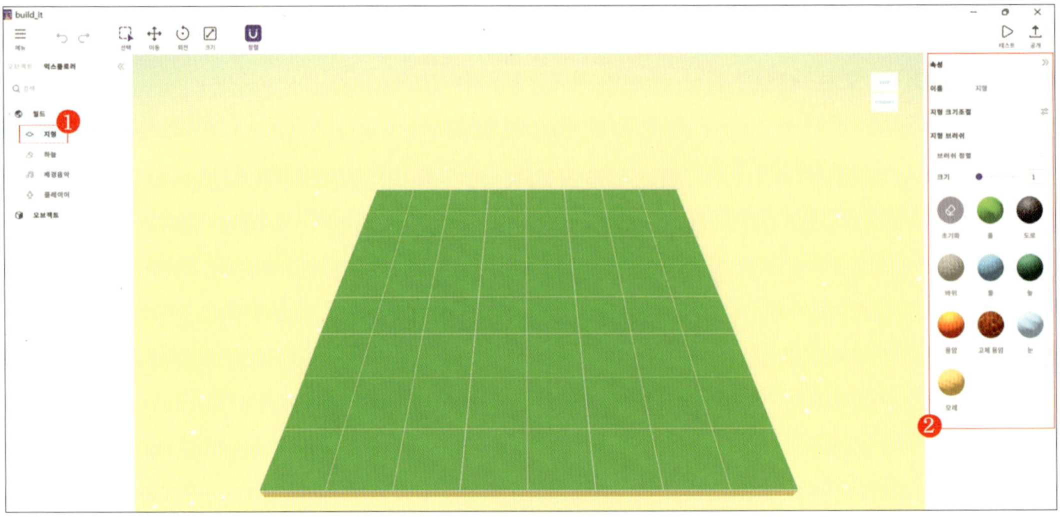

[그림30] 지형

'지형의 크기를 조절'하고 싶을 때 [그림30]에서 ① '지형'을 선택하고 오른쪽 속성 창에서 '지형 크기 조절'을 선택하면 비활성화 된 선택버튼의 색이 ② 처럼 바뀌는 걸 볼 수 있다. 동시에 맵 화면도 [그림31]과 같이 바뀐다. 이때 ③에서 '+'버튼을 클릭하면 지형의 크기가 확대되고 '_'버튼을 누르면 지형의 크기가 줄어든다. 최소 6칸에서 최대 12칸까지 조절할 수 있다. 크기 조절을 마치면 ④ '지형 편집 종료'를 클릭한다.

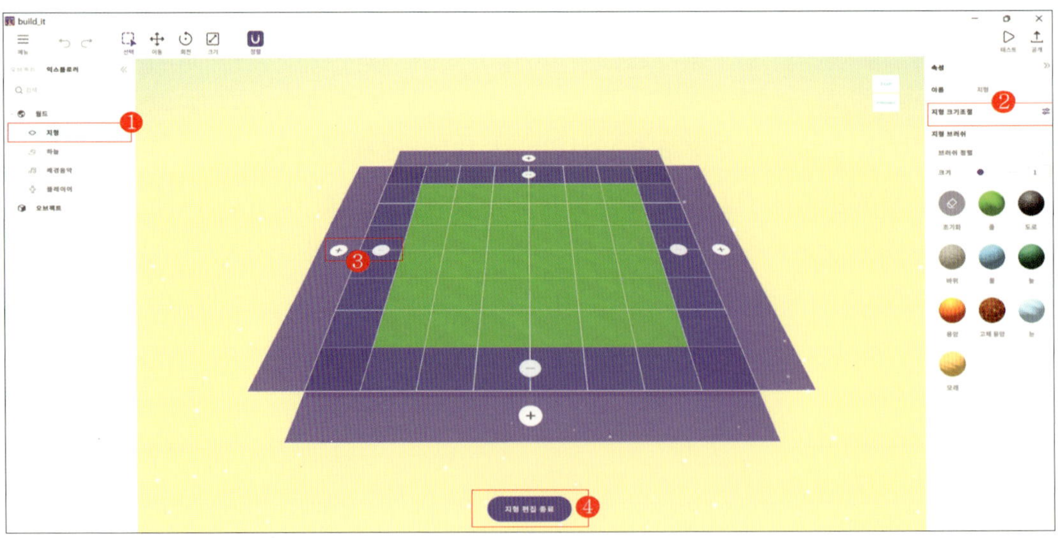

[그림31] 지형크기조절

[그림32]에서 '지형 브러시'는 ① '지형'을 선택하고 오른쪽 속성 창에서 속성의 ② '지형 브러시'에서 '브러시 정렬'을 체크하면 지형을 그릴 때 가지런하게 표현할 수 있다. 지형 브러시 '크기'를 변경하고자 할 때는 '조절점'을 좌우로 이동하거나 원하는 크기의 숫자를 입력한다. '지형 브러시' 모양은 ③과 같고 '0.5~20'까지 크기 조절이 가능하다.

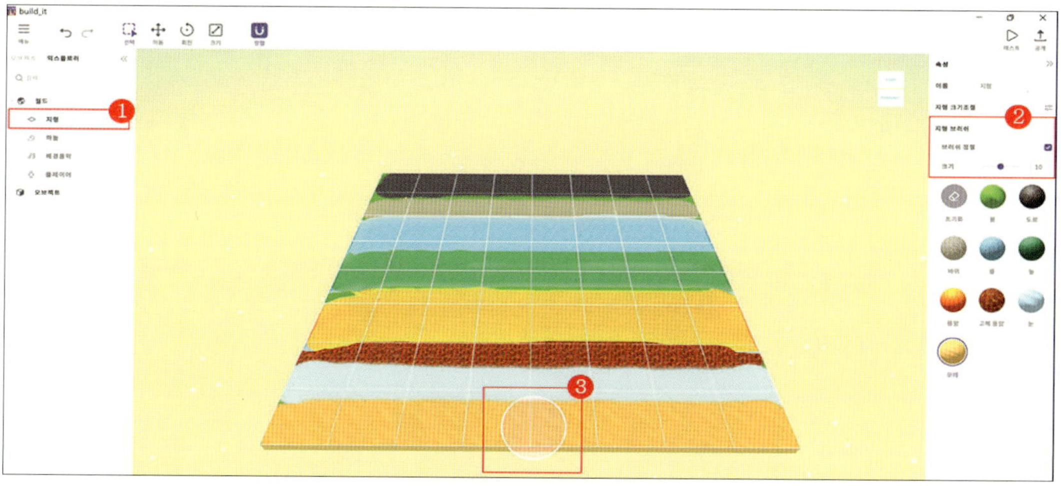

[그림32] 지형 브러시 정렬

[그림33]에서 ① '지형'을 선택하고 작업을 하다가 지우고 싶을 때 오른쪽 속성 창에서 ② '지형 브러시 크기'를 정한 다음 ③ '초기화'를 선택한다. 마우스를 맵 화면 위로 가져가면 ④ '지형 브러시'가 화면에 나타나고 마우스 왼쪽을 누른 상태로 지운다.

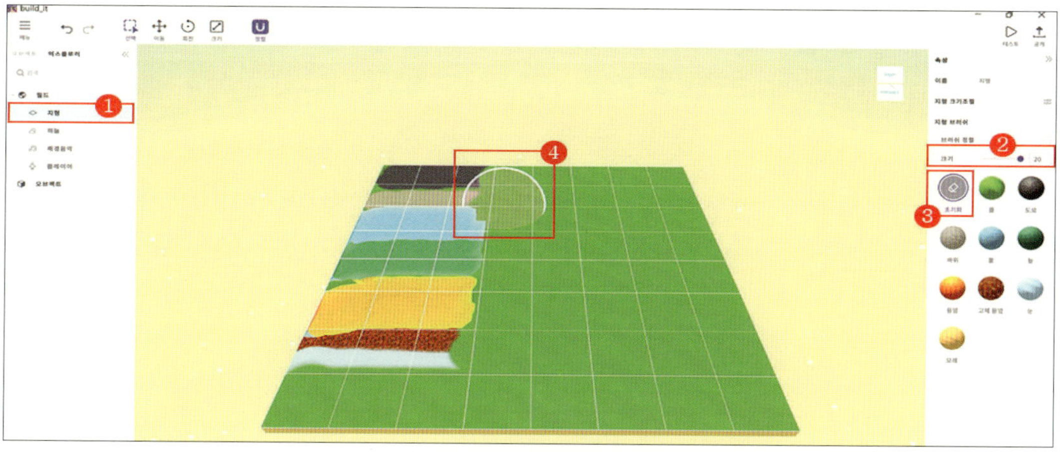

[그림33] 지형 지우기

'하늘 기둥'은 '낮과 밤' 등 하늘의 '색상을 변경'할 수 있다. 화면 오른쪽에서 '화면색상'의 조절점을 좌우로 이동해보자. 오른쪽으로 이동할수록 '하늘 색상'이 어두운색으로 변경된다. [그림34]에서 밝은 하늘은 '낮', 어두운 하늘은 '밤'을 표현할 수 있다.

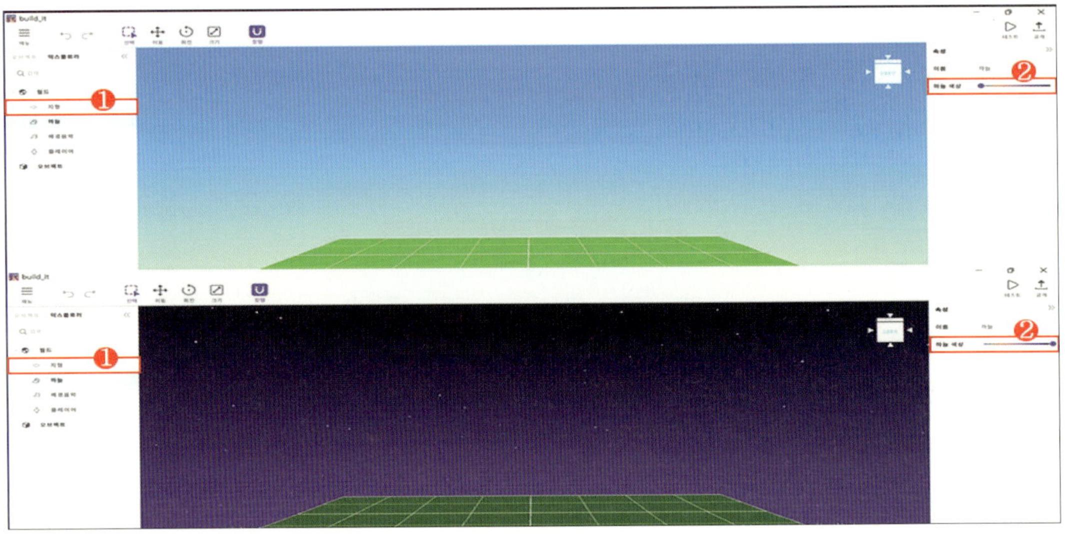

[그림34] 하늘

맵에 '배경음악'을 넣을 수 있다. 맵에 '배경음악'을 넣기 위해서 [그림35]와 같이 '배경음악'을 선택하면 오른쪽에 속성 창이 나타난다. 현재 이용 가능한 음악은 'Battle Planet', 'Natural Ground' 두 가지이며 소리도 온·오프 할 수 있다.

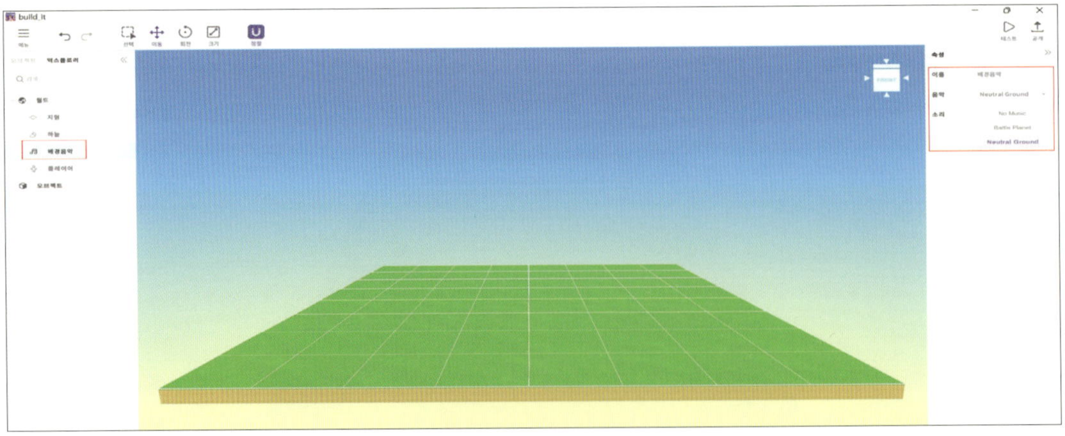

[그림35] 배경음악

플레이어는 더 재미있는 '플레이'를 위해 '캐릭터의 속도'와 '점프 레벨'을 설정할 수 있다. [그림36]에서 왼쪽의 '플레이어'를 클릭하면 오른쪽과 같은 속성이 나타난다. 숫자가 높을수록 빨리 뛰고 높게 점프할 수 있다.

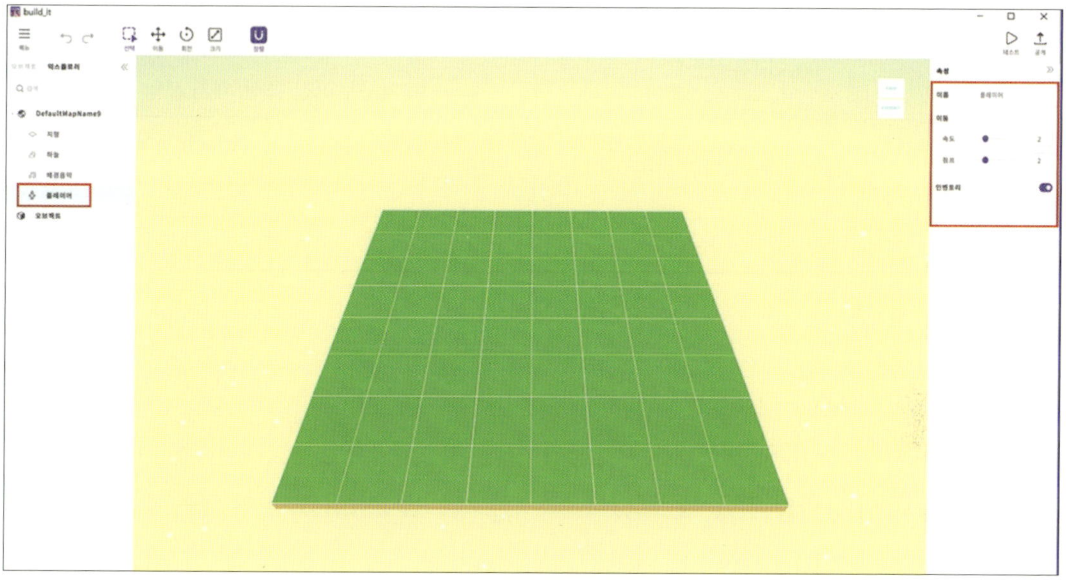

[그림36] 플레이어

3) 오브젝트

맵을 제작할 때 활용하는 오브젝트의 카테고리는 모두 24개이다. 오브젝트는 카테고리별로 정리돼 있는데 찾기가 어려우면 검색기능을 사용한다.

번 호	카테고리 명	번 호	카테고리 명
1	All(전체 오브젝트)	13	Signs(표지판/팻말)
2	New(새로운 오브젝트)	14	Light(조명/불)
3	Props(일반/이벤트 소품)	15	Spawn(캐릭터가 생성되는 지점)
4	Buildings(빌딩 관련)	16	Cube(테마별 정사각형 오브젝트)
5	Env(자연 관련된 오브젝트)	17	Polygon(오르막길 모양 오브젝트)
6	Effect(다양한 특수 효과)	18	Pillar(원기둥 모양 오브젝트)

7	Npc(비플레이어 캐릭터)	19	Stair(계단 모양 오브젝트)
8	Etc(기타 용품)	20	Custom (원하는 사진을 올릴 수 있는 오브젝트)
9	Furniture(가구들)	21	Round(두 면이 둥근 모양 오브젝트)
10	Foods(음식들)	22	Arch (구부러진 곡선/쐐기 모양 오브젝트)
11	Traffic(교통/길거리 간판)	23	Attach (아이템을 뽑을 수 있는 오브젝트)
12	Food(음식 오브젝트)	24	Text(영어/숫자/특수문자)

[표2] 오브젝트 카테고리

[그림37]에서 ① 'All'을 클릭하고 ② 검색 창에 필요한 '오브젝트(veh)'를 입력한다. ③ 'Vehicle Kiosk'이 나타난 것을 볼 수 있다. 오브젝트에 '톱니바퀴 모양'이 있는 것은 상호작용이 가능하다.

[그림38] 테스트 화면에서 ① Vehicle Kiosk의 동그란 원안에 '+ 모양'이 나타난다. 여기에 마우스를 갖다 대면 '손바닥 모양'으로 바뀌고 ② '상호작용하기' (Ctrl+마우스 왼쪽 클릭)하면 [그림39]처럼 자동차를 타고 있는 내 캐릭터를 확인할 수 있다.

[그림37] 오브젝트 검색

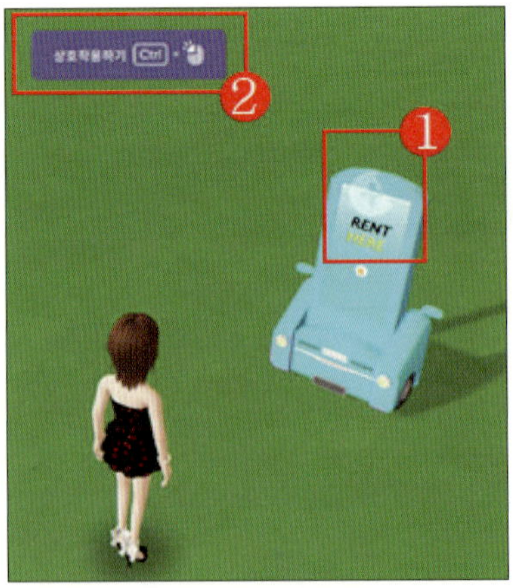

[그림38] 상호작용

상호작용(차에서 내리기)을 끝내려면 알파벳 'G'를 누른다. 'Vehicle Kiosk' 오브젝트는 그대로 남아있다.

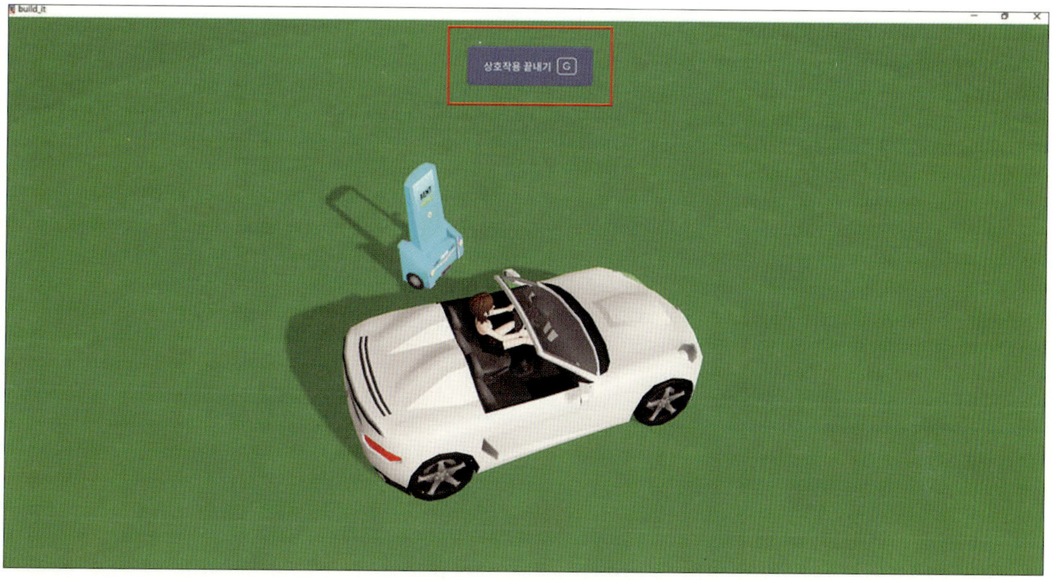

[그림39] 상호작용 끝내기

4) 속 성

(1) 이름과 변환

맵의 '오브젝트'를 클릭하면 오른쪽 화면에 '속성'이 나타난다. '이름, 변환, 물리, 색상 값'을 지정할 수 있다. 맵을 제작하다 보면 오브젝트가 어디에 위치하는지 찾기 어려울 때가 있다. 이때 오브젝트의 '이름'을 지정하면 찾기가 수월하다. '변환'은 오브젝트를 선택한 상태로 '위치, 회전, 크기를 조절'할 수 있다.

[그림40] 이름 및 변환

(2) 물리효과

맵 제작에서 '물리효과'는 오브젝트를 고정하거나 마찰 또는 바운스 효과를 준다. [그림41]에서 ①은 물리효과 비활성화(OFF)한 것이고 ②는 물리효과를 활성화한 것이다. '중력과 질량'을 조절할 수 있다.

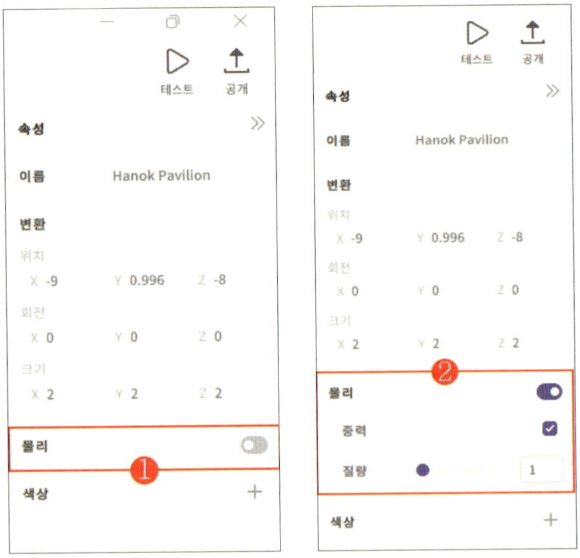

[그림41] 물리효과(단축키 숫자5)

① 물리 효과 비활성화(X : −16, Y값 : 0.0996) ② 물리 효과 활성화(X : −13, Y값 : 1.5, 중력 OFF, 질량1) ③ 물리 효과 활성화(X : −10, Y값 : 2, 중력 ON, 질량1) ④ 물리 효과 활성화(X : −7, Y값 : 2, 중력 ON, 질량10) ⑤ 물리 효과 활성화(X : −4, Y값 : 3, 중력 ON, 질량50), ①~⑤는 회전과 크기 값을 똑같이 적용했다.

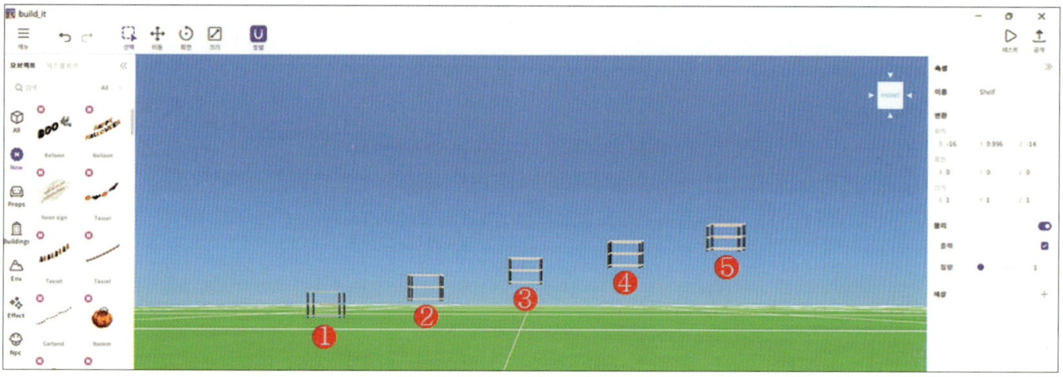

[그림42] 물리효과 화면

① '물리효과'를 비활성화하면 오브젝트가 고정돼 캐릭터와 충돌해도 움직이지 않는다. 공중에 점프 맵을 만들거나 계단을 만들 때 유용하게 쓸 수 있다. ② '중력'을 OFF 하면 오브젝트가 공중에 떠 있고 캐릭터와 충돌하면 한없이 뒤로 밀려 나간다. ③ '중력'을 ON하고 질량을 가볍게 하면 캐릭터와 충돌했을 때 오브젝트가 뒤로 밀려서 넘어진 것을 볼 수 있다. ④ '중력'을 ON하고 질량을 10으로 하면 캐릭터와 충돌했을 때 조금씩 뒤로 밀린다. ⑤ '중력'을 ON하고 질량을 50으로 무겁게 하면 캐릭터와 충돌해도 뒤로 밀리지 않는다.

[그림43] 물리효과 테스트화면

[그림44]에서는 Y값에 따라 높이가 서로 다른 것을 볼 수 있다. 그런데 중력을 ON으로 하고 테스트 화면 [그림45]에서 보면 오브젝트는 모두 지형 위에 내려와 있는 것을 볼 수 있다.

[그림44] 중력 OFF

[그림45] 중력 ON

(3) 색상

'색상'을 이용해 오브젝트의 '색상변경'이 가능하다. [그림46]의 ①에서 '+ 버튼'을 클릭하면 ② '색상' 창이 나타난다.

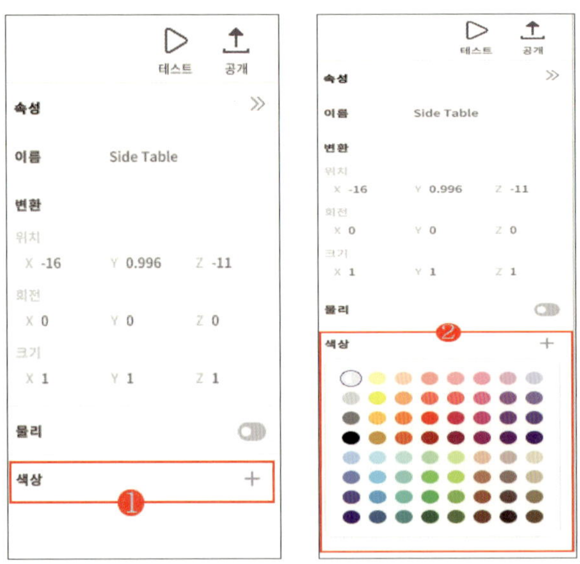

[그림46] 색상변경 설정

[그림47]에서 오브젝트를 선택한 후 화면 오른쪽에서 적용할 색상을 선택한다.

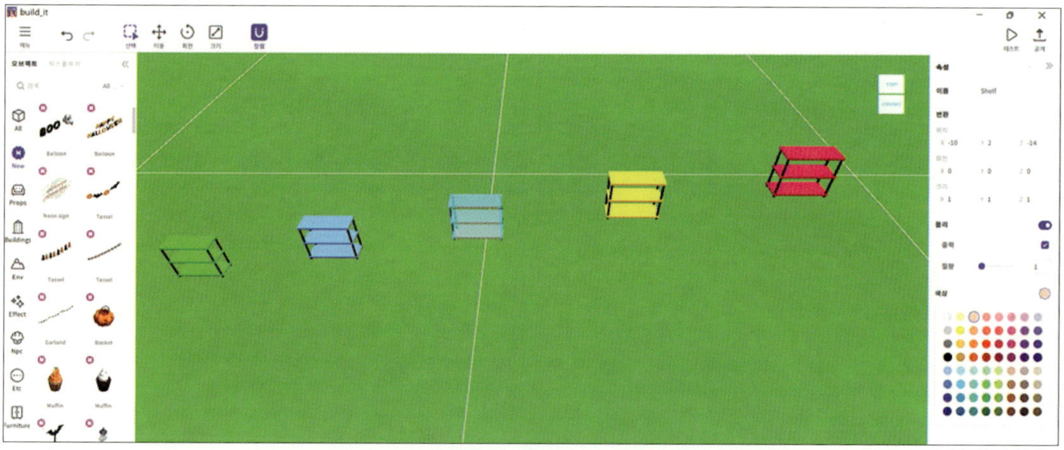

[그림47] 오브젝트 색상변경

5. 오브젝트 활용

1) 순간 이동 장치 만들기

맵을 제작할 때 'Portal(포털)' 오브젝트를 설치하면 맵을 돌아다니지 않고 '특정 구간으로 순간 이동'이 가능하다. 이때 'Save Point(세이브 포인트)' 오브젝트와 함께 사용한다.

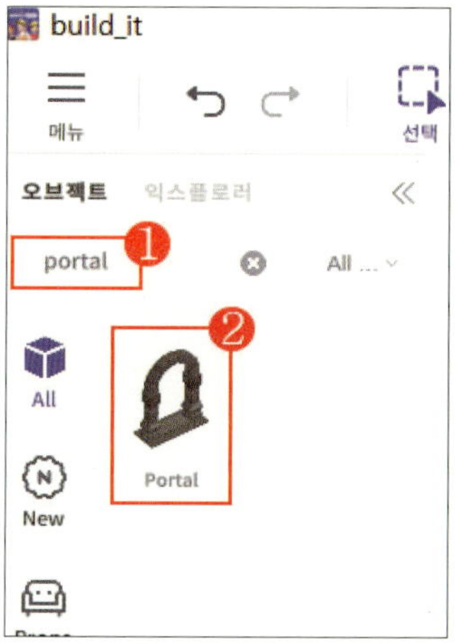

[그림48] 'Portal'오브젝트 검색

[그림49] 'Save Point'오브젝트 검색

[그림50]에서 'Portal' 오브젝트를 검색 후 맵에 갖다 놓으면 '[Save Point] 오브젝트와 함께 사용하세요!'라는 팝업 창이 뜬다.

[그림50] 'Portal'을 맵에 설치

반대로 'Save Point' 오브젝트를 설치하면 '[Portal] 오브젝트와 함께 사용하세요!'라는 팝업 창이 뜬다.

[그림51] 'Save Point'를 맵에 설치

순간 이동을 하기 위해서 'Save Point' 위에 올라간다. '방향키와 스페이스 바'를 동시에 누르면 'Save Point' 위에 올라갈 수 있다. [그림52]는 'Save Point' 사용 전(비어있는 포털)이고 [그림53]은 사용 후(차원문 생김) 그림이다.

[그림52] 'Save Point'사용 전

[그림53] 'Save Point'사용 후

[그림53]에서 '차원문'가운데 화살표에 마우스를 갖다 대면 화살표 모양이 손 모양으로 바뀌고 이때 'Ctrl+왼쪽 마우스'를 클릭한다. [그림54] 왼쪽 그림처럼 세이브 포인트로 이동할 것인지 물어보면 'OK'를 클릭한다. [그림55] 오른쪽 그림처럼 아바타가 다시 세이브 포인트로 순간 이동한 것을 볼 수 있다.

[그림54] 순간 이동을 위한 포털 문 선택

[그림55] 순간 이동한 캐릭터

2) 타이머 만들기

맵을 제작할 때 'Timer Start(타이머 스타트)' 오브젝트와 'Timer Finish(타이머 피니쉬)' 오브젝트를 함께 사용하면 시간을 측정할 수 있다. 검색 창에 Timer을 입력하면 'Timer Start(타이머 스타트)' 오브젝트와 'Timer Finish(타이머 피니쉬)' 오브젝트 두 가지가 검색된다.

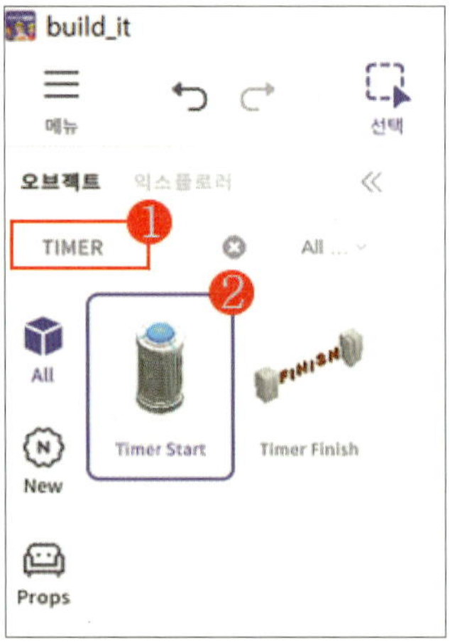

[그림56] 'Timer Start'

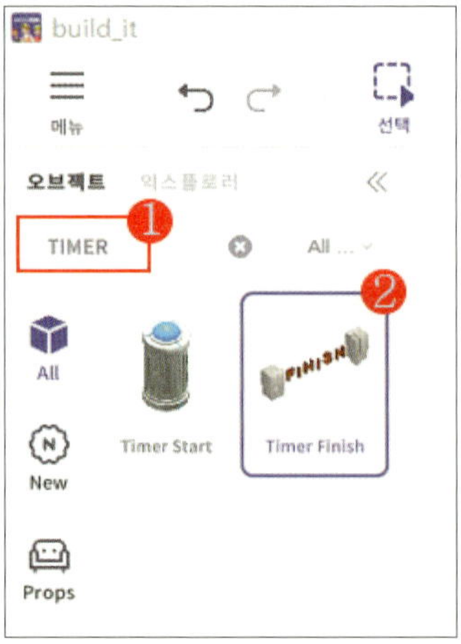

[그림57] 'Timer Finish'

[그림58]에서 'Timer Start' 오브젝트를 검색 후 맵에 갖다 놓으면 '[Timer Finish] 오브젝트와 함께 사용하세요!'라는 팝업 창이 뜬다. [그림59]에서 'Timer Finish' 오브젝트를 검색 후 맵에 갖다 놓으면 '[Timer Start] 오브젝트와 함께 사용하세요!'라는 팝업 창이 뜬다.

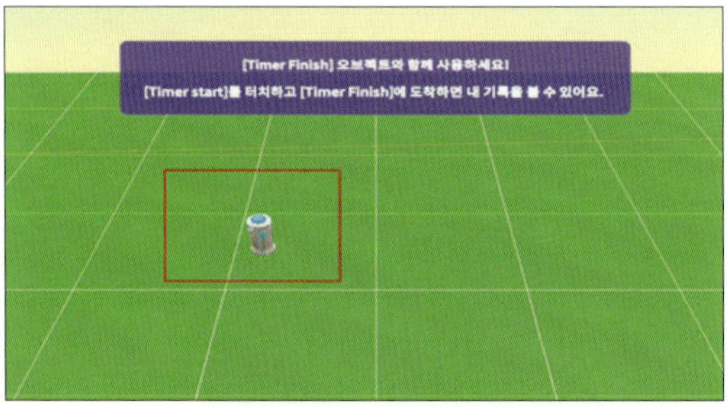

[그림58] 'Timer Start'설치

[그림59] 'Timer Finish' 설치

'테스트'화면에서 'Timer Start' 오브젝로 캐릭터가 가까이 다가가면 [그림60]처럼 톱니바퀴 모양이 나타난다. 톱니바퀴에 화살표를 갖다 대면 손 모양으로 바뀌고 이때 상호작용 'Ctrl+마우스 왼쪽' 버튼을 클릭한다.

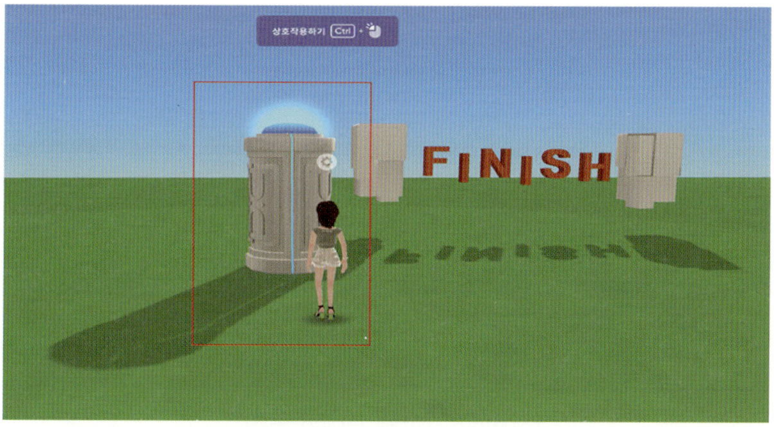

[그림60] 'Timer Start' 상호작용

[그림61] 화면 위에 타이머가 나타난다.

[그림61] 'Timer 동작'

[그림62] 캐릭터가 'Timer Finish(타이머 피니시)' 오브젝트에 도착하면 꽃가루가 날린다.

[그림62] 'Timer Finish 도착'

3) 이미지 넣기

제페토 빌드잇도 원하는 이미지를 추가해서 보여줄 수 있다. 오브젝트 중 'Custom'에서만 가능하다. 오브젝트 순서는 [표2] 오브젝트 카테고리를 참고하자.

오브젝트의 'Custom'에서 이미지를 넣을 항목을 추가 후 맵에 설치한다. 오른쪽 속성에 '이미지 +'가 나타난다.

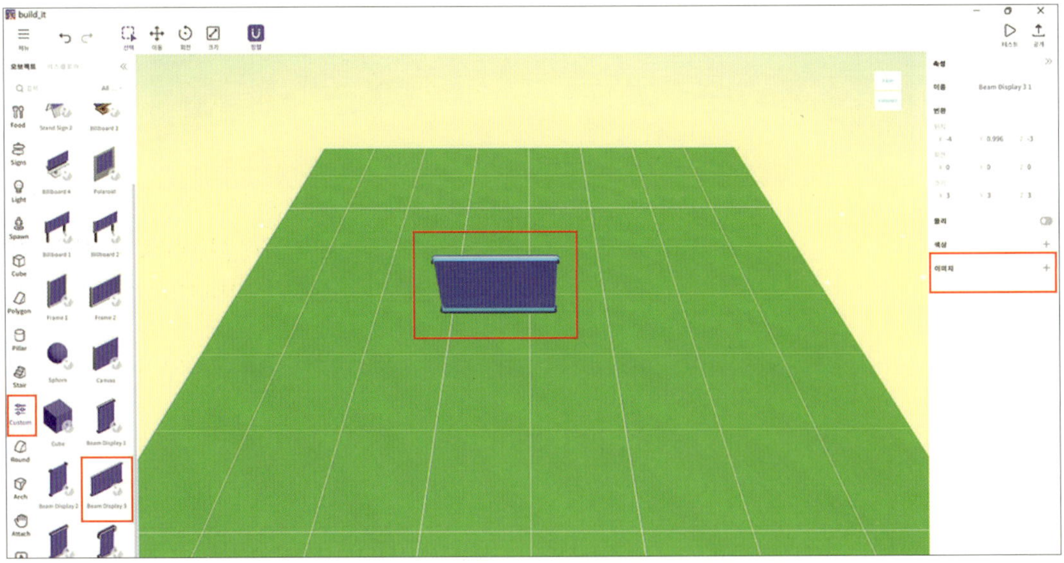

[그림63] 'Custom' 선택 시 속성에서 이미지 추가

[그림64]에서 '이미지 +'를 클릭하면 이미지를 추가할 수 있는 '오브젝트에 이미지 입히기' 팝업 창이 뜬다. '+'를 클릭하고 추가할 이미지를 선택해서 등록하고 확인을 클릭한다. 하나의 맵에 최대 20개까지 이미지를 사용할 수 있다.

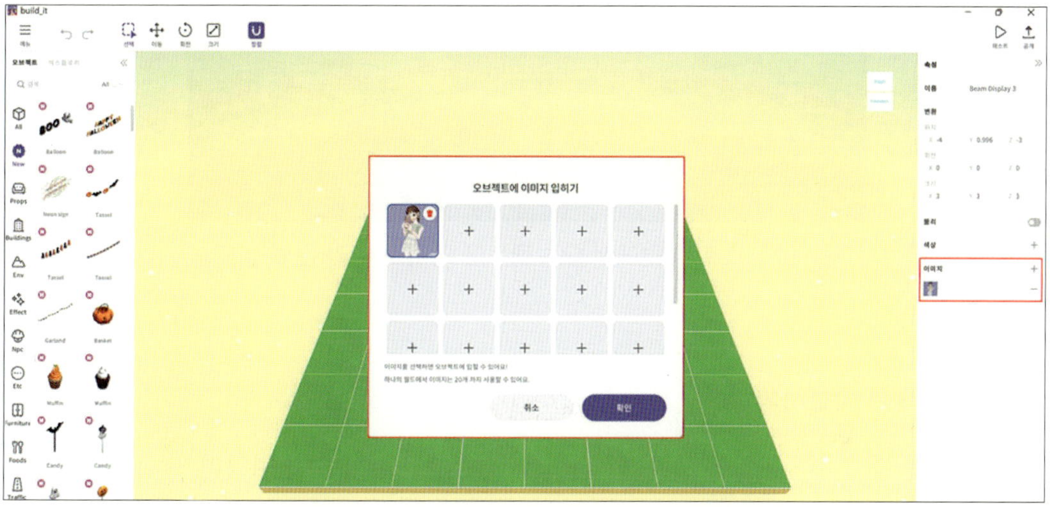

[그림64] 이미지 추가

[그림65]에서 오브젝트에 맞게 이미지가 자동으로 추가된 것을 볼 수 있다.

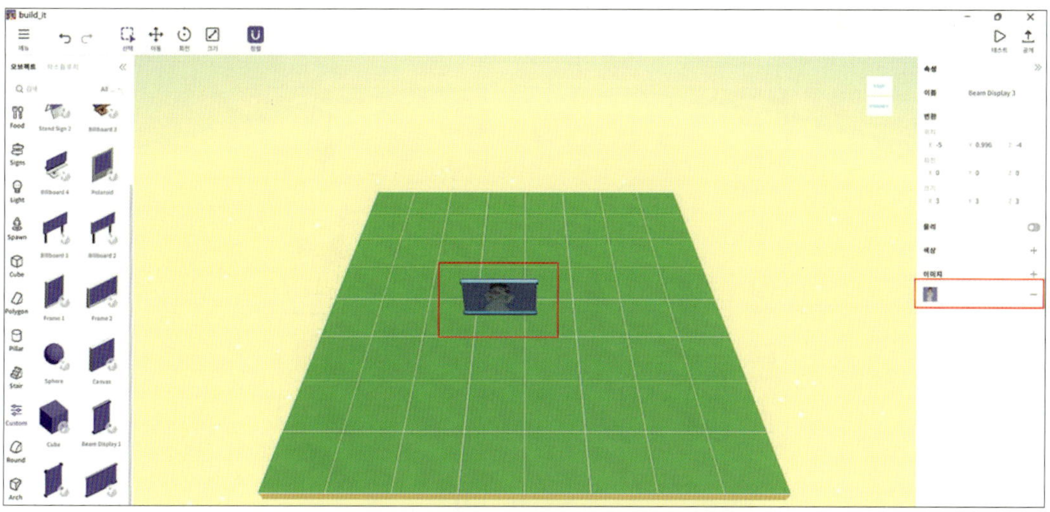

[그림65] 오브젝트에 이미지 추가된 모습

[그림66] 테스트 화면에서 오브젝트에 이미지 추가 완료된 모습을 볼 수 있다.

[그림66] 테스트 화면에서 오브젝트에 이미지 추가 완료된 모습

4) 맵에서 크기 비교하기

오브젝트를 맵에 설치하고 작업하다 보면 오브젝트와 공간의 크기 파악이 안 될 때가 있다. 또한 제페토 캐릭터가 돌아다닐 때 공간의 여유(넓은지 좁은지)를 알기 어렵다. 이때 'Npc' 오브젝트를 사용하면 맵 에서 적당한 크기(Scale)를 지정할 수 있다.

여기서는 검색 창을 사용하지 않고 직접 오브젝트에서 찾아보겠다. 'Npc' 오브젝트는 '좀비 NPC와 Billdy(빌디)'가 보이는데 Zombie(좀비) NPC는 계속 움직이므로 '빌디'를 선택한다. 그리고 'Furniture'에서 'Side Table'을 설치해보았다.

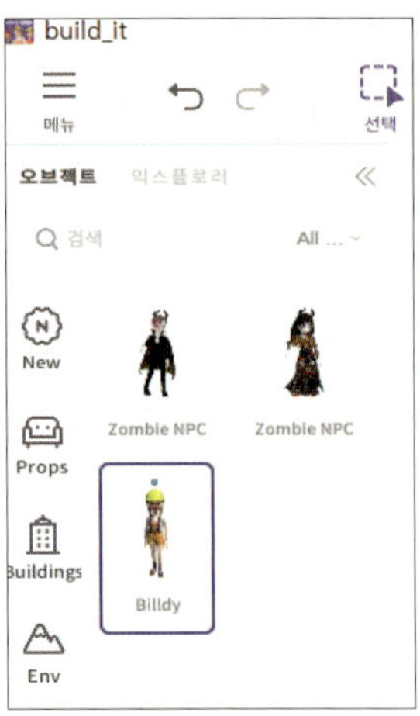

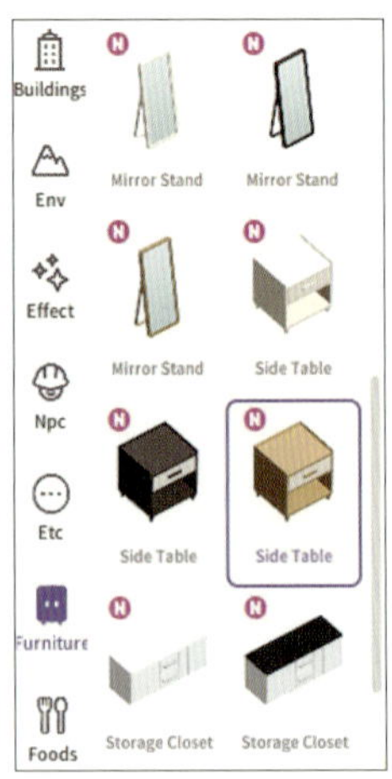

[그림67] 'Npc'오브젝트 [그림68] 'Furniture'오브젝트

[그림69]에서 빌디와 비교해 'Side Table'이 너무 큰 것을 볼 수 있다. [그림70] 테스트 화면에서 보면 빌디와 제페토 캐릭터의 크기가 거의 같다는 것을 알 수 있다. 맵 화면으로 돌아가 속성에서 오브젝트의 크기를 빌더와 비교해 알맞게 조절한다.

[그림69] 'Npc' 오브젝트 빌드 설치

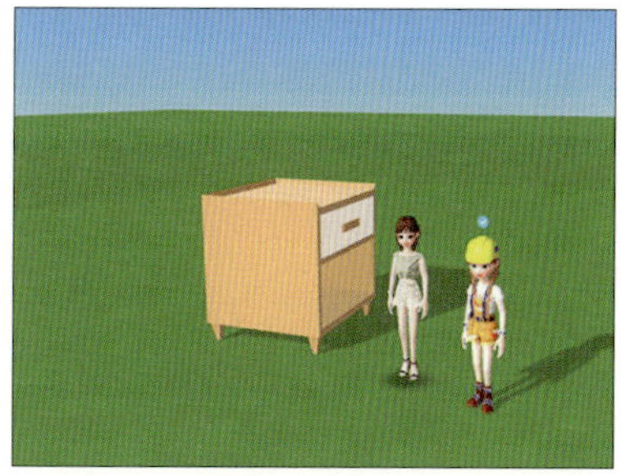

[그림70] 오브젝트의 크기 비교

[그림71]에서 맵 화면의 속성에서 크기를 조절했다. 'Side Table'의 크기가 적당하다. 맵에서만 확인하지 말고 반드시 자주 테스트를 해봐야 한다.

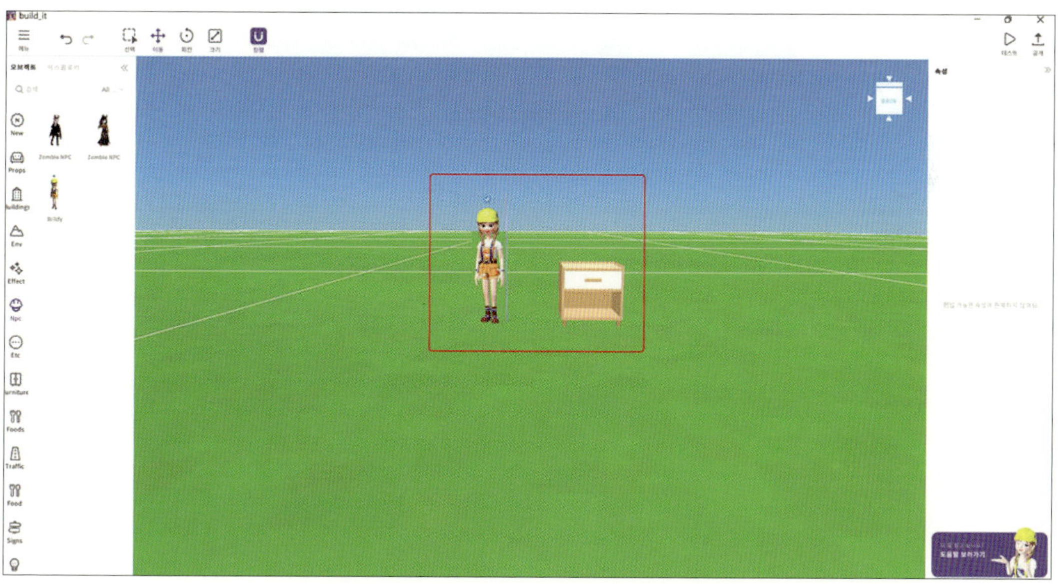

[그림71] 오브젝트의 크기 확인, 조절 완료

6. 제페토에서 '나'는 메타 건축가!

1) 바다·무인도·숲·한옥 만들기

'바다'를 만들기 위해 [그림72]에서 익스플로러 ① '지형'을 클릭하고 ② 속성에서 '물'을 선택한다. ③ 지형 브러시의 크기를 '10'으로 설정하고 마우스 왼쪽을 누른 상태로 드래그 해 맵에 '바다'를 만든다. 잔잔한 바다의 모습을 볼 수 있다.

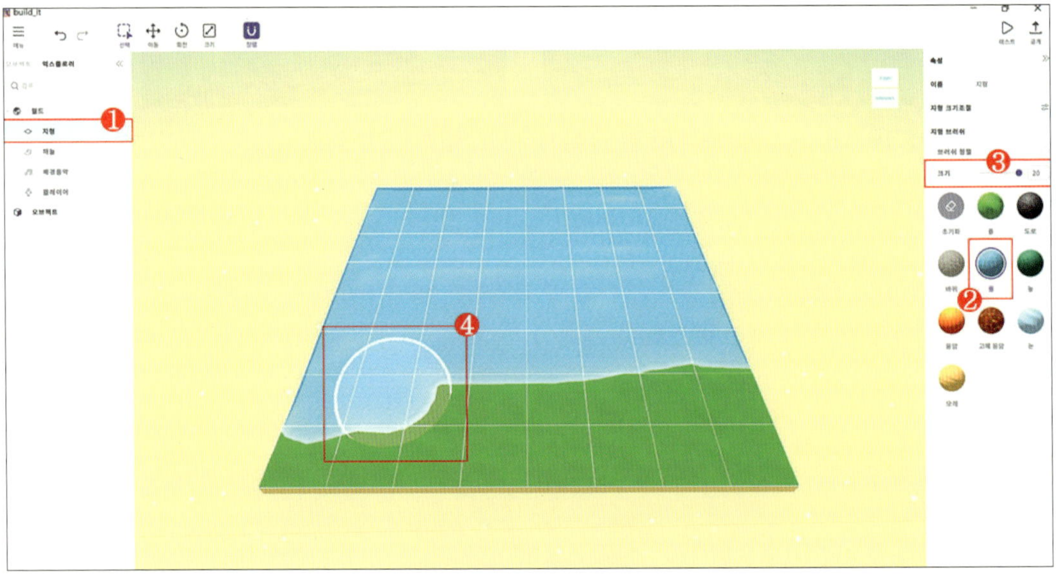

[그림72] 바다 만들기

'바다' 가운데 '무인도'를 설치해보자. '물' 지형 위에 '풀' 지형을 덮을 수 없으므로 '초기화(지우개)'를 이용해 원하는 모양으로 지우면 된다. 반대로 무인도와 육지를 만들 부분만 빼고 '물' 지형을 그려도 된다.

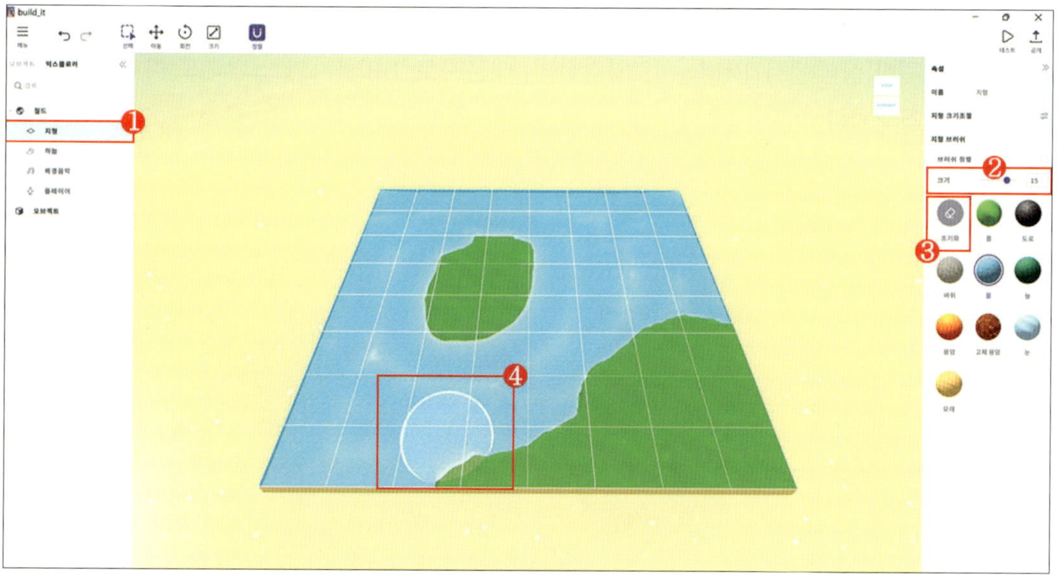

[그림73] 무인도 만들기

'무인도'를 만들었다면 이번엔 '모래사장'을 꾸며보자. 지형의 종류 중 '모래'를 선택하고 '물' 지형 근처에 '모래'를 그린다. '모래'를 먼저 그리고 '물' 지형을 나중에 그려도 된다. '브러시'의 크기를 크게 하면 쉽게 그릴 수 있다.

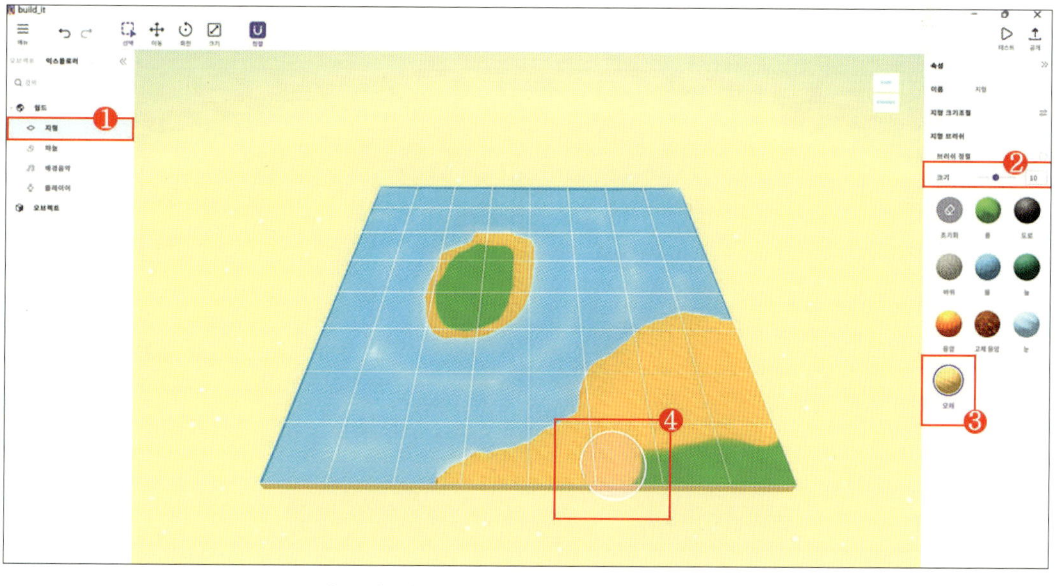

[그림74] 무인도와 육지에 모래뿌리기

'무인도'를 갈 수 있게 다리를 놓아보자. 오브젝트의 검색 창을 이용해서 찾아보자. 검색 창 아래 'All'을 클릭한 상태에서 'Bridge'를 입력한다. 대문자로 'BR'글자만 입력해도 다리에 관한 오브젝트들이 검색된다. 이중 마음에 드는 오브젝트를 선택한다.

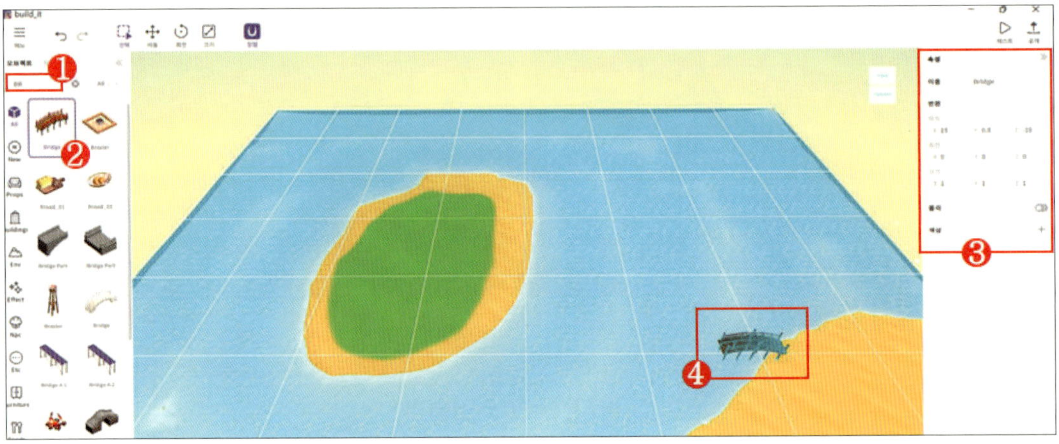

[그림75] 다리 설치하기

① 상위메뉴와 ② 속성 값을 조절해 ③ 'Bridge' 오브젝트를 놓고자 하는 위치에 설치하고 자주 '테스트'해 본다. 다리가 공중에 떠 있는지, 반대로 물속에 가라앉아 있는지를 자주 확인하고 수정한다. 상위메뉴는 단축키를 사용하면 시간을 절약할 수 있다.

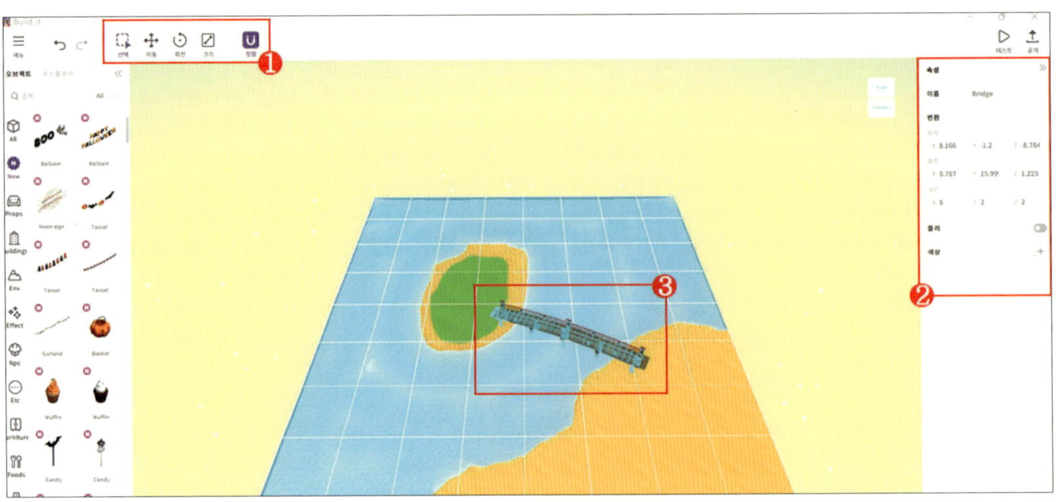

[그림76] 다리 속성 정하기

① 오브젝트 'Env(환경)'에서 ② '나무'를 찾아 선택한 뒤 ③ 'Env(환경)' 오브젝트의 속성 값을 조절하고 모래사장 가까운 위치에 설치한다. 마우스 오른쪽 버튼을 누른 채 드래그하면 화면이 회전한다. '상하좌우' 화면을 돌려보면서 나무가 적당한 위치에 잘 세워졌는지 확인한다. 같은 방법으로 다른 나무도 선택해서 설치한다.

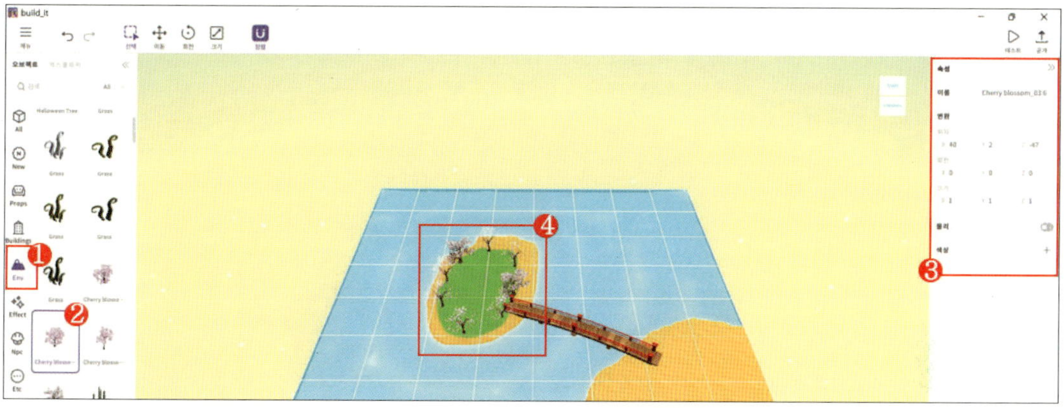

[그림77] 숲 꾸미기(나무심기)

[그림78]처럼 아바타가 앉아서 바다를 감상하고 쉴 수 있도록 'Bench'를 설치해보자. 검색창에서 'Bench'를 검색하면 5개의 오브젝트가 나타난다. 여기서 상호작용(톱니바퀴 모양)이 가능한 ① 'Bench'를 선택하고 ② 속성 값을 조절한다. ③ 화면을 돌려보면서 나무와 나무 사이 공간에 'Bench'를 설치한다. 톱니바퀴 모양이 없는 'Bench'는 상호작용이 안 된다.

[그림78] 벤치 설치하기

① 'Buildings' 오브젝트에서 'Hanok(한옥)'을 클릭한다. ② 맵에 놓고 속성 값을 조절하면서 위치를 조절한다. 같은 방법으로 'Hanok Pavilion'과 'Hanok Gate', 'Hanok Wall'을 적당한 위치에 설치해보자.

[그림79] 한옥과 정자 설치하기

맵 제작이 완료됐다면 '테스트'를 클릭해 이상한 곳은 없는지 살펴보고 수정한다. 설치할 때 화면을 상하좌우로 돌려가면서 여러 방향에서 보고 이상한 곳은 없는지 체크해야 한다.

[그림80] 한옥과 정자 설치 완료

'Spawn'을 설치하지 않고 '테스트' 화면에서 보면 캐릭터가 나무 위나 바다 한가운데 등 엉뚱한 위치에 나타난다. 검색 창에 'Spawn'을 입력하고 나타나는 9개 중 ① 하나를 선택해서 내가 원하는 위치에 ② 'Spawn'을 설치하고 다시 ③ '테스트' 화면에서 본다.

[그림81] 'Spawn' 위치 지정

맵을 완성했으면 '테스트'화면에서 '캐릭터(아바타)'로 월드의 이곳저곳을 다녀본다. 맵 제작에서 나타나지 않았던 문제점이 '캐릭터'를 움직여보면 나타나기도 한다. 테스트 중 다시 맵으로 돌아가고자 할 때는 'Esc' 키를 누르면 된다.

[그림82] 월드 완성

2) 완성한 맵 리뷰 신청하기

내가 만든 맵을 제페토 앱에 공개하려면 심사 가이드라인에 맞게 작성해서 신청해야 한다. [그림83] '월드 공개하기'의 섬네일 우측에 '빌드잇 가이드라인'을 클릭해서 세부내용을 사전에 반드시 확인한다. 맵을 공개하지 않고 저장만 한다면 좌측의 '상위 메뉴'에서 저장을 누른다. 맵을 '공개'하려면 ①의 '공개'를 클릭하고 ②와 같은 창이 나타나는데 '확인'을 클릭한다.

[그림83] 맵 '공개'하기

[그림83]에서 ② '확인'을 클릭하면 [그림84] '월드 공개하기' 창이 나타난다. 한눈에 알아볼 수 있는 '월드 이름'과 맵에 대한 이야기나 플레이 방법 등을 설명하는 '월드 소개' 내용을 적는다. '자동으로 공개하기'는 심사완료 후 자동으로 제페토 월드에 빠르게 공개할 수 있고, '자동으로 공개'되지 않도록 하려면 이 옵션을 끄면 된다.

[그림84] '월드 공개하기'

[그림84]에서 '섬네일'과 '스크린샷'을 차례로 클릭하면 '이미지 업로드하기'와 '캡처해서 이미지 만들기' 창이 나타난다. 섬네일 만들기(1:1)는 가이드라인의 예시를 살펴보길 바란다. 리뷰에서 섬네일을 가장 먼저 확인하고 있다. [그림85] '캡처해서 이미지 만들기'를 클릭하면 카메라 화면이 나타나고 맵을 움직여서 '내 월드에서 가장 멋진 곳을 캡처' 한다. '캐릭터, 텍스트, 배경 색상'을 꾸밀 수 있다. '스크린 캡처 완료' 버튼을 클릭한다.

[그림85] '캡처해서 이미지 만들기'

'키워드'는 최소 2가지 이상을 추가할 수 있다. '키워드'를 등록하면 내 월드를 친구들에게 더 많이 알릴 수 있다.

[그림86] '월드 키워드 선택'

'리뷰 신청하기'를 클릭하면 '리뷰가 진행되는 동안 월드를 수정할 수 없어요. 리뷰는 1~2주 정도 필요해요.'라는 창이 뜬다. 리뷰신청을 하려면 '확인'을 클릭한다. 맵 리뷰 신청이 완료되면 [그림87]과 같이 '내가 만든 월드'에 '리뷰 중'이라고 표시된다. '콘텐츠 업로드'는 가이드라인 기준을 갖춰야 가능하다. '월드 공개 거절'이 되는 사유가 있으므로 제출하기 전에 다시 한 번 꼼꼼하게 확인하는 것이 좋다.

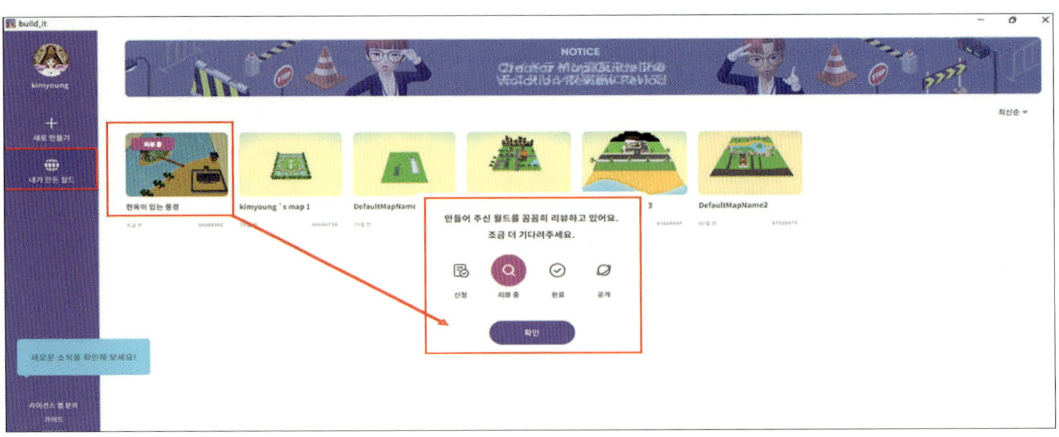

[그림87] '내가 만든 맵 리뷰 중'

리뷰가 완료되면 [그림88]처럼 ‘내가 만든 월드’에 공개되고 ‘제작한 월드’가 표시된다.

[그림88] ‘내가 만든 맵 리뷰’ 승인

[그림89]처럼 스마트폰에서 ‘제페토’앱을 실행한다. ① 오른쪽 하단의 ‘ 사람 모양’을 클릭하면 사람 모양이 이렇게 바뀐 것을 확인할 수 있고 ‘월드’를 클릭한다. ‘제작한 월드’가 나타나고 ‘한옥이 있는 풍경’을 클릭하면 ②와 같은 화면이 나타난다. 최근 방문수와 누적 방문수가 표시되며 ‘플레이’버튼을 클릭해 ③ ‘월드’로 이동할 수 있다. ④ ‘링크 복사’하기를 클릭해서 ‘내가 만든 월드’에 친구들을 직접 초대할 수 있다.

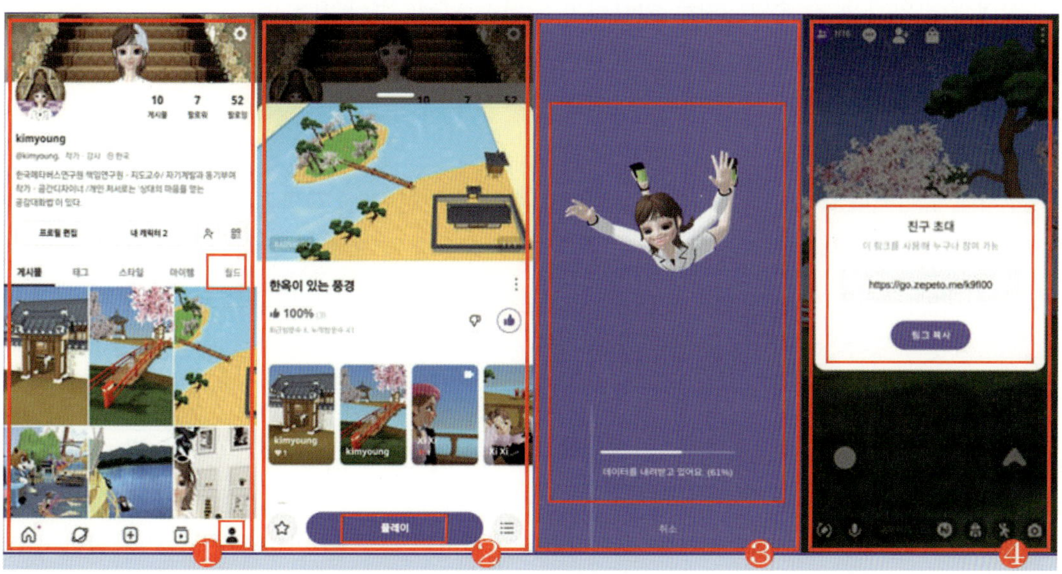

[그림89] 스마트폰에서 ‘제작한 월드’플레이하고 친구 초대하기

Epilogue

1980년대 말부터 2000년대 초에 개인용 컴퓨터(PC)가 공급되면서 'web1.0(읽기)'이 시작됐다. web1.0(읽기)은 단순 접속(Access) 중심의 인터넷 공간을 뜻한다. 2007년 애플이 스마트폰을 출시하면서 '모바일 혁명'이 시작됐고 언제 어디서든 실시간 소통이 가능하게 됐다.

'web2.0(읽기+쓰기)'을 위키피디아에서 검색하면 '개방, 참여, 공유의 정신을 바탕으로 사용자가 직접 정보를 쌍방향으로 소통하는 웹 기술'이라고 말하고 있다. 사용자가 정보의 소비자이며 생산자가 되는 인터넷 통합 환경을 통칭하며 유튜브, 넷플릭스, 인스타그램, 페이스북 등이 있다.

2020년대에 들어오면서 코로나 팬데믹이 미래의 시간을 앞당긴 것이 있으니 그것은 'web3.0(모든 기술의 집합체 : 읽기+쓰기+개방+공유)'이다. web3.0은 지능화·개인화된 맞춤형 웹으로 전문가들은 코로나로 인해 web3.0의 시대가 5년 정도 앞당겨진 것이라고 했다. web3.0은 이제 막 시작됐고 2022년은 'web3.0'의 해가 될 것이다.

LG CNS 공식 블로그(IT Solutions)에 의하면 각 웹 시대는 정확하진 않지만 약 15년의 기간을 거쳐 변화하며 보통 초반 5년은 전환기로 본다고 한다. 여기서 중요한 것은 시기가 아니라 시대가 바뀌는 흐름에 얼마나 많은 기업과 사용자가 관심을 두고 참여하는지에 따라 웹 3.0으로의 성공적인 이주가 가능할 것이다.

웹 시대가 바뀐다고 해서 갑자기 이전 시대가 사라지고 한 번에 전환되지는 않지만 익숙한 자리에 그저 머물러 있다면 나를 기다리는 것은 정신 차려보니 막다른 골목일 것이다. 그렇다면 웹3.0 시대에 우리가 준비해야 하는 것은 무엇일까? 그것은 세상의 변화를 인지하면서 시대가 요구하는 것을 '공부'하는 것이고 활동에 참여하는 것이다.

우리는 메타버스 플랫폼 중 하나인 '제페토 빌드잇(Build-it)'을 설치하고 메뉴별 각 기능을 익히고 월드를 만들어 리뷰신청을 했다. 그리고 1~2주를 기다려 모바일(스마트폰)에서 제작한 월드로 '플레이'해 친구 초대하기까지 해보았다. '이 정도면 나도 할 만하겠군!'하고 자신감이 붙었는지 궁금해진다. 유명 크리에이터들의 작품과 내가 만든 것을 비교하며 '난 못하겠다'라고 주눅들 필요는 없다. 이 세상의 모든 일들이 그러하듯 한 개의 과일과 한 송이의 꽃도 어느 날 갑자기 저절로 열리고 피지 않기 때문이다.

그들에게도 분명히 지금의 나와 같은 시절이 있었고 숱하게 시행착오를 겪으며 인기 크리에이터로 거듭났을 것이다. 비결은 '열정과 꾸준함'이며 조금 더 보태면 '도전하는 용기'가 그들에게 있었다. 시작도 해보기 전에 단지 '어려워 보여서, 시간이 없어서' 등의 이유로 시도조차 해보지 않으면 메타버스 세상에서 친구를 사귀고 즐거운 놀이를 하며 덤으로 경제적 이득까지 챙긴다는 건 그저 '그림의 떡'일 수밖에 없다. 자고 일어나면 새로운 기술과 콘텐츠들이 속속 등장하는 시대이다.

전문가는 아니더라도 누군가 메타버스, 가상현실, 증강현실, 블록체인 같은 이야기를 할 때 이해는 해야 새로운 경제생태계에서 살아남을 수 있다. 스마트폰 하나로 지난 10년간 엄청난 변화가 생겼던 것과 같이 웹 3.0 시대는 우리의 삶을 크게 바꿔 놓을 것이 분명하다. 최근 많은 기업과 개인, 공공기관, 학교들이 메타버스를 적극적으로 활용하며 제페토에 월드를 구축하고 많은 사람들과 소통하고 있다.

다른 사람들과 소통하는 방법이 달라지고 있다. 메타버스는 낯선 용어이고 신기한 개념이기 때문에 사람들이 '공포'를 느끼는 것이다. '공포'를 떨쳐버리고 싶다면 이 거대한 물결을 '새로운 기회'로 여기고 '새로운 소통의 기술'을 익혀서 메타버스 세상에서 신나게 놀아 보자. 앞에서도 잠깐 언급했지만 최근 '라이브 방송'이 핫 하다. 제페토 캐릭터로 실시간 방송을 진행할 수 있고 가상 인플루언서가 될 수 있다. 그야말로 온통 메타버스에서 소통하고 있다. 건축가가 돼 '뚝딱뚝딱' 메타버스 세상에 '나만의 월드'를 만들고 친구들을 초대해서 신나게 놀아보자. 메타버스 세상은 즐기는 자가 이기는 세상이다.